做一件幸福的事
——我的"笑"长生涯

郑瑞芳 著

笑长真豆

中国人民大学出版社
·北京·

献给附小"大家庭"
及默默支持我的家人。

▲ 校友曾子墨为学校主持50周年校庆晚会。

▲ 2005年，海淀区教委尹丽君副主任到校指导工作。

▲ 2004年暑期，和于猛主任规划校园建设。

自做校长后，拥抱成为我的常规动作，每一次相拥都成为我和老师们爱与幸福的回忆。老师们把它称为是附小的最高奖励。图为2006年在附小春晚上的拥抱。

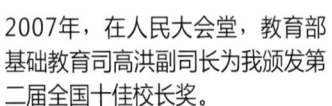

2007年，在人民大会堂，教育部基础教育司高洪副司长为我颁发第二届全国十佳校长奖。

一年级孩子问："您为什么叫校长呢？因为您爱笑吧。"笑容成了我的金字招牌。图为2008年在附小首届"小小奥运会"开幕式上。

▲ 2012年，大学陈雨露校长亲临附小视察并给予我春天的拥抱，成为我无法忘怀的幸福。

▲ 2010年，和我最喜爱、最敬佩的主持人白岩松在一起。

▲ 七彩教育理念与实践不断受到社会的关注，得到领导、专家及同行的认可，并广为传播。六年里，我代表学校先后26次在全国、市、区大会上做典型发言。

▲ 2011年，为促进义务教育均衡发展，由我校发起成立"七彩教育同盟"。

▲ 我习惯用欣赏的眼光去看我的孩子们。

▲ 2013年,在"巴学园"和孩子们一起过"苹果节"。

和孩子们在"六一小妙会"上看学生们自拍的微电影。

"校长,百年校庆我一定回来看您。"

标志性的鼓励动作

您见过学生和校长如此亲密无间吗?

▲ 附小情调——2009年独特的"三八节",怎能不让女教师们感动?因此,2010年有了附小"男士节"。

▲ 与幸福共舞

▲ 每年附小春晚,"笑"长都会成为老师们调侃的对象。

▲ 您猜,七彩教师团队为什么身着十二种颜色的服装呢?这也是一种学校文化。

顾明远序

在教育生涯中感悟幸福

现在大家都在为实现中华民族伟大复兴的中国梦而努力。要实现中国梦，教育是基础，只有提高全体国民的素质，才能赶超世界水平。而教育大计，教师为本。只有好的老师才能教育出优秀人才，这个普遍真理大家都知道。因此教师队伍的建设就成了教育成败的关键。一个国家的教育是这样，一所学校的教育也是这样。

怎样才能成为一名好教师？最重要的是要对教育事业和教师职业有正确的认识，从而热爱教育工作，热爱学生，做到敬业爱生。大家都说，教师是光辉的职业。为什么光辉？因为他要培养我们的下一代，下一代的成长关系到民族的未来，国家的兴衰。教师的工作是帮助儿童青少年健康地成长，教师对学生的爱是对民族的爱，对未来的爱，是不求回报的爱。

教师是最快乐的人，因为他生活在生动活泼的儿童之中；教师是最幸福的人，因为他看到儿童一天天长大成人，有无比的成就感。有这种幸福感的教师才能成为一名好教师。

人大附小郑瑞芳校长，就是这样一位幸福的人。她就是在数十年教育生涯中感悟到了这种幸福，并为追求这种幸福而努力。郑瑞芳之所以认为自己在"做一件幸福的事"，就是因为她对教育事业和自己的工作有深刻的认识，对儿童具有爱心、童心。她把自己称为"笑"长，就是因为她觉得生活在幸福中，因而笑脸常开；因为她热爱儿童，看到儿童的成长，喜在心头。现在她把幸福的故事讲给大家听。我想，老师们读了这本书，一定会对这种来自教育事业和教师职业的幸福产生共鸣，有新的感悟。写这几句，是为序。

中国教育学会原会长：

2013 年 11 月 20 日

刘彭芝序

教育的诗意与幸福

与郑瑞芳校长相识很长时间了。人大附小"七彩教育"的办学理念在我看来颇有诗意。毛主席说:"赤橙黄绿青蓝紫,谁持彩练当空舞?"我想,在人大附小,这舞者就是全校的师生员工。

"把校园还给孩子,创中国的'巴学园'",这是郑瑞芳校长的办学理想。所以,我理解七彩教育的内涵大概有两点,一是附小育人的理念:每个孩子都是独特的个体,"赤橙黄绿青蓝紫"就是要创造尊重儿童个性差异、适合各类儿童发展的宽松、和谐、多元的教育环境。事实上,这些年来人大附小从七彩教育延伸出的七彩校园、七彩课程、七彩评价以及七彩同盟等,无不昭示着学校将"多元"理念和"七彩"元素融进了办学的每个环节中。二是郑瑞芳校长的教育理想:用生命为孩子们今天的快乐、明天的幸福而舞,舞动出孩子们快乐童年的七彩虹霓。这应该就是她人生的最大幸福了吧。

这样的诗意与幸福,说起来,我很有同感也是很向往的。有时见到郑瑞芳后我会想,她的脑海里一定有过这样一幅画面:蓝天、白云,老师带着孩子们在阳光下快乐地学习、生活,有花儿开放,有鸟儿歌唱……因为我们都能看到,现在的人大附小就正在描绘着这样一幅美丽的图画。如果你不相信,可以去看一看他们的小菜园,逛一逛他们的"小妙会",顺便用他们的"附小币"消费一把,一定可以感受到那种天然童趣带给我们的快乐,以及由此而生的教育的幸福。所以,如果有机会,我愿意往附小多跑两趟,沾一沾他们的"幸福气"。

当然，彩虹固然美丽，但它出现之前与风雨的搏斗其实更值得称道。这样的拼搏代表的是一种精气神，是一个人、一所学校的魂，这是人大附小能走到今天的根本原因。自2005年起，特别是搬至世纪城新址之初，人大附小和郑瑞芳校长顶着怎样的压力，别人不知，我心了然：部分家长的抵触、同仁的猜忌、社会的质疑，瞬间涌来。"千磨万击还坚劲，任尔东西南北风。"一年半的时间里，郑瑞芳带着附小人咬紧牙关、笑迎挑战，连续参加了区教学管理先进校评比、区教育教学督导检查及区素质教育优质校的评选"三大战役"，并取得佳绩。人大附小的教育教学质量不但没有下降反而有所提升，以此化解了所有的质疑。在郑瑞芳的心里，有一股巾帼不让须眉的豪迈劲儿。她所有的工作都是以"要对人大附小发展有利"为出发点，如若相关，全力以赴，除此之外，一切免谈。"创新、求实、发展、超越"这是她十年前一上任就提出来的办学思路，看似无奇，却隐隐透着一股果决与专注。这是一个想做成事业的人必须具备的品质，也是我眼中除了女性魅力之外，郑瑞芳强大的气场所在。我相信这也是人大附小的老师们愿意跟着郑瑞芳一起实现梦想的原因之一，或者说是郑瑞芳之所以成为郑瑞芳的原因之一吧。

　　这本书的书名叫《做一件幸福的事》，从书里我们不难看出郑瑞芳校长的教育期待。她希望在人大附小的校园里，孩子们能够快乐，教师们能够成长，学校能持续发展，她要和自己的团队共同描绘出蓝天下最美丽的阳光校园。在这里，成就阳光教师，培养阳光少年，让人大附小成为孩子成长的乐园和教师幸福的家园。而说来说去，又说到我开头提及的那种"诗意"了。他们在流汗，但伴着的是幸福和笑语，这其实也应该是我们每一个教育者应有的情怀——把"教有所成"视为人生价值的实现。作为同仁，我愿与她共勉同行。

　　是为序。

国务院参事、
中国人民大学附属中学校长：刘彭芝
2013年11月12日

自 序

幸福的味道

当今社会最流行的话题就是：你幸福吗？这似乎成了一个人最大的追求。那么，幸福是什么？我相信每个人的答案都是不一样的，每个人都有每个人的幸福，每个人都有人生不同时期理解的幸福，我更坚信幸福不是教出来的，幸福应该是每个人内心的一种真实的感受，一种满足的喜悦。

从事教育工作32年来，教过语文、音乐、美术、思想品德、信息、数学，做过班主任、大队辅导员、教导处副主任、教导主任、副校长、副校长兼书记，直到担任校长，在人大附小一干就是32年。前不久，和朋友聚会时还有人问我：你就没想过转行或换个学校吗？我的回答是：还真没主动想过。因为这里的一花一草，轶人轶事，都给我留下太多的感动，这感动早已融入我的血液，化为了我今生永远无法忘怀的幸福……

都说"相由心生"，三十多年的教师生涯，十年的校长路，让我越来越幸福和快乐，也让我的笑容成了自己的金字招牌。因为我内心充满着对教育的追求和幸福感受，即使奔波忙碌，也能乐在其中，所以老师们常称我为"笑"长，他们喜欢我的笑容，因为充满了温暖和幸福的味道。而这幸福的味道，正是这些可爱的孩子们和可敬的教师们给予我的啊！

我的幸福就是：每当走在校园里，孩子们就会像燕子一样扑过来，围拢过来让我亲一亲、抱一抱才肯散开，"校长，我最喜欢你了！""校长，你什么时候还来看我们啊！""校长，你昨天上哪儿去了，我找了你一天。""校长妈妈……"有的孩子上前抱住我亲吻我的脸颊，有的抓住我的手亲我的手背，我的心里流淌着的都是幸福的暖流。是的，我将青春韶华都给了我所钟爱的教育事业，我一生无悔！

我跟老师们说过，我并不在意孩子们是否能礼貌地向我问好，我更在意他们脸上的微笑。所以，每天能看到孩子们灿烂的笑容，听到孩子们欢乐的笑声，这就是我作为校长最大的满足。

我深知，孩子们的幸福世界不是仅凭我一个人的力量就可以支撑起来的，教师同样发挥着无可替代的重要作用。幸福具有美妙的感染力，在我们附小的幸福王国里，我所要做的，就是用心感受我在教育路上享有的幸福，并把这种幸福传递给每一位教师。我相信，只有幸福的教师才能培育出幸福的学生。

我喜欢和老师在一起。全体会上老师们尽情大笑，消除了一周的疲劳；庆祝会上老师们捧腹大笑，宣泄了无名的烦恼；总结会上老师们开怀大笑，赶走了一年的辛劳。感动之时，我们热烈地拥抱，这成为了老师们所笑谈的"附小最高荣誉"，也成了我和老师们最温暖、最幸福的记忆。我喜欢积攒并阅读老师们让我感动、给我温暖、令我振奋、使我回味的短信，这就是我作为"笑"长最大的满足。

在任慧莹老校长"创造适合于儿童发展的教育环境"办学思想指引下，为了能让孩子们沐浴在彩虹门里七彩的教育下，有了"每一个孩子都是独特的个体，都有不同色彩"的育人观念；有了"上课发言说错了都要理直气壮"的学习勇气；有了"好孩子不是不犯错，而是尽量避免犯重复性错误"的宽容教导；有了"七彩附小精神"的核心力量；有了"毕业课程"的精彩体验；有了"小课题研究"的创新培养；有了"让孩子更像孩子"的成长空间……我们还设立了让孩子懂得感恩的"班主任节"；让孩子享受成长的"收获节"；让孩子变得自信的"男孩节"、"女孩节"；让孩子享受童趣的"雪人节"。人大附小成了"让孩子喜欢上学"的学校，这是我"笑"长生涯里不断追求的幸福。

在这令人羡慕的七彩校园里，有了教师"享受家人幸福"的学校文化；有了教师"心有多大，舞台就有多大"的梦想舞台；有了教师"专业成长"的幸福之路；有了"个性化教师个性塑造"的幸福成长；有了"凝心聚力求发展"的七彩教师团队。彼此携手中创造了幸福，精彩的课堂中升华了幸福，多元成长之路上收获了幸福，这是我"笑"长生涯里不断求索的幸福。

回味十年校长路，充满了艰辛与挑战，但是感动、感恩、幸福一路相伴。

十年来，星光闪耀，在创新中我享受到幸福；十年来，风雨兼程，在坚韧中我体验了幸福；十年来，风雨同舟，在凝聚中我回味着幸福。走进门头沟，为棚户区的孩子们提供优质的教育资源，是一种给予的幸福；走遍五湖四海，为基础教育薄弱学校义务支教，是一种馈赠的幸福。都是中国的孩子，都应该享受优质的教育，七彩教育之花芬芳绽放，馨香远播，我感悟到责任的幸福。

几年前，就有人催我写书，我也曾有过冲动。然而我深信，不经过"十年磨砺"，怎能得"梅花香如许"。我希望自己能去除教育的浮躁，潜下心来认真积累。在校长的十年路上，我与老师、孩子们彼此给予过数不清的感动和温暖。现在，我把这些点滴的幸福用文字记录下来，将它集结成册，用来定格我们彼此的爱和幸福。

我对自己说：今生选择了做教育，就要把它做得有意思、有味道，享受教育、享受快乐。在我眼里：困难是必然，逆境是考验，磨难是财富。高兴也过一天，不高兴也过一天，那我们当然要选择高兴喽！这样，才会越干越幸福，才会把教育做成一件浪漫的事，一件幸福的事。因此，我把这本书定名为《做一件幸福的事——我的"笑"长生涯》，和大家一起分享我幸福而难忘的故事，也是给自己做校长十年的一件礼物，一份纪念。

2013 年 9 月 8 日

目 录

第一章　在成长道路中追求幸福 ……………………………… 1
　　爱孩子，选择了当教师 ……………………………………… 3
　　没有遗憾的课不是好课 ……………………………………… 5
　　《我爱老师的目光》 ………………………………………… 8
　　忍"痛"割"爱" …………………………………………… 10
　　留学生活成就了我的未来 ………………………………… 13
　　拿不下教学管理先进校，集体辞职 ……………………… 17
　　为了谁 ……………………………………………………… 19
　　令人难忘的"三大战役" ………………………………… 22
　　蓝天下最美丽的校园 ……………………………………… 24
　　回味幸福的本命年 ………………………………………… 28
　　创立七彩教育同盟 ………………………………………… 32
　　春天的拥抱 ………………………………………………… 36
　　行走在教育公平的路上 …………………………………… 39

第二章　在教育创新中体验幸福 ……………………………… 43
　　共植亲子树 ………………………………………………… 45
　　墙壁上七彩的小手印 ……………………………………… 46
　　我们的毕业旅行 …………………………………………… 47
　　拿走的是需要，留下的是责任 …………………………… 50
　　7:50，附小亮丽的风景线 ………………………………… 52
　　特别的节日给特别的你 …………………………………… 54
　　校园里的"小妙会" ……………………………………… 56
　　十分钟会成就一个孩子 …………………………………… 58
　　"奥巴马夫人"的小菜地 ………………………………… 60
　　人大附小的奥斯卡 ………………………………………… 63

客串《泡面记》·· 65
　　一定要对附小赞一个·· 67
　　中国的"巴学园"·· 69

第三章　在教学变革中创造幸福······································ 71
　　什么时候还考试？·· 73
　　你选哪国语言？·· 75
　　创新寒假作业·· 76
　　世界上到底有没有美人鱼？·· 78
　　发表课的魅力·· 80
　　附小的隐性课程·· 82
　　毕业课程的诞生·· 85
　　让课堂变得芬芳美丽·· 87
　　与你们时刻在一起·· 90
　　让孩子喜欢上学·· 92
　　"你们学校老师不怕校长听课？"··································· 94
　　为了孩子，我们需要改变·· 96

第四章　在观念碰撞中揭示幸福······································ 99
　　"笑"长真"豆"··· 101
　　德育是做出来的·· 104
　　每个孩子都有自己的精彩·· 106
　　说错了也要理直气壮·· 108
　　特殊孩子也是七彩中的一色·· 111
　　校长有点儿护孩子·· 117
　　一个孩子都不能少·· 119
　　老师们都卧倒了·· 121
　　做客FM103.9的意外收获··· 123
　　牛牛可以不跳舞·· 125
　　让爱心融进尊严里·· 127
　　"校长一定帮你争取！"··· 129
　　你已不在江湖，江湖还在传说你···································· 130

第五章　在创造生活中演绎幸福······································ 131
　　附小春晚的幸福·· 133
　　承载幸福的附小班车·· 135

春节给老师拜年 ·················· 137
大家都是有情人 ·················· 139
八年不一样的生日 ················ 141
一个光荣味道的面包 ·············· 144
附小双节的魅力 ·················· 146
圣诞节的西餐 ···················· 149
Do You Learn English Today? ····· 151
教师的"温馨之家" ················ 154
让穿衣成为一种文化 ·············· 157
生活就是美 ······················ 160
幸福和快乐靠自己来创造 ·········· 162
浪漫校园 ························ 165

| 第六章 | 在感恩他人中回味幸福 ············ 169

百年校庆时我一定回来看您！ ······ 171
独特的早餐 ······················ 173
一根"特别"的萝卜 ················ 175
我们还没吃过呢 ·················· 177
令人刮目相看的"项目主席" ········ 179
最漂亮的校长 ···················· 181
我是您的亲生孩子！ ·············· 183
前人栽树，前人也应乘凉 ·········· 185
爱的抱抱 ························ 187
爱感动的人不易得痴呆 ············ 189
相见恨晚的感触 ·················· 191

| 第七章 | 在包容理解中感悟幸福 ············ 193

把韩国队拍在沙滩上 ·············· 195
第一次跟老师要成绩 ·············· 197
附小的荣誉是我们一生的牵挂 ······ 199
理解胜过千言万语 ················ 201
让我骄傲的"千里马" ·············· 203
一个艰难的抉择 ·················· 205
因为我是校长 ···················· 208

我该怎么对你说，我的老师们 ·················· 211
从此我心中有个你 ························· 214
留存的永远是幸福 ························· 217
"神曲"的诞生 ···························· 223
在爱与包容中与老师同行 ····················· 225
为她撑起了一片温馨的天空 ···················· 228

第八章 在亲情相伴中传递幸福 ······················ 231
"听郑校长讲话得带干粮" ···················· 233
不让孩子留有遗憾 ························· 239
爱，就是把你放在我心上 ····················· 240
金牌证婚人 ····························· 243
脸上的唇印 ····························· 247
让一票不再难求 ·························· 249
因欣赏而共同精彩 ························· 250
校长宠着我 ····························· 253
一所令人迷恋的学校 ······················· 255
有爱就要大声说 ·························· 257
让幸福传递 ····························· 259
我爱你一生一世 ·························· 261
早点儿回来！ ··························· 265

第九章 在序言撰写中享受幸福 ······················ 267
为学生出书写序 ·························· 269
《李炎泽诗文集》序 ····················· 270
《三个乖乖女历险记》序 ·················· 271
《浅浅看世界》序 ······················ 272
《苹果树下》序 ······················· 273
《童趣童话》序 ······················· 274
《游学心迹》序 ······················· 275
《给校长的一封信》序 ··················· 277
为老师出书写序 ·························· 280
《窗外》序 ························· 281
《心灵感悟》序 ······················· 283

《我的阅读生活》序……285
《岁岁芳草绿》序……287
《瞬间》序……289
《绍芳习作画选》序……290
《跑道，永无止境》序……292
《贾老师的可爱作业》序……295

为学校出书写序……297
《中国人民大学附属小学（1954—2004）》序……297
《中国人民大学附属小学50周年校庆》序……299
《感悟督导》序……303
《教育教学研究会专刊》创刊词……305
《让作业可爱起来》序……307
《美丽家园》序……309
《心语心桥》序……311
《分享教改经验　促进师生成长》序……313
《回眸新校舍五年》序……315
《让爱传出去》序……316
《我们的学校文化（三）——拜年集》序……318
《减负成就美丽教育》序……319

附录　"笑"长十年大事记……331
"笑"长十年首创之举……333
历次大会发言目录集锦……334

后记　我的七彩教育理念，追求共同的幸福梦……337

第一章

在成长道路中追求幸福

爱孩子，选择了当教师

我家有兄弟姐妹五人，我排行老五。虽然出生在困难时期，但有爸爸妈妈宠着，哥哥姐姐让着，我可以说是在蜜罐里长大的。我的成长验证了这样一句话：童年生活在幸福家庭的人，长大成年后自身的幸福感会更强，也会把这种幸福感传递给他人。小时候只有一个愿望一直没得到满足——特别羡慕别人有弟弟妹妹，我总是跟妈妈吵着要个小弟弟小妹妹，妈妈嘴上答应着，可就是没有行动，所以我就特别喜欢街坊邻居的小弟弟小妹妹，成了我们大院的"孩子王"。等哥哥姐姐结婚有了孩子，我能手上写着作业，脚下还摇晃着童车轱辘。可以说喜欢小孩是我做教师的动力源泉吧。

我小学毕业于中关村二小，中学就读于清华园中学。逐渐意识到当老师就能跟孩子在一起，那怎么才能当上老师呢？听说上师范学校能当老师，于是初三毕业时，我报考的第一志愿就是第三师范学校。

我的第一个阻力来自妈妈。听说我要当老师，妈妈带头反对："老话说，'家有二斗粮，不当小孩王'，当老师话多，多累啊！"爸爸说："唉，只要孩子喜欢就行，女孩子做老师、做医生都挺好，爸爸支持你。"二比一，家庭这关就算过了。第二个阻力来自我的班主任林老师。从小学到初中我的学习成绩都特别好，特别是初二的一次期末考试，七门功课我竟考了698分，还有10分加分，只有物理扣了2分。至今我还记得是在做一道判断磁场方向的题时，老师正好走到我跟前，我一紧张，手势比划错了，后来也没检查出来。由于学习好，我当上了学校团委副书记。班主任林老师太希望我上高中、考大学了，那时我还没有上师范大学当老师的想法。林老师的理由是：这么好的成绩不上大学太可惜了，当老师有什么好？（那是在1978年，教师还不受重视，也没有教师节）她工作18年了才挣38块钱。林老师让我再想想，但我心意已决，理由很简单——我喜欢孩子。因为喜欢孩子而选择了

□ 小时候的我

□ 1982—1989年做少先队大队辅导员

做教师，我想这应该就是我爱这个事业的根基，也是形成和实践自己教育梦想的起点吧。为了不伤林老师的心，我把第三师范学校改在了第二志愿。没想到，那一年是第三师范学校"文化大革命"以后，第一次招收正规培养的小学教师，因此只要你报了师范学校，不管是第几志愿全部录取，我如愿以偿。

在第三师范学校三年的学习让我很难忘，张德训、潘邦帧、娄湘生、朱炳昌、罗秀兰等恩师的教诲让我终身受益。1981年7月，从北京第三师范学校毕业后，我被挑选到当时北京市仅有的七所重点小学之一——人大附小工作，直到今天。

时任附小书记的廉志芬老师把我从北京第三师范学校接到人大附小校长室，见到了任慧莹校长，从那时起，她带我走上了教育之路。

没有遗憾的课不是好课

1991年9月，海淀区开展了首届"希望杯"课堂教学评优课活动，我当时是教导处副主任，负责德育工作。教学副校长叶绍芳老师找到我，让我参加评优课，我有点打退堂鼓。从1981年来到人大附小已经有十年了，当了一年语文老师兼班主任，做了七年大队辅导员，管了两年德育工作。虽说教过语文、数学、音乐、美术、计算机、思想品德等，但没参加过一次评优课，也没有听过评优课。况且我的孩子才一岁多，还在吃奶，我晚上睡不好觉，哪有精力参加啊！再说还要先在海淀中心评比，出线后才能参加区里比赛，这要出不去，多难堪啊！想到此，我对叶老师说："能不参加吗？"叶老师说："怕什么，闯闯吧，你总不能在教学上一点成绩都没有吧。"没办法，硬着头皮上吧。

备课，找资料，认真学习思想品德课的教学方法……在海淀中心比赛时讲的是三年级的《遵守纪律讲秩序》，导入新课时我设计了一个新环节：我运用了电影《闪光的彩球》中的一个情节，一个大瓶子里面有三个球，拿绳子拴着，请三个同学到前面来，喊一、二、三一起往瓶子口外拉，让球"逃生"。第一次，出现三个球挤在瓶口哪个都出不来的现象，我问：为什么？怎么才能快速地都跑出来？商量、讨论、再喊一、二、三，只见三个球迅速依次跑了出来……这就是我们今天要讲的课，然后揭示课题……这节课后我顺利出线，准备10月底参加区里的比赛。按照教学进度我重新选定了课题，决定上一年级的《我爱花草树木》一课。

备课、找资料、和老师研究，再请领导、老师来听试讲，基本上已经成熟了。这时，却发生了一件意想不到的事。

周日这天，爱人晚上在单位值班，我想再好好准备一下课，因为下周就要讲了，我决定把孩子送回中关村附近的孩子姥姥家。回来的时候，妈妈给我一袋小米，我把小米放在自行车的车筐里，装有备课本、教材、存折、钱包的小黑书包放在小米上面，往人大的家骑去。

骑到中关村时，天已擦黑，小摊贩正吆喝着卖菜，我放慢车速，扭头看菜之时，车筐里的小黑书包不见了。我立刻下车，四周一看没有发现任何迹象，就大声喊道："谁拿我的书包了……"周围立刻聚集了很多人，一位大妈问我："姑娘，你书包里有什么啊？""有书，有备课本，有一个存折，还有100元钱。"现在说来100元钱不算什么，可在那个年代100元钱最少要攒半年。本来打算去存钱，一想到去银行还要浪费时间排队，就决定先准备课，没想到……那时在我的脑海里，100元钱还不是最重要的，关键是修改了十遍的教案没了。马上就要讲课了，我心急如焚，眼泪差点掉下来。我当即表示：钱可以不要，把书和教案还我就行。大妈听了我的原委，说道："这是谁那么缺德，大家伙儿快帮着找找。"好心人分头去找，没找到，他们带我去中关村派出所报了案。

回到家里，我给爱人打了电话，让他马上回家。一进门，我就扑到他怀里哭了起来，爱人赶紧问："怎么了？妈病了？孩子病了？你倒是说话呀！"我把事情经过讲了一遍，爱人把我扶到床边坐下，说："我以为出什么大事了呢！没事，冷静冷静，今天晚上什么都不要想了，明天再重新写。""不，我不想再参加评优课了。""这算什么啊，你写的东西肯定忘不了，再来。"我坚持说太没心情了，一定不参加了，爱人说："好，你明天上班后跟校长商量吧，我要回去值班了。"爱人走了，这一晚，我翻来覆去没有睡好。

周一上班，我找到运校长，把情况讲了一遍。运校长听了笑着说："这点困难算什么，找本书重新来，给你放两天假回家去写。""校长，现在我脑子里一片空白，时间太短了，周五就要上课了，来不及了。""没问题，你一定行，一定得参加。"校长坚定地说。没办法，我只好重新拾起心情投入战斗。我去图书馆找到教材，拿起笔，想干脆就在学校写吧，于是开始回忆着写下去。第二天又试讲了一遍，再修改。校长说："小郑，你没发现吗？你丢掉的教案设计没有现在的好。"我也觉得，重写的教案在思路和设计上有了很多改进，有了突出的亮点。这让我增强了信心。

正式比赛这天，一年级孩子走了半个小时，来到人大西门的立新小学上课。教室后面坐着五位评委，运校长坐在窗边第三排的位置。上课后，我在黑板上贴了一幅图，用纸板剪了一个活动小人小红，通过小红周日和妈妈逛公园的故事，告诉他们公园里有什么。因为一年级学生识字不多，我在黑板上贴上了花、草、树的图案。在只有录音机、幻灯片的时代，我这样图文并茂的导入还是比较新颖的。接着通过明理、导行、联系生活实际、自编的拍手歌等让孩子们感悟到花草树木要爱护，随即在花、草、树图案的旁边贴出了"我爱"两个字。这节课孩子们表现很优秀，一节课上得非常顺利，我也很投入，仿佛课堂上只有我和孩子们在快乐地学习。正好在下课铃响的瞬间我说："下课。"时间太精准了！正在我心中升起一丝得意之时，我忽然发现了讲台桌上自制的"环保小卫士"证章。这是美术老师夏玥帮我用硬纸板剪的圆形证章，上面画着图，学生帮我涂的色，因为纸硬用不了别针，我爱人专门花了一晚上的时间用铁丝弯成了一枚枚"别针"，这是最后一个环节：评选出环保小卫士后给他们佩戴的。这个具有超前理念的环节让我一激动给忘了，用运校长的话说：你太投入了，我向你比划你都没看见。我这个懊悔哟！看着评委们面带笑容地走出教室，我真想把他们拽住：您坐下，我再讲一遍。

回到学校，遇到我的入党介绍人张雅茹老师，她关切地问我：怎么样？我沮丧地把事情讲了一遍。张老师听完，认真地说："看来课上得真不错。小郑，你记住，没有遗憾的课不是好课。"这句话耐人寻味，多少年来深深地镌刻在我的脑海里，也成了我做校长后给青年教师评课时常说的一句话。

后来，我的这节课获得了海淀区首届"希望杯"思想品德学科一等奖第一名的好成绩。要感谢的人太多了，感谢叶老师"逼"我上课，感谢运校长"激"我上课，感谢美术老师夏玥"助"我上课，感谢班主任屈文玲老师的配合，感谢入学仅一个多月的孩子们出色的表现，感谢妈妈帮我带孩子，感谢爱人帮我做教具，最后我还想感谢那个小偷。看来，遇事换个角度思考，坏事就会变好事。最大的敌人就是自己，只要自己坚持，没有什么事能击垮你，而且事情还可以向更好的方向发展。这件事在我心中埋下了一颗坚韧的尚待萌发的种子，成为了我做校长后的重要财富。

这是我教育生涯32年中唯一的一次评优课，它让我一下子成长了十年。所以做校长后，我也常这样"逼"我的教师们。

□ 1982年六一，我带孩子们在长河边野炊

1994

《我爱老师的目光》

1994年暑假，我和妈妈商量："学校特别缺老师，我既要做教导主任，负责学校德育工作，还要教六年级一班的语文课并兼班主任，您同意吗？"妈妈说："你们学校领导班子里你最年轻，校长这么信任你，你就多干点儿，妈妈支持你！孩子的事你就别管了，你们俩忙，我和你爸帮你接送。"我听了，激动地搂着妈妈脖子，亲了妈妈一口，"妈，您真好！"这样，为了开学后两方面工作都不耽误，一个暑假我备出了全册教材的课，满怀信心迎接新学期的开始。

好景不长，开学不久妈妈好像有点不舒服，没几天就住院了，哥哥姐姐知道我忙，他们轮着陪床。9月9日晚上我来到医院坚持陪床，因为第二天教师节放假。哥哥姐姐拗不过我，就让我陪了妈妈一宿。夜里妈妈睡不着，跟我聊了很多，不停地问外孙女好不好。妈妈特别喜欢我女儿，因为之前妈妈有了孙子、孙女、外孙子，就是没有外孙女。当时妈妈说，如果你生的是女儿就帮你看，生儿子就不管了。女儿出生后，妈妈特别高兴。又聊了一会儿，慢慢妈妈睡了。天一亮，妈妈催我赶快回去，怕我爱人照顾不了孩子。我坚持等到哥哥姐姐来接我的班，他们要带妈妈到别的医院去做核磁共振。妈妈上了车，我站在车下跟妈妈挥手，妈妈也是一直盯着我，直到看不见了，我才往家走。没想到，这就是我和妈妈的最后诀别。

我在家给妈妈做了一顿饭，晚上，爱人到医院给妈妈送晚饭，回来我问他：妈怎么样？他说，很好，饭全吃了，估计过不了几天就可以出院了。我心里很高兴，和孩子一起看教师节的晚会。到十点钟正想关灯睡觉，忽然有人来敲门。谁这么晚还来？打开门一看是二哥来了，我很诧异。二哥第一句话就是："快穿上外套跟我走，妈走了。"我瞪着眼问："妈上哪儿去了？"在我脑海里，以为妈自己出院了。"妈没了。"我顿觉五雷轰顶，大哭起来。不对，今天晚上爱人送饭回来还说没事了呢，不可能！但看着身为军人的二哥一脸严肃且强忍着痛苦的模样，我信了。我跌跌撞撞来到医院，见了妈妈最后一面。原来妈妈是突发脑溢血离开了我们。

为了不耽误学生，由哥哥姐姐处理后事，让我去上班。我只跟校长、书记告知了此事，一天里我都在图书馆批作业，不敢回办公室，因为老师们都知道我妈住院了，每天都特别关心，今天我真不知该如何回答，我也不想让大家都跟我一起难过。

第三天上午告别火化，我把语文课全部调换到下午，并向学校请了半天假。

中午我回到学校，刚坐到位子上，我们班孩子就跑到办公室拽我："老师，你快到班里来。"我心想：又是哪个小淘气打起来了。来到教室，广播开始了，只听广播里说道："六年级一班全体同学为班主任郑老师点一首孙佳星演唱的歌曲《我爱老师的目光》。"歌声响起来了，只见孩子们两眼凝重地看着我，这一瞬间我全明白了，顿时，我的眼泪刷地一下流了下来。我走到每一个孩子身边抚摸他们的头，孩子们也都哭了。此时此刻，我一句话也说不出来，只能拿起粉笔在黑板上大大地写下：谢谢孩子们！

优美的歌曲慢慢停止，我努力克制住自己的感情，这时教室里哭泣声一片，我不知道该怎么劝慰我的孩子们。待了很久我说："孩子们，不哭了。老师谢谢你们！我的妈妈是伟大的妈妈，她让我好好教你们。虽然她没有陪伴我把你们教完，但我一定要按她说的去做，好好带你们，只有这样才能回报她对我的爱。我相信我的妈妈也不会愿意我们难过下去。你们要好好孝顺妈妈，要懂得珍惜你们眼前的爱，失去的时候，你就会觉得特别珍贵。听妈妈的话，别惹妈妈生气，否则到时想爱妈妈也来不及了。"慢慢孩子们平静下来。"我们一起好好上课吧。"

课下，我问孩子们是怎么知道的，他们说，只是发现您这两天讲课没有以前那么幽默了，今天上午上历史课，有同学不听话，郝兵老师说："为了不耽误你们的学习，郑老师一天假都没请，你们知道今天你们班主任郑老师调课干什么去了？"郝老师把情况告诉了孩子们，教室里顿时鸦雀无声。中午放学后，同学们聚在一起商量，怎么能减轻我的悲伤，大家一致同意给我点首歌，没有光盘，孩子们分工合作，有的去广播室点歌，有的去书店、音像店、商店买光盘，有的孩子中午饭都没顾上吃。我听了热泪盈眶。更让我感动的是：孩子们下午放学后不回家，有的去幼儿园给我接孩子，有的做值日，有的陪我聊天，把他们全部的爱用他们能表达的方式全部表达出来，他们懂得用真情回报。所以，千万不要小看孩子们，要把他们当朋友来对待。只要我们老师真心爱他们，他们一定懂得爱、回报爱。是孩子们陪伴我走过了最难过、最痛苦的一段时光，失去母亲是痛苦的，但他们给了我无穷的快乐，让我在课堂上忘却了一切，孩子们是我疗伤的特效药，我感恩我的孩子们。"我爱老师的目光"，我爱你们纯洁的心灵。

忍"痛"割"爱"

1995年3月的一天，运校长把我叫到校长室，跟我说教育部给了附小一个去日本留学的名额，经领导班子商量决定选派我去，不过4月份要先去重庆笔试、面试，参加选拔。我一听，赶紧说："不行啊校长，学生快毕业了，正是要紧的时候。"当时我正做教导主任，还兼着六年级一个班的语文老师和班主任工作，这个班是我从五年级开始带的，而且教毕业班是我的梦想，来附小十多年从没教过毕业班。运校长看出了我的心思："学生会有人教的，你先准备吧。""不行啊校长，我不会日语，英语也只是初级水平，根本考不上。""不试试怎么知道，这一个月好好准备，考得上咱就去，考不上就回来。""那多浪费名额啊，还是让有把握的老师去吧。"校长坚持说："我们考虑过了，你来附小这么多年，24岁入党，29岁做副主任，一直干得那么好，这个人选非你莫属，去准备吧。"怀着复杂的心情，我走出了校长室。杨书记见到我，鼓励说："学校特别想继续培养你。小学老师出国的机会多难得啊，你聪明，去闯闯，没问题。"带着这份信任与厚爱，带着这份鼓励与肯定，我开始了一个月的苦读。

1995年4月初，我和附中的李书华老师坐了48小时的火车，来到重庆大学参加了日语、英语笔试，以及由日本人及教育部领导进行的十分钟面试。两周后，通知我到东北师范大学留日预科学校学习日语。得知此消息，我不敢面对我的孩子们——他们6月底就要参加小升初考试了。运校长进到教室和孩子们讲了这件事，孩子们顿时号啕大哭起来，哪位老师去劝都不行，哪个老师的课都上不下去。两节课过去了，我说：我去吧，解铃还须系铃人啊。当我走进教室，孩子们呼啦就围了上来，"老师，你不要我们啦！老师，我们舍不得你！老师，你别走行不行……"再一看黑板，中间写着：郑老师，我们爱您！满黑板画了45颗心，每颗心上写着一个学生的名字，至今让我记忆犹新。我顿时泪流满面，我不知道该跟孩子们说什么，只能听着孩子们的哭声，任凭泪水肆意流淌。不知过了多久，哭声渐小，我也极力忍住心痛，让孩子们先坐下来。我说："孩子们，老师对不起你们，不该在这个时候把你们扔下，真想陪伴你们一起毕业。

但你们的学习不是为了老师一人，是为了你们的爸爸妈妈，为了你们自己美好的未来，还为了我们附小的荣誉。今天老师忍痛割爱，带着校长和老师们的信任，去学习，去长本领，为的是能有更好的成长，培养更多的孩子。北京市那么多小学，这次北京去的七位老师中只有一位小学老师，这是我们学校，也是你们的光荣。人生要承受和很多人的分别，这就算是一次历练吧。把对郑老师的爱化作实际行动，用优异的成绩考上中学，向老师汇报，老师在长春等着你们的好消息，谢谢孩子们的理解，我永远爱你们。"

□ 1995年，我和孩子们游览北海公园

回到人大院内宜园一楼的家收拾行李，准备赶晚上六点的火车。走出楼门时，我惊呆了：路两侧站着十几个孩子，他们说要送老师到车站。我说坚决不行，爸爸妈妈不放心，路上交通不安全。好说歹说，孩子们才答应不去了，拿出一打信，跟我说："这是全班同学给您写的信，您到车上去看吧。"我含着泪拥抱了每一个孩子，和孩子们挥手告别，眼前一片模糊，真舍不得他们啊！赶紧坐上出租车。一路上，车上放着孙悦唱的《祝你平安》，想起孩子们我心里无限感伤。

火车开动了，夜里，别人都在睡觉，只有我一边看信一边抹眼泪。一封封信包含着孩子纯真的感情，脑海里都是和他们在一起的美好时光。说实话，那时的脑海里都没有我五岁女儿的身影。走一路哭一路，连乘务员都关切地过来问我是不是哪儿不舒服？

接替我班主任工作的是从延庆调入的优秀教师丁老师，丁老师压力很大，因为老师们说我的班不好接，太民主。临行时我跟丁老师说，语文教学不是一日之功，孩子们考好了是你的功劳，考不好是我的责任，千万别有压力。在长春学习的日子里，我每天都在惦记着孩子们。从杨书记的电话中得知学生和接班的丁老师较劲，常常是：我们郑老师不是这么说的！我们郑老师不让这么做……让丁老师很是着急，还有两个月就要毕业考试了。我也很着急，恨不得回去一趟。杨书记让我给学生们写封信，我于是写信告诉孩子们：老师对你们现在的表现很伤心，如果你们真的爱郑老师，就安心学习，听丁老师的话，不然考不上好中学，受损失的是自己。总之，郑老师现在肯定是不可能教你们了……后来听说，孩子们读了我的信后好多了。最后毕业考试中两名学生的作文是满分，35名学生的作文被评为一类文，这个班在全年级六个班中平均分位居第三名。绝大部分同学都考上了理想的中学，只有体育队长金鑫没考上他理想中的人大附中。我心里觉得很对不起这个孩子。

8月底我从长春回到北京，孩子们知道后过来看我，全班45名学生只有四个学生因为参加十九中的考试没来，其他学生全部到齐。孩子们回到当初的教室，坐到当初的座位上，让我再上一节课。我百感交集。金鑫向我表示：高中一定考回附中。他说到做到了。

所有的这一切让我刻骨铭心，也更让我坚信了自己选择做教师是正确的，是幸福的。

现如今，屈指算来我的学生应该已经三十多岁了，想起你们，老师心中还会有隐隐的"痛"。不知道你们是否理解了老师当初难以割舍的"爱"。老师还要对你们说一声：谢谢孩子们，没有你们的理解与支持，就不会成就今天的校长。出国留学丰厚了我的底蕴，更多的学弟学妹，沐浴在人大附小七彩教育理念下，享受着阳光、快乐、幸福的教育，是你们让这爱播撒到每一个附小孩子的心田……

1995 留学生活成就了我的未来

1995年10月,我踏上了日本国土,也是自己33年来第一次出国,来到日本福冈九州大学留学生会馆。前辈们接待了我们,听到中国话感到很亲切。前辈们帮我们办完手续,带我们来到8平方米的宿舍。房间虽小,五脏俱全,里面有床、冰箱、书桌及卫生间,还有阳台、公用的厨房和洗衣房。然后前辈们又带我们到旁边小饭馆吃了第一顿日本饭。我花1 000日元买了一辆八成新的自行车,特别好骑,没有锁,放到哪儿都不丢。

一般留学生在日本不用买家用电器,都能捡到。日本人环保意识特别强,会非常自觉地对垃圾进行分类。生活垃圾每天回收,家电等大件垃圾每月收一次。所有可回收和不可回收的垃圾都有很好的包装。那天晚上我们几个留学生结伴,捡到了电视机、录音机、电饭煲等。如果你看到电视线缠好用胶条贴在电视上,这样的电视拿回去就能用;如果电视的线被剪掉,说明电视是坏的。还有每个日本人搬家后,都会把房间打扫得干干净净。有个留学生回国为赶飞机来不及打扫了,为了不给中国人丢脸,他走后我们帮忙打扫了半天。在日本,十多年前超市购物已经非常方便了,让我印象深刻的是在超市买完东西,车和商品放在外面不用锁,东西都不会丢,日本人的国民素质很高。

第二天开始来到九州大学上课,每天上午八点半上课,下午三点半下课,中间休息一个小时吃午饭。刚开始特别不适应不睡午觉,所以放学回到宿舍倒头先睡,然后再起来做晚饭吃。我们班学员不足十人,有巴西人、法国人、捷克人、韩国人等,就我一个是中国人。我英语不行,所以我们之间的交流只能用日语。日语里经常出现汉字,外国学员说汉字太难学,长得都一样,他们说我(其实应该是中国)是

□ 1996年在日本九州大学演讲

汉字的祖宗。半年的学习非常短暂而又愉快，最后每个人用日语进行演讲，作为学习成果展示。

1996年3月，在九州大学的语言学习结束后，我来到福冈教育大学学习学校管理。初来福教大，就发生了一件意想不到的事情，因为房子问题，我和日本人"打了一架"。

作为公费留学生，在一年半学习期间，会馆原则上要求只能住一年，后半年得自己出去找房子（会馆的房子相对外面便宜很多），单身房比较紧张。因我爱人和女儿要来日本，故我向大学留学生中心申请了家族房。3月底会馆张贴出住房申请的批准名单，我发现与我情况一模一样的韩国留学生榜上有名，而没有我。我找到留学生中心问情况，他们给不出任何能够说服人的理由，我要求同等对待。他们说过两天给我答复，两天后他们只告诉我没有房子，要我到外边去租房子。真是太气人了，同样的情况，为什么韩国人不去租房子，中国人就要去租房子？有合理的解释吗？中国留学生们都说日本人怕韩国人，不怕中国人，碰到这种情况中国人经常就忍了。我一听更不对了。于是，我找到了留学生科科长，他也不解释。我说，那我可要给文部省（相当于我们的教育部）写信反映问题了。当时，那个科长不客气地说，だしてください（那就请写吧）。

回到宿舍，我一口气给日本文部省写了一封信，怕日语不标准，还找到了一位在日本读了六年的博士，他一听很气愤，说我给你找个日本人改改，他们更标准。日本友人说，如果真是这样，他们做得真的不对，并帮我修改了书信。我花300日元（相当于人民币21元）将信寄了出去。信寄出去的第三天，留学生科科长亲自给我打电话，并到会馆见我，他先道歉，表示工作做得不好，请我原谅，然后同意给我安排一套两居室家族房。晚上，留学生们来我的房间喝酒庆祝，他们说我给中国人出了气。我当时就这么想：*软的我不欺，硬的我不怕，没有道理的事我不做，我们中国人在国外也要挺直腰杆，活出我们的尊严*。这一"架"让我的日语水平有了突飞猛进的提高，坏事变好事。

一年很快要过去了，我也准备说话算话，出去找房子。但没想到日本人主动给我住的房子延期半年，直到我留学结束。看来是不打不成交啊。

在福冈教育大学学习期间，我的导师是寺尾慎一。我每周要坐一小时火车（像咱们现在的动车）到学校上三天课，余下的时间到图书馆看书、学习。我非常珍惜这次学习机会，请寺尾老师帮我联系，走进了多所国立、市立、私立小学和幼儿园。通过参与学校的活动和观摩学校的课程等，我对日本的教育及文化有了一定的理解。

有一天，我女儿像小脏猴儿一样，怀抱着三块白薯回到家。"干什么去啦？""老师带我们挖白薯去啦。"我有点吃惊，五岁的幼儿园孩子就去挖白薯？那都是我们小学高年级才干的事啊。我参加了女儿幼儿园非常规范的毕业典礼，所有老师都穿着和服（一般日子不穿），孩子们都穿着园服，女孩佩戴粉花，男孩佩戴蓝花，一个一个从园长手中接过毕业证书。在考察学校时，看到学校组织的运动会，没有一个孩子坐冷板凳；我看到一个胖孩子，在家长及老师的帮助下，翻过单杠，全场为其鼓掌；我了解到小学毕业生都要坐新干线毕业旅行；我看到老师们合作上课，他们没有评优课，只有研究课；我看到福冈教育大学的教授走进小学，和老师一起研究教学方法。这一切给我一种强烈的冲击……我有一种冲动，一定要回到学校运用。您会发现在后面的故事中，有很多我在日本留学时的影子。原教育部基教司司长说我是留学回来后学以致用做得最好的。

□ 1996 年全家在日本

一年半的留学生涯很快就要结束了。我爱人考取了大阪的大学，准备进行硕士学习，留学生朋友劝我留下，他们可以出资让我办一个中文学校，把中国孩子的中文教起来。这样既可以陪陪爱人，自己也可以再考个学位，还可以生个老二。种种诱惑让我心动，日本空气质量好，自然环境、生活环境都比较舒适，打工挣到的钱比国内挣的工资高得多，我们一家人会生活得很好。回去还是留下？在思想上进行了激烈斗争后，我考虑到：

一、自己是共产党员、教导主任，不回去对不住学校领导的信任，特别是书记殷切的召唤；二、这是学校第一个留学名额，如果我不回去别人今后就不会再有机会；三、我太想把我学到的东西回去在工作中运用，让我的学生们享受这种教育；四、我觉得自己的孩子应该回去学中文，不希望她永远一口日语。想到这些，我试探着和爱人商量，没想到，我爱人尽管很希望我们陪伴他，但他说我做事很投入，附小的领导、老师、学生需要我，我有理想，不应该守着灶台，他支持我按时回国。这些年，每当朋友夸人大附小办得好时，爱人都开玩笑说："如果不是我让她回国，人大附小就不会有这个校长，是不是应该感谢我啊？"

1997年3月21日，我们一家三口回到自己的家（爱人送我们回来再回去），我回到了学校，掀开了我教育生涯新的一页。1997年3月—2003年10月做德育副校长期间，我打造了人大附小"全员参与、团队竞争、自我感悟、自我实践"的德育特色，形成了系列社会实践活动——入队植亲子树、毕业旅行、自1997年7月开始的规范的毕业典礼、全员参与的艺术节、趣味运动会……我把我所学到的理念努力运用出来，带动了学校教师观念的转变，并且冲破阻力创办小饭桌，开办星星乐园，增加教师收入，改善教师的生活待遇等。

留学生活，带给我的是理念、智慧、胆识、魄力、底蕴。有一句话：就算你不会游泳，扔到海里你也会努力挣扎上来。没有什么不敢做或不能做的，前提是只要对老师、孩子成长好。

尽管我2001年11月随教育部教育考察团赴德国等地考察15天，2003年11月随教育部教育考察团赴美国考察三周，2010年4月随北京市教委赴澳大利亚考察学习两周，2010年12月随海淀区校长培训班赴英国培训一个月，2011年4月随教育部校长培训班赴美国培训三周，2013年4月带七彩教育同盟校校长赴美国签约、考察15天，但对我影响最大的还是一年半的日本留学。当你融入这个社会时，你对其教育的理解才会更深刻。所以我非常赞成教育部派想做事的校长在国外学习一年的计划，同时我也为我的老师创造条件，积极支持老师出国学习。2004年、2005年教育部两次给我去俄罗斯学习的机会，那时我刚做校长，希望自己将全身心放在学校工作上，就把机会留给了另两位老师。2006年开始相继为7位老师争取了长期或短期的国外学习及考察机会。

一个校长走不远，这个学校就走不远；一个教师走不远，他的学生就走不远。我相信：眼界决定境界。

2003 拿不下教学管理先进校，集体辞职

2003年海淀区正在评选"德育管理先进校"和"教学管理先进校"，获得这两项荣誉后才可申报"海淀区素质教育优质校"。作为海淀区的学校，"德育管理先进校"是德育工作的最高荣誉，"教学管理先进校"是教学工作的最高荣誉，而在这两项荣誉基础上评选的"素质教育优质校"是学校综合质量的最高荣誉。我想，申报参评不是为了光荣的称号，而是为了督促和引导学校梳理办学方向、提升办学质量。人大附小在2002年第一批被评为"德育管理先进校"，但始终没有申报"教学管理先进校"评选，这对于人大附小来说不能不说是一种缺憾。

参评"教学管理先进校"有那么难吗？从我个人来讲，原来一直主管德育工作，抓教学管理确实不如抓德育得心应手，抓教学是个考验，但我坚信教学质量是学校的生命线，是学校工作的重中之重，作为校长，要引领学校的发展，没有理由去逃避，只有勇敢去面对。于是2004年寒假，我在昌平阳坊组织学校的教研组长、骨干教师召开教学工作会，我们称之为"阳坊会议"。会上老师们畅所欲言，为学校的教学工作把脉。就在老师们雄心勃勃的发言中，我当着所有参会老师许下诺言：三年拿不下"教学管理先进校"，领导集体辞职！我为自己立下了军令状，老师们一听先是惊叹而后热烈鼓掌。

一言既出，驷马难追，如何才能不食言？

办法一：有空就坐在课堂上听课。张老师告诉我，她过去从来不把备课本拿回家，现在每天把备课本拿回家，不看电视，研究教学设计。连她爱人都问她这是怎么了？她说："校长要听课呀。"她爱人说："你们校长这是为孩子好，这一招能营造出教师磨课的风气。"一个学期下来我听了近120节课，领导在海淀区校长会上还表扬我听课最多。可我听课不为表扬，只为教师和学生真真正正地成长。

办法二：还是听课。俗话说：校长的屁股坐在哪儿，老师们就重视哪儿。在不断激发教师研究教学的热情的同时，学校开展了课堂教学三步曲的活动：特级教师引领课、市级骨干教师示范课、青年教师亮相课。接着又开展了教研组研究课、党员风采展示课等活动，教学研究蔚然成风。

办法三：承担国家、市区级科研课题，开展专题研究，如个性化作文研究、国际理解教育研究……并在建校五十周年之际召开了国家级、市级的课题研讨会。把学校的教学与科研工作不断引向深入。

挑战与机遇并存。面临的挑战：搬迁令人心不稳，有的骨干教师调离，家长、社会对学校持怀疑态度：质量要下滑？面临的机遇：赢得"教学管理先进校"的荣誉，证明人大附小的教育教学质量没变，一切怀疑不攻自破。在搬迁的3 000多个箱子还没有都打开的情况下，2005年10月，在校舍搬迁的第56天迎来了"教学管理先进校"检查。在还没有一间像样的会议室的条件下，我和老师们为了附小的荣誉，众志成城，并鼓励老师"一人立功，全家光荣"（以教研组为团队进行教学研究），评委们不无感慨地说："人大附小搬迁创造了奇迹，人大附小的课堂创造了奇迹，8节随堂课全'优'，之前申报的34所学校中，你们是唯一一所全优的学校。"

我带领领导班子实现了对老师们的承诺，赢得了"教学管理先进校"的荣誉。

朝着一个目标努力的人，整个世界都会为你让路。破釜沉舟也是一种工作策略，没有退路，只能前进。

□ 和老师一起做课题研究

为了谁

2006年的新年晚会上,老师们热情澎湃地表演着"嘻刷刷",再现了搬迁的动人场景,歌颂搬迁中的领导。我深知搬迁中的真正英雄是老师们,于是我带领着行政班子成员用手语表演了《为了谁》。我改编了歌词:

你在暑期搬迁,
汗水湿透衣背,
我不知道你是谁,
我却知道你为了谁。
为了谁,
为了新的校舍,
为了附小荣誉归,
满腔热血唱出搬迁无悔,
战天斗地不知炎热,不知累
…………

节目所配视频的画面,又把我带回了搬迁的日子。

2004年3月3日,正好是我做校长的第100天。这一天,人民大学领导把我请去,向我宣布了附小搬迁的决定:人民大学为了扩大办学空间,决定让人大附小搬出大学校园,有两个校址供附小选择,第一个地方是世纪城,第二个地方是香山附近,在校址选择上,由附小决定。是否搬迁这个问题已没有可商量的余地,领导的态度十分坚决!这突如其来的决定让我不知所措,对于一个刚上任不久的校长来说,不能不说这是一个巨大的挑战!学校今后如何发展?怎样稳定教师队伍?怎样做好家长工作?这些棘手问题一下子摆在了自己面前。附小五十年还从没有经历过这样的事情,发展到今天太不容易了!附小决不能在我任上出现什么问题。虽然思绪很乱,但我还是比较冷静地把自己的想法对大学领导讲了。基本意思是为了与大学领导思想保持一致,从大局考虑,我们服从领导的安排,至于选址问题,我需要回去和附小领导班子成员商量后再向上级领导汇报。

大学办公楼与附小没有多远的距离，走着也就不过七八分钟，但那天我走在这熟悉的小路上，感觉距离是那么遥远、那么漫长。多久回到附小已记不清了，只记得到校后，找到其他四位班子成员，把大学的决定告诉了他们。他们听了一时想不通：大学领导为什么做出这样的决定？我们都舍不得这里。作为校长兼书记的我，首先要做的事是让班子成员思想统一，接受这个决定，并落实好后面的工作，排除众议，面对现实。在认真分析当前情况后，我把自己的想法和其他四位班子成员进行了沟通，虽说困难重重，对于附小的未来也不确定，但对我们来说这既是挑战，也是机遇……听了我的分析后，几位成员还是非常认可我的想法，并表示服从大局，让我很感动！

思想统一后，接下来面对的就是实际问题。一是校址选在哪儿？权衡利弊，五人中有四人选择了世纪城，少数服从多数，就这样确定了搬迁的新校址。二是家长工作怎么做？我们下发了大学"致家长的一封信"，让家长了解学校搬迁的事情。

发完家长信的第二天，值周老师急匆匆地跑进我的办公室说："校长，您快去门口看看，有100多名家长在学校门口，吵闹着要个说法，不同意搬迁，您看怎么办？"我说："别慌，把楼上多功能厅打开，请家长进来，我们听听家长的意见。"我请家长发表自己的意见，请老师负责记录，我向家长表示，他们的意见我会向大学领导汇报。

家长走后不久，大学校办就打来电话说有200多名家长到大学办公楼来闹事了，请我马上过去，我急忙赶过去。

此时的大学办公楼楼道挤满了家长，我让家长到二层会议室，由大学领导和大家沟通。家长质问大学领导，"你们知道不知道人大附小是一所什么样的学校？人大附小在我们家长心中是北京市最好的！"坐在后面的我听后十分感动！回到学校后，我把这句话告诉了全体老师，当老师们听到"在家长心中人大附小是北京市最好的学校"后，也是十分感动！这也是家长对学校、对老师工作的高度肯定。

随之，各种阻力也接踵而来，老师们人心浮动，骨干教师提出调动，报纸炒作，800多名家长围攻、静坐、上告……大学王新清副书记承受着来自家长的指责和质疑，让我看在眼里疼在心上，敬佩之情油然而生。他代表大学掷地有声地承诺家长附小搬迁后五个不变：学校校名不变，教育教学质量不变，教材不变，任教老师不变，师资不变。我请求召开家长会，动之以情，晓之以理。随后，大学纪宝成校长把我请到校长办公室，表示同意我的意见，并请保卫处配合，决定将附小搬迁时间推迟一年，王书记、孙华玲副主任从始至终和我们在一起。开家长会那天，人大附中刘彭芝校长从报纸上看到信息，一下飞机立即就赶到了附小。

从那天开始，我便投入到家长说服工作中。连续一个月，我每天早晨六七点到校，晚上九十点才回到家，身体几乎累垮。

2005年4月7日校舍交接后，装修、招收世纪城新生、转学生近千人，面向全国招聘优秀教师等工作一齐上马。我放弃了整个暑假，精心安排搬迁工作。带领附小全体教师，顶着酷暑，在旧校舍进行了物品清点、登记打包等工作，共打包3 000余箱，整理出各类文件柜、衣柜、玻璃柜累计500余个，三万册图书，46架钢琴，200余台计算机，50套多媒体影音设备，2 500多套学生桌椅，以及各类教学仪器、体育器材等大量物品。搬家公司共搬运125趟，动用人力300多人次。最终顶住各方压力，克服重重困难，如期完成了校舍迁址工作。

为了拉近教师与新校舍的感情，我没有请保洁公司，而是带领全校教师自己开荒，汗珠遍洒23 000平方米的新校舍。区领导到新校舍指导工作时，不无感慨地说："人大附小的整体搬迁创造了一个奇迹！"大家说："这不是一个女校长该做的事。"在奇迹发生的瞬间，没有人知道背后的故事，没有人知道我们熬了多少个不眠之夜，咽下了多少说不出的责难与委屈，更不知头上增添了多少根白发，是如何义无反顾地全身心扑在搬迁上。

搬迁遇到的挫折和磨难是常人无法想象的，压力和责任曾让我感到力不从心，但我都咬牙挺过来了。现在回想起来，可以说搬迁是我人生中最重要的经历，它使我变得更加坚强，更有勇气和魄力！我想也正是因为这一点才使我在迁入新校址后的教育教学中，锐意进取，大胆改革，勇往直前。

我有时也常常问自己，假如没有搬迁，现在的附小会是什么样？它的社会影响力又是怎样？所以我说搬迁既是挑战也是机遇，搬迁扩大了学校办学空间，提供了发展机会，更让我和我的团队得到了磨炼，创造出附小的另一种幸福！正所谓只有经历风雨才能见到彩虹！搬迁既是我人生中最宝贵的一笔"财富"，也成为我人生中一段历久弥新的回忆！

直至今日，附小老师看到以《为了谁》这首歌为背景音乐的搬迁录像，依然会感动得热泪盈眶。这段经历成为了附小人永远的精神财富。激励附小人以"再大的困难我们见过，从不低头"的信念，战胜了搬迁后遇到的一个个难题，创造了一个又一个奇迹。

令人难忘的"三大战役"

2005年9月,人大附小顶着巨大压力搬至世纪城新址,此后一年半时间里,我们连续参加了区"教学管理先进校"评比、区"教育教学督导检查"及区"素质教育优质校"评选,附小人将其称为"三大战役"。虽然当时我们面临种种困难,但是凭借学校领导班子及教师的共同努力,我们取得了"三大战役"的胜利。

作为一名校长,我深知教学是学校教育的主旋律,是重中之重。在人民大学决定将附小搬迁至世纪城新校址时,遇到部分家长阻挠的一个原因就是担心人大附小搬出人民大学之后教学质量会下降。

面对家长的阻挠,面对同仁的种种猜忌,面对社会上的流言飞语,我暗下决心,一定要争口气,努力打造一支坚强有力的优秀教师团队,保证搬迁后的人大附小教学质量稳中有升,这就是我——一个上任不到两年的

□ 2005年4月7日新校舍交接仪式

年轻校长的首要任务。

搬进新校区的第 56 天，区"教学管理先进校"评比开始。

在迎接评比的日子里，学校掀起了教学研究的高潮，老师们一遍遍备课、一遍遍试教、一遍遍研讨，经常到了晚上八九点钟，大家还在一起讨论、研磨。功夫不负有心人，在大家的共同努力下，在正式评比那一天，我们的八节随堂课均取得"优"的成绩，创区"教学管理先进校"评比历史最好成绩。

"三大战役"的第一战来了个开门红，大大鼓舞了领导班子和老师们的士气。在接下来的 2006 年春天，在区教育督导检查时，老师们所上的课全部为"好"和"较好"课，彻底消灭了"一般"课；在 2006 年秋天海淀区的"素质教育优质校"评比中，我们的 16 节课中 13 节为"优秀"课，3 节为"较好"课，无"一般"课，这在当时也是罕见的。

"三大战役"的大获全胜为全校教师鼓舞了士气，为人大附小今天的发展奠定了基石。

还记得在结束了第一场战役——区"教学管理先进校"评比后，我们又迎来了海淀区"世纪杯"课堂教学比赛。因为这是学校搬迁后老师参加的第一次比赛，我抱着志在必得的决心和五名参赛老师并肩作战，从备课、试讲、修改、再试讲、再备课、再试讲、再修改，到亲自开车送老师们参加比赛，甚至发着烧仍在比赛现场陪伴老师。我们的努力换回了丰硕的成果，五名参赛老师有四名获得了一等奖。我因劳累过度，染上了肺炎，高烧持续不退，连打了 29 天点滴，手背上满是针眼，在我生病期间全校 134 位老师中有 131 位发来了慰问短信，这让我感动无比！我和我的老师们用激情、勇气和智慧谱写了一首首教学赞歌，取得了一个又一个辉煌战绩，让家长、同仁、社会看到了人大附小的教学实力和潜力。这是我做校长的光荣，更是人大附小的骄傲。

"三大战役"向社会证明了：搬迁后，人大附小的教育教学质量不但没有下降反而有所提升。它所铸就的不仅仅是教学上的辉煌，而且铸就了一种精神，那就是团结一致、众志成城、百折不挠的时代精神！

我现在还记得，督导结束后领导给予了很高的评价，我驾车送走督导员回校的时候，正赶上学生放学，进不去门。我独自驾车围着世纪城一圈一圈地转着，搬迁时的情景、搬迁后所遇到的种种困难，一幕幕浮现在眼前。能得到今天这样的肯定与评价，我百感交集，任泪水流淌……

蓝天下最美丽的校园

2009年人大附小建校55周年，这一年，三座历史性的建筑矗立在彩虹门内。

"水艺芳"——游泳馆、体育馆

在学校搬迁之前，我们的孩子都是到附中的游泳馆上游泳课。看到三年级的孩子们上六次课就能脱板脱漂在水里欢游，我心里特别高兴。借搬迁之机，我向大学领导提出在新校舍建设自己的游泳馆。经过四年的多方努力，2008年4月16日体育馆终于动工了，2009年5月竣工，向校庆送上了一份厚礼。

因为2009年是人大附小建校55周年，所以，我们特别选择了5月5日这一天为新建的"水艺芳"游泳馆举行揭幕仪式暨建校55周年启动仪式。当全校3 800名学生伴随着奥运缶的敲击声喊出倒计时，3 800只信鸽腾空飞起，60米×16米的红绸布徐徐降落，一座淡蓝色外观、窗户为七彩泡泡的游泳馆展现在世人面前，全场响起了热烈的掌声和欢呼声。此时，随着《感恩的心》的音乐响起，我缓缓走到主席台下，站在搭起的指挥台上，面向

▢ 带领全校4 000名师生表演手语《感恩的心》

领导及家长，带领全校4 000名师生表演手语《感恩的心》，以此来表达附小人对社会、领导及家长的关爱与支持的感激之情。那一刻感恩之情流淌在全体师生的心里，那一刻家长们感动得流下了眼泪，那一刻也让我们深深感悟到这一切真是来之不易。

人民大学纪宝成校长、海淀区委谭维克书记、区教工委张卫光书记、教委孙鹏主任等领导出席了揭幕仪式并走进游泳馆、走进了集球类、健美操、乒乓球为一体的体育馆及新建的足球场，邓亚萍的爱人、世界乒乓球冠军林志刚为我校彩娃乒乓球队授旗，世界游泳冠军钱红为我校水娃游泳队授旗并现场指导学生游泳。

那一天，欢乐与笑声弥漫整个校园，感动与幸福回荡在附小每个人的心头。

从游泳馆的名字上，你也不难看出老师们的这份爱。

"学术苑"——开放式专业教室

随着学校办学规模不断扩大，专业教室全部被挤占，办公室全部打通后用作常规教室，致使教师办公环境差。我天天为办学空间发愁。每天环顾学校操场，琢磨怎么能"生"出地儿来。终于我有了新的想法，和主管学校后勤的于猛副校长一念叨，他眼前一亮，觉得是个好主意，于是我们就拿到班子会研究。经过学校领导班子集体研究讨论决定后，请后勤服务中心做方案。方案在教代会上得到了广大教师代表的全体通过，并得到了全体代表的大力支持，紧锣密鼓地开工了。

拆掉原有的七彩看台，建设了具有二层科学、美术开放式教室的七彩"学术苑"。开学时，遇到一位家长说："校长，我们孩子还想给您写封信呢，希望恢复专业教室，信还没写呢，您的教室已经盖出来了，这下孩子可高兴了。"开放式教室建成后，我和科学、美术课老师说："学校没钱了，教室布置只能靠你们废物利用，自己想办法了。如果需要钱，每个屋最多给100元钱。"老师们听了我的话，不但没犯愁，反而兴奋地说："校长，您放心吧，您给我们安排教室，我们已经很知足了，剩下的事您就瞧好吧。"我们的老师太巧了，太有智慧了，自己动手布置了教室，我记得于猛副校长说："校长，您这么做太好了，转眼间校园内干净极了，连根废木棍都没了。"教室不再称呼"科学一，美术二"，而是有了用科学家、教师的名字命名的"牛顿实验室"、"书丹画屋"。环境育人，我想孩子走进"牛顿实验室"一定会想牛顿是谁呀？能激发他的兴趣和好奇心。别人一问：

你在哪儿上课？"我在牛顿实验室"，能激发孩子的自豪感。别看仅仅是一个名字的改变，带给孩子的是潜移默化的影响。"学术苑"成为了学校著名的"景点"，成为了教师、学生的创作天地。有个学校的领导曾问我："你们老师没问你让他们干这些给多少钱啊？"我一笑说："我的老师们不但不要钱，还感谢我给了他们一块创作的天地。"所以，我从内心里爱死我的老师们了！

开放式教室的布置，学校没有花一分钱，一点一滴都是由孩子、教师及家长亲手用废物创造而成的。其实刚开始在开放式教室上课时，老师们也不太适应，有点互相干扰，我们一是在锻炼孩子能闹中取静，二也历练教师的组织能力及如何让课程更吸引孩子。

"蓝天阁"——综合活动楼

将原有多功能厅改建为地上四层地下一层的综合楼，改善了教师的办公环境，老师们享受着白领的待遇，幸福洋溢其中，干劲也蕴含在行动中。孩子们有了排练厅，七彩的多功能厅也能容纳360多人。

蓝天阁楼顶还建成了生态种植园及深受孩子们喜爱的一室多用的室外教室。我带学生去日本时，孩子特别喜欢日本楼顶的室外教室，回来后我就把它给孩子们建在了大树下。

三栋七彩建筑的建设，使学校建筑面积从原来的23 000平方米，扩大到34 000平方米。

孩子们自豪地称学校为"蓝天下最美丽的校园"。你会发现校园文化建设不在钱多钱少，更重要的在于理念及教师的智慧。

我和学校后勤副校长都是去日本留过学回来的，我们对日本人的环保意识记忆犹新，希望借学校2011年对教学楼和宿舍楼抗震加固之际，打造生态环保校园。在我心中，生态环保关系到国家，乃至地球人类，我们必须从小培养孩子的节能环保意识。比如正确处理餐厨垃圾，从2005年学校有了自己的食堂后，我第一件事就是抓节约粮食。为了让老师起到带头作用，我中午站到倒剩饭的箱子前，督促老师不剩饭。我常跟老师、孩子们说："节约粮食不仅为人大附小，更为国家，浪费粮食就是犯罪。"可喜的是附小的师生早已养成节约粮食的习惯。来收泔水的人第一天来了，第二天看看就走了，他对食堂主任说："你们学校没法收，不是骨头就是皮，啥都没有。"现在我的老师们和孩子们即使到外面吃饭，也是盆干碗净，已经养成了习惯，让我看了特别自豪。

加固施工进行了水源热泵空调系统、中水处理系统的智能化改造设计，完成了远程教室、光伏发电项目、屋顶绿化、学术苑楼顶充气屋面等15项绿化环保生态项目，建立了"人大附小资源再生园"，使我校成为了生态校园。我们的人大附小校园不仅大气、美丽，而且还生态环保。

让孩子像孩子的校园

一位在美国留学多年的家长，考察了多所小学后找到我说：我的孩子一定要上人大附小，因为"人大附小的孩子像孩子。"让孩子像孩子的校园，首先是孩子心中最美丽的校园，也是孩子们最喜欢的校园、最放松的校园、最展示天性的校园。

每当看到数学园数字模块的磨损、动动吧软包墙壁被打脏的痕迹，我都不由得喜上眉梢，我喜欢这种感觉——说明孩子们喜欢这些设施。

一次行政班子会后，李老师写了这样一个小故事发到我的邮箱，题目是《"这个别批评，挺好玩的！"一句话可能成就孩子》。

他写道：我们学校的校园文化特色之一，就是我们三层楼道两侧的墙壁上，写有很多的"名人名言"，这些"名人名言"都是学生、老师自己写下的话，我们校长认为学校的老师、孩子都可以成为名人。有趣的是，这些话并不是死板地贴在墙上，而是可以推拉更换的。在学生眼里，不仅可以看，还好玩。学生眼中的"校园法律维护者、校园警察"——德育主任白老师，有一天在行政会上向校长汇报发现的问题："有的学生很调皮，居然把墙壁上的名言板胡乱推拉，把厕所门都堵上了，就像美国西部的小酒馆。""这个就别批评了，挺好玩的。"郑校长的一句话，让在场的领导都笑翻了。这就是我们的郑"笑"长，有时候像个孩子，像孩子一样思考、像孩子一样可爱还有点顽皮。

老师们都说我"惯孩子"，所以我又有了一个外号叫"灌肠"。

杜威说："教育必须从心理学上探究儿童的能量、兴趣和习惯开始。它的每个方面，都必须参照这些考虑加以掌握。"多尔多在《儿童的利益——学会如何尊重孩子》一书中写道："儿童是在玩耍中进行发明创造的，为此学校要开放，为他们提供自由相聚和学习生活的时空。"

我希望附小的孩子在生活中学习，在玩耍中学习，在动手中学习，在开放的校园环境中学习，体会学习和思考的乐趣，体会人生的幸福和快乐。

回味幸福的本命年

抬头看到书桌前那串红红的、由一颗颗硕大山楂穿成的糖葫芦，眼前不禁浮现出 2010 年教师期末总结会的谢幕曲，在《冰糖葫芦》的歌声中，200 多名教职工，手持糖葫芦，台上台下遥相呼应，老师们眼中溢满了幸福的泪花……

作为校长，我的管理理念是：把附小当成一个温馨幸福的家来经营。为每位教师创造成功的机会，让每个人都感受到人大附小"大家庭"的温暖，感受到作为附小人的责任和光荣，打造幸福成长的教师团队。

为了缓解教师的工作压力，学校邀请心理专家作报告，还把学期末传统的教师评价改变为述说感动自己的人和事，对教师进行"阳光评价"。为了促进教师发展，学校成立了教育教学研究会，定期围绕教育教学中的热点和难点问题展开研讨。同时，学校每学期都举行"走近名师"活动，实行"师徒结对制度"，让教师在专业成长中享受育人的幸福，为孩子更好地学习创造良好的师资条件。

"让老师在学校里也要感受到家的温馨"、"让孩子喜欢上学"也是我在校长生涯中的理想。在人大附小七彩教育的理念指引下，孩子们多元成长，越来越快乐，家长们乃至社会都看到了人大附小的七彩教育办学理念在不断发展、深化。

我的教育主张之一：设施变旧或破损了，说明孩子们愿意去触摸、去感受，孩子们喜欢。这是好现象，因为我们校园文化设施本来就是为孩子服务的。在人大附小，所有的校园文化设施学生都可以亲自动手操作体验，让学生的多种官能有效结合，在"亲身体验的乐园"中得到全面而良好的发展，学校每个角落都被创设成孩子们快乐成长的天地。

我的教育主张之二："说错了都要理直气壮。"这是我给孩子们的一句名言，我鼓励孩子们在课堂上敢于发言，说错了不批评。我常常对我的老师们讲："说错了也说明孩子在动脑。所以，我们不应该批评反而应该鼓励。"在这种开放式教育中，孩子们成为课堂的小主人，变得爱学、乐学，而且每个孩子身上总是带着那种独特的"精气神儿"。

"老师，什么时候还考试？"在谈"考"色变的时代，我的孩子们却对考试充满期待。毋庸置疑，"七彩"的评价机制能够激励孩子更好地前行。

为了让学生感受到"数学好玩"，学校组织了数学周等综合实践活动，使学生多方面的才能得到了充分展示，激发了他们的创新意识。同时，举办了"数学与纸雕塑"展览，学生、教师、家长齐参与，利用数学元素创造出纸雕塑作品。在这个过程中，学生的想象力得到淋漓尽致的发挥，使他们感受到数学与艺术完美结合给人带来的充满遐想的无限美感。我推崇"读万卷书，行万里路"，鼓励学生走出去，在人生的旅途中收获到比课堂中更生动和鲜活的知识，并为他们创造这样的机会。正是这一理念促成了附小的孩子们首次赴澳洲、英国和韩国等地学习体验。附小丰富多彩的活动给孩子们的童年留下了更多值得记忆的日子。这些活动不仅开阔了学生的视野，提高了他们的技能，而且使孩子们在历练中得到成长。

回味本命年，附小教师在培训提升中享受幸福；在价值实现中体验幸福；在校际交流中分享幸福；在办公文化中感受幸福；在展示评价中创造幸福；在感恩他人中传递幸福；在人文关怀中品味幸福。这不正是幸福成串的糖葫芦吗？举在手中，甜在心里。让教师享受事业的幸福与快乐，也成为我本命年里最大的幸福。

在我的本命年里，学校的体育工作开展得红红火火，附小田径队刷新了历史纪录，在100多所学校中跻身前十名；健美操队的小姑娘们在全国的赛场上，以附小阳光少年的特质，克服困难，力克劲敌，摘得桂冠；京昆艺术团挺进全国赛场，代表学校首次摘得全国戏曲"小梅花金奖"；当校园风靡诸如"小课题研究"的活动后，"头脑风暴"也就此展开，学校先后荣获了"北京市金鹏科技奖"、"北京市模范工会之家"、"人民大学先进集体"等荣誉；学校顺利完成了监测，更圆满地通过了海淀区三年一次的督导检查；我的本命年也是附小搬迁五周年，当再次回顾往昔全体附小人共同铭记、令人感动的一幕幕搬迁情景时，经历过的老师们仍然会潸然泪下。五年来，附小的七彩办学理念深入人心，在社会上的影响力日益显著。

只有学校发展得好，才能为教师提供更好的平台。在这一年秦治军老师被评为"北京市学科带头人"；我为老师举办的校园婚礼，让所有非京籍的老师都感受到了学校如温馨的家一样。这一年11月8日附小开创了首届"男士节"。

我的本命年，对于我个人来说也是收获多多，幸运与幸福时刻萦绕着我。新年初始，在海淀中心团拜会上，作为抽奖人，我出乎意料地将自己

□ 本命年的漫画

抽中，让我大感幸运好兆头。果然，2月，我接受了《中国教育报》的采访，刊登了《让孩子更像孩子》的专题报道；4月，我随市教委赴澳大利亚、新西兰考察特殊教育，这是我做校长7年来第一次出国；6月，大学领导主动关心我的级别，通过民意测验后，晋升我为副处级，让我看到了领导对我工作的肯定及肩负的责任；7月，我的文章《回味本命年的幸福》刊登在《中国教育报》上；9月，教师节我首次被评为"北京市师德标兵"，当天我把5 000元奖金送到石景山树仁打工子弟学校；首次做客FM103.9，通过空中电波向听众传播附小的理念与幸福；10月，被评为"北京市支援什邡先进个人"；11月，代表学校首次在"海淀区教学工作会"上做大会发言；12月，随海淀区教委赴英国培训学习，使我一路学习一路成长；年底，被《中国教育报》校长周刊评为"年度校长"。这一年，我这只旱鸭子还学会了游泳。

本命年生日这一天，我赶到河北怀来军训基地看望师生，傍晚回到学校，领导班子成员要给我过生日，他们问我希望怎么过，我提议过一个健康的本命年，陪我畅游"水艺芳"，全体领导一致响应。游泳池里大家把斟满红酒的杯子高高举起，在声声祝愿中一饮而尽……电教老师记录下了这一珍贵的时刻。感谢我的兄弟姐妹真情陪伴！让我过了一个难忘而有纪念意义的生日。然而让我最感到幸福的事，就是七彩教育理念已经成为引领学校发展、成就师生幸福的核心思想。教师们多元发展，孩子们多元成长，所播下的希望的种子，正在结出幸福的果实。

送走充实而又幸福的2010年，岁末时，我策划了这样一个岁末总结的结尾：当王靖老师唱起《冰糖葫芦》时，相信每个人都重温着儿时吃糖葫芦时的幸福，这时，行政领导们出乎意料地从会场前后台两侧四扇门里走出来，举着插满鲜亮的冰糖葫芦的稻草架子上来了。这是我让学校食堂自制的糖葫芦，寓意非凡："让我们附小人将数不清的甜蜜、说不出的感动、数不完的幸福，穿成串儿，送给每一个幸福的老师，我手上拿着两串糖葫芦，竹签子上插满了圆圆的糖葫芦比喻'二零'，竖着举起来就代表'一一'，合起来就预示着我们带着这些幸福与感动继续我们的新一年！"我亲手将糖葫芦分发给每一个人，并带着老师们随着音乐一起舞动，每个人的脸上都满是幸福的笑容，亦留下了幸福的泪水："校长，我们本来不想再流泪了，想高高兴兴地走出会场，但是您今天又赚足了我们的眼泪！"

在 2010 年我的本命年里，这串串的感动、满满的幸福永远定格在了我生命的记忆中。

□ 洋溢着幸福的冰糖葫芦

创立七彩教育同盟

"人大附小真是名副其实的优质校啊!这么多的优质资源应该让更多的学校分享。郑校长,以后您有什么活动一定要带上我们啊!"2010年秋天的一个上午,当我带领唐山市玉田县教育局长一行参加完学校的活动并参观了校园后,局长不无感慨地说道。

局长这一番发自肺腑的真诚话语使我陷入深深的思考:是啊,近五年来,随着附小七彩教育理念日趋发展到走向成熟,学校共接待了国内121个教育团体5 600多人、国外40个教育代表团1 600多人来校学习参观、交流访问,我本人也曾36次应邀为北师大校长培训班、中国教育服务中心校长培训班及外省市校长培训班做讲座。有很多省市的教育局长、校长见到我都真诚而又迫切地说:"郑校长,以后有好的七彩活动别忘了通知我们啊!""郑校长,我们结为姐妹学校,您带着我们一起绽放吧!""郑校长,我想分期分批地组织老师到您这儿跟岗培训,接受七彩教育的洗礼,希望您能给我们开绿灯啊!"

每每听到教育同仁发自肺腑的声音,我总想:为什么只有人大附小的孩子沐浴着七彩阳光,在蓝天下最美丽的校园学习?我为什么不能让更多的孩子浸润在七彩教育的爱河中,享受中国最优质的教育?于是,我萌生了成立七彩教育同盟的想法。

这天,我兴奋地对校办主任朱靖宇说:"朱儿,马上召开班子会,我有一个新的想法要跟大家商量。"

"老师们,人大附小发展到今天我们有责任让蓝天下更多的孩子享受我们优质的教育资源,真正为小学教育做些实事。近几年很多学校要求和我们结成手拉手学校,我打算从中选择六所学校组成同盟校,为均衡教育做点儿实事!"

"校长,那我们就叫七彩教育同盟吧。""对,在七彩教育理念引领下的七彩教育同盟。""邀请六所学校和我们一起成立七彩同盟。"我的建议得到了大家热烈的响应。

说干就干。经过前期的沟通和筹划,2011年3月9日至19日,人大附小决定与四川什邡震后重建的国人小学、北京密云石城小学、北京海淀林大附小、北京树仁打工子弟学校、河北唐山伯雍小学、北京海淀唐家岭小学这六所不同地域、不同规模、不同特点的学校组成"七彩教育同盟"。

4月2日至3日，七彩教育同盟在北京海淀武青会议中心召开筹备会。会上研讨了"七彩教育同盟"的合作方案；制定了牵手誓言，确定了标识文化：盟徽、盟旗、盟歌、网络期刊；确定了详细的合作框架及成果展示的形式等。

大家在一起探索创新学校特色发展的新途径、新方法与新策略，用实际行动践行义务教育的均衡发展，共同创造教育的伊甸园。

记得在七彩同盟筹备会上，我真诚地说道："一年之计在于春，在万物复苏的时节，我们走在一起，预示着'七彩教育同盟'是一个具有勃勃生机的群众性自发组织。昨天北京正好下了一场春雨，今天是一个阳光灿烂的好日子，预示着我们七彩教育同盟将走向阳光灿烂的明天。今天我还特意佩戴了蒲公英样式的首饰，因为蒲公英的花语是'不能停留的爱'，也可以说是'无法停留的爱'。加入这个组织后，无论是对我们的老师，对我们的孩子，还是对我们的事业，我们都怀有永不停歇的爱。今天大家相聚在一起，就是一家人了。古人讲歃血同盟，我们为了共同的心声来组成这样一个教育共同体，让我们在一起做一件浪漫的事、一件幸福的事。共同努力，共同提升，共同打造各自学校的特色！三年后绽放出一朵绚丽多姿的七色花，让我们的孩子们健康、快乐、幸福地成长！"

其他六所学校的校长都抑制不住内心的喜悦与激动，纷纷表达了自己的感谢和感慨。

唐家岭小学张校长说："感动——自2008年1月份跟郑校长牵手，人大附小给予了我们很多实实在在的帮助，想到这些，心中就有一股暖流。心动——郑校长的大教育观，让我们深受启发，深感幸运，我们愿意借助这个平台让自己的学校快速腾飞。"

国人小学夏校长说："这次会议安排得非常紧凑，也非常务实。昨天晚上我躺在床上有一段时间睡不着，我想回去首先成立国小讲坛，提升教师的素质；开展班级活动，矫正学生自身的问题；组织家长来校听讲座，提升学校的办学质量。我们学校会按照今天会议所形成的方案去计划我们未来的三年怎么去开展工作，争取为我们的七彩同盟添彩。"

林大附小高校长说："我也很高兴我们林大附小找到了这样一个组织。这个组织我觉得是干实事、说实话的，我也特别愿意加入到这样一个组织中来。两天会议使我产生了一个灵感，明确了我们学校的办学特色，在软件、硬件得以保证的基础上打造精品！"

树仁学校赵校长说："咱们几位兄弟都说没睡着觉，我也是一样。我是最大的受益者，真得感谢校长大姐。确确实实她是不计较出身、不计较学校的身份，让我们加入这一组织，真是感激不尽。我昨天晚上到十一二点也没睡着觉，四点来钟就醒了，我就想抛砖引玉，也是献丑了，跟大家分享，也请多多指教。"赵校长激动地朗读了自己创作的一首诗。

伯雍小学周校长说："这次的精神大餐可以说是回味无穷，是我们七彩同盟开始启动的大餐。我们伯雍小学，作为玉田实验小学北分校，一个农民工子女入学的学校，今天找到了'家'。我们信守：谁的孩子在这里上学，我们都得把他教好，这是我们的天职！比把本来都好的学生教好还伟大！"

石城小学王校长用三个"人"来说明表达自己的感受："第一个是'盟中人'。作为一个盟中人应该是一件幸福的事。有幸成为盟中人，我感到很幸福。第二个是'梦中人'。我昨天没有睡好觉。我突然有一种压力，要分析自己学校的现状，理清思路，制订计划，加大提升业务的步伐。我想，这个压力，一定能变成动力。在互相帮助的同时，自身还要努力发展。这个是我——梦中人的幸福。第三个是'情中人'。我经常听老师们说，干的是工作，相处的是感情。我喜欢成为情中人。有了压力，也有了对工作的感情，走在路上，享受着七彩阳光，实践着七彩教育。"

2011年10月16日"七彩教育同盟"启动仪式在我校举行，参加"七彩教育同盟"启动仪式的领导嘉宾，有北京市委张建明副秘书长，海淀区副区长付首清，海淀区教工委书记张卫光，海淀区教工委副书记、督导室主任尹丽君，河北唐山市玉田县教育局副局长郭玉红，海淀教委小教科科长吴谨，海淀教委宣传科科长刘文英，以及特邀专家、国务院参事、人大附中校长刘彭芝，教育研究院副院长夏秋荣。参加启动仪式的还有《中国教育报》、《中国教师报》、《现代教育报》、《北京晚报》、中国新闻社以及中央电视台、北京电视台、海淀电视台等新闻媒体的朋友们。

在播放了"七彩教育同盟"各校三分钟视频宣传片后，我代表"七彩教育同盟"讲述了一件幸福的事，回顾了"七彩教育同盟"筹备过程中令人难忘的点点滴滴，展望了七校发展的美好愿景：做一件浪漫的事，做一件幸福的事。为七校的共同提升，此次大会特聘请人大附中校长刘彭芝、教育研究院副院长夏秋荣及北京教科院时龙院长为"七彩教育同盟"专家顾问，在学校办学特色、校长成长及教师成长上给予专业指导。唐山伯雍小学校长周文清，四川什邡国人小学校长夏绍明代表"七彩教育同盟"

为专家顾问颁发聘书。

在七校教师代表热情洋溢的配乐诗朗诵《同在蓝天下，携手共成长》结束后，北京市委张建明副秘书长宣布"七彩教育同盟"正式启动，随着在场七所学校350位教师代表倒计时的声音，七校校长一齐触动了七彩机关，镶嵌着"七彩教育同盟"六个红色大字的电光球随即旋转，金色的花瓣从天而降，将会场的气氛推向高潮。接着，七校校长手执盟旗，全场教师庄严宣誓，同唱"七彩教育同盟"主题歌。张卫光书记代表海淀区教工委、教委表达了对"七彩教育同盟"的祝福，并肯定说："今天七校联盟又创造了一个新的苹果，我们希望这个有创造性的苹果能够给我们带来更大的惊喜，对我们的教育能够有更大的贡献。"

"七彩教育同盟"启动仪式在著名歌唱家郑莉的美妙歌声《我爱祖国的蓝天》中落下帷幕。中央电视台新闻频道等新闻媒体给予了报道，此做法得到了各级领导的充分肯定。

同盟成立两年来，我带领着同盟校校长、老师们，先后走进了人大附小、国人小学、石城小学、林大附小、伯雍小学开展教育教学研讨活动，梳理办学理念；先后有36位七彩同盟校的领导和老师到人大附小实践学习一周或半个学期；组织七彩同盟校校长赴美国教育考察，为校长们开阔视野，提升办学领导力。

□ 附小先后与国外十余所小学成为友好交流学校，2013年应邀首次赴美签订友好协议。

春天的拥抱

在我心中，人大附小是一个家，附小的老师和孩子们，是这个家庭的成员，老师们把我看成是这个家的主心骨。我感激这种命运，更珍惜这种缘分。怀着感恩的心，欣赏、关心和帮助我的每一位家人，把他们看做是家中的宝贵财富。让每一位教师享受做附小人的幸福，让每一个孩子在蓝天下最美丽的校园里快乐成长，成为了我毕生的追求。爱护，是我不变的真情；鼓励，是我习惯用语；拥抱，是我的常规动作。当老师成功时我拥抱他们，表达"一家之长"无言的祝福；当老师们遇到困难时我拥抱他们，给予亲人的安慰与鼓励；共同经历风雨一起见证辉煌时，含着泪水的拥抱是一家人彼此间的默契与感动。

但是，我做梦都没想到的是在 2012 年这个明媚的春天里，人民大学陈雨露校长刚刚就任大学校长四个月，就亲临附小看望师生们，陈校长临别给予我的深情拥抱，成为我今生最为深刻、最为难忘、最为美好的记忆……

那天，本来预定只有一个多小时在附小视察，但陈校长在长达两个多小时的过程中，几乎走遍了校园的每个角落，微笑着和所遇师生握手交谈，特别专注地听取了我对学校工作的汇报，对附小工作给予了充分的肯定和高度的评价。就要离开校园上车的时刻，陈校长说，我们拥抱一下吧。在惊喜与百感交集中，我投入到校长那宽阔与深厚的怀抱中，那种幸福刻骨铭心，至今暖暖荡漾。感谢您校长——您的拥抱，让我多年奋斗历经的苦与难、累与怨瞬间烟消云散；您的拥抱，让我感受到大学对附小今天办学成果的肯定和鼓励；您的拥抱，让我感受到大学对附小未来发展的信任与重托；您的拥抱，让我感受到大学永远是附小的坚强后盾……

我想，大学校长对小学校长的拥抱，应该是人民大学的首创，也是我今生莫大的荣誉和无法忘怀的幸福，更饱含着陈雨露校长对附小 4 000 多名师生深深的爱和浓浓的情，这爱与情将绵绵流淌，成为附小人永远前行的力量……

有人说：人生有三件幸事——有个好上司，有个好家庭，有个好单位。

□ 看望任慧莹老校长

在我的记忆长河中，有许多值得我永远感谢及感恩的贵人。

任慧莹校长是我走上工作岗位的第一任校长，2013年5月我们为老校长汇编了一本书《心血》，我为这本书写了序。

因为爱

提起任慧莹校长，附小人都知道，她是"创造适合于儿童发展的教育环境"这一办学思想的创造者。24年来形成了附小的办学理念，引领着学校的可持续发展。附小人永远感谢您！并将您的思想传承创新，发扬光大。任校长为什么能够在当时的年代提出这一具有前瞻性的办学思想？走进这本书，我们或许能找到答案。

1981年7月，我走进人大附小，到1991年7月任校长退休，十年里我教了一年语文，并兼班主任，做了七年大队辅导员，两年教导处副主任，由于工作的原因与任校长接触较多，也更多地得益于校长的指导帮助。特别是1986年年底开始作为五人核心组成员之一，亲身参与了任校长领导的市级科研课题《小学生质量综合评价》研究的全过程，朝夕相处的日子里，甚至"战斗"到大年三十晚上，对任校长有了更深的了解。

任校长留给我最深的印象，也可以说是对我影响最大的，首先就是她特别善于接受新事物，她的思想永远能与时俱进，在学校工作中去创新、去尝试。她的创新精神来源于她的善于学习，来自于从书本学，从外校的经验中学，从参加培训中学习，向老师们学习。她是如何学习的，读了这本书，你会找到答案。无论与教育是否有关的报纸杂志她都要读。再有就是她喜欢积累。当看到任校长三大袋子积累的材料时，我的内心充满了感动。校长本想找时间给老师们讲讲，但由于得了一场大病，我们不愿再让老校长受累，决定把她积累的资料汇编成书，留给每一个附小人。

　　本书中无论是任校长亲笔写的，还是报纸杂志收集的，至今读起来依然会给我们带来很多思考，启迪我们的智慧。它是老校长的心血所在，这不仅是一本精神食粮，更是老校长给予我们一代代附小人的精神力量及殷切的教诲与无尽的大爱……

　　谢谢老校长！我们爱您！

　　我常常和老师们共同分享"懂得感恩的人一生幸福！"我永远不会忘记，永远感谢在我生命中关心、帮助我成长的贵人们……

行走在教育公平的路上

2013年9月，对人大附小来说具有划时代的重要历史意义，修葺一新的本校区彩虹门，与原银燕校区焕然一新的彩虹门，以及坐落在门头沟区全新的彩虹门，三座成就师生梦想的彩虹门同时屹立于蓝天下。三座彩虹门使三校区的师生也因此成为了亲密的一家人，也使人大附小在教育公平之路上又走出了坚实的一步。

早在2012年门头沟区教委李主任曾多次来校，诚恳邀请人大附小到门头沟区办学。其实，在我当校长之初，我就立志：一生办好一所学校。所以尽管这些年西城、朝阳、石景山、大兴、丰台、房山、昌平以及陕西、海南等地区先后邀请我校去办学，我与领导班子几度研究最终都放弃了。但是面对李主任如"三顾茅庐"般的盛情，加之老师们近两年的呼吁，觉得我们人大附小这么好的办学理念，真该让更多的孩子受益，也促使我最终下定决心。

自2005年学校迁入世纪城新校址，人大附小的发展势如破竹。"让蓝天下每一个孩子都能享受到优质的教育资源"是我十年校长路对教育公平最大的希望，为了能让门头沟区的孩子们也能享受到彩虹门里的幸福生活，学校领导班子对到门头沟办学经讨论研究后，上报上级批准。

2013年8月31日，人大附小京西校区举行了新校区的落成典礼，中国人民大学校长陈雨露出席了典礼，并作重要讲话："……门头沟区'城乡一体化'项目选择了人大附小，体现了区委区政府领导的卓越眼光和战略远见。人大附小的彩虹门是孩子们心中憧憬的梦想乐园，也是家长们心中的向往。2012年我第一次走进彩虹门，走到附小孩子和老师们中间，亲身体验到他们身上洋溢着幸福成长的快乐和工作的激情。彩虹门来到我们门头沟，孩子们的幸福与快乐也将延伸到这片热土上来……"

门头沟区委韩子荣书记，满怀激情与感谢："我们要代表全区的父老乡亲，感谢中国人民大学，感谢人大附小对我区教育的无私援助。感谢你们将先进的教育教学理念和优秀的师资队伍输出到我区，感谢你们让山区的孩子，在家门口就能享有北京名牌小学的教育机会。"

走进门头沟，我的第一个想法就是要改变山区孩子的精神状态，我要让他们和附小现在的孩子一样绽放幸福的笑脸。我每周最少去一次西校区，听课、与孩子们见面、了解孩子们早餐状况、为孩子提供免费早餐。孩子们太懂得你对他的爱了，第三次再走进校园，孩子们已会"扑棱"着钻进我的怀里，特别跑过来告诉我：校长，我最喜欢你了。"十一"前的课间操展示，三个校区的孩子走到一起，欢乐在一起。看到他们能够如此快乐，我感受到行走在这条教育公平路上的幸福。看到这情景，我的领导风趣地说："我们校长是属皮球的，越打蹦得越高。"

这句话，不由得让我想起去年校区调整的风波。人大附小发展到今天，有责任承担国家提倡的义务教育均衡发展，优质资源共享，实现教育公平的义务。于是承办海淀区银燕小学后，我就思考：怎么能够让这些孩子也和人大附小的孩子一样享受同样的优质教育，在我心里，所有的孩子都是中国的孩子，无论是进京务工人员的孩子、农民的孩子，还是工人的、老板的、干部的孩子，都是中国的孩子，都应享有在蓝天下最美丽的校园读书的机会。本着这样一个大教育观，人大附小承办银燕小学不想只挂一个牌子，派去一个领导，那不是真正的教育公平，我们想实实在在为教育公平做点实事。

风波过后，在庆祝教师节的会上，我对全体老师说："绝大部分家长是理解学校的。这件事上孩子是无辜的，作为人民教师，我们一定要善待每一个孩子。如果我们以教师的大爱善待孩子，将来孩子长大后会想：当初我爸爸妈妈做得过分，但我的老师依然对我很好，那么在孩子的心目中就会树立人民教师的高尚形象；如果我们迁怒于孩子，孩子是弱者，他们现在不能怎么样，但当他长大以后，他也会想：当初是我爸妈做得不对，可老师却整治我，就会有损我们人民教师形象——不光是人大附小教师而且是整个人民教师的形象。所以我们要善待每一个孩子……"

这个风波最让我痛心的是那部分被伤害的孩子。那些没有按时来上学的孩子总怕老师批评，眼神里流露出复杂的表情，好长时间才恢复过来。个别孩子上学后上课跟老师对着干，公开顶撞老师，做什么都认为是打击报复，抵触老师的管理及教育，让我看了非常心痛。古人云：亲其师信其道。当家长破坏了教师在孩子心目中的形象，对孩子来说还有什么教育可谈。孩子如果不信任小学老师，有可能信任中学老师、大学老师吗？如果这样发展下去，那就太可怕了。所以有人讲，最忌讳的就是家长在孩子面前议论老师、贬低老师，最不该骂的就是孩子的母校。我想对我的孩子们说："将来你们长大了会理解校长的良苦用心，校长从来没有不爱你们，从来没有放弃过你们。你们的校长永远爱你们每一个人。"

风波中，我收到许多的短信与邮件，我想分享这样一份最具有代表性的信：

敬爱的郑校长：您好！

也许您看到这封信的时候，合并校区的风波已经过去了，也许还没有完全过去，但我依然想告诉您，不论怎样，有这么多的人支持您，理解您。支持、理解、感动的人比不理解的人要多很多很多。

人大附小没有您的辛勤劳作和爱的教育不会像今天这样优秀，不会让孩子的家长们如此放心而且感动。校区合并不是您的错，是政策所趋，是让更多的人享受优质的教育资源，是一件好事。六年级的孩子是毕业班，极其重要，一年级的孩子是幼小的弱苗，需要更多的呵护和关怀。在这种情况下，只有五年级的孩子是最大的班，最适合出去锻炼，而且一年以后作为毕业班又可以回到本校，我想这应该是您的初衷。为了爱孩子，您自己担上了风险！

开学典礼我未在京没能参加，听说有人静坐辱骂，心中十分不安。您不要伤心，也不要惧怕。您的爱心和真挚的情意，每一位人大附小的老师都理解，千千万万的家长也理解，我们加在一起的数量比不理解的人多很多。给您写信就是要告诉您，还有很多很多支持您、爱您的人。

每个人都不可能把事情做得很完美，也不能做一件事让所有的人都开心满意。我想说，您做得已经很好了，够多了，多得足够对得起这个学校，对得起您的职业，对得起孩子和家长们。希望您能开心、满意，让自己快乐、轻松地生活。不要太在意做得不好的事情，而应该看到您做了很多很好的事情。您的快乐是我们的快乐，您的难过也将是我们的难过，因为您是我们深爱的、敬佩的人。

写这封信，只希望您能开心，开心地对待不开心的事，一切都能解决。不论您做什么，怎么决定，一定有您的道理，我们理解，也相信您。爱是无上的力量，爱您的人有很多很多，您知道就好，我们永远支持您，和您在一起！

祝您平安、健康！

爱您的学生家长
2012 年 9 月 5 日

谢谢我可爱的家长朋友们，你们的话是我前行的动力。这场风波检验了附小教师空前的凝聚力，永远的感动定格在我的记忆里：当时老师们纷纷发来短信、写来书信，表达理解和坚决的支持。一个校长在办学过程中，她的理念与做法能得到全校老师的高度认同与执著的追随，那是莫大的幸福。记得年轻的L老师，开学前妈妈刚去世，家里丧事还没有办完，听本组老师说有家长从背后打我两拳，马上打来电话："校长，听说您被打啦？您怎么样？要不要紧？我现在就过去收拾他们……""听谁说的？我这不是好好的？不许出家门（老师家里的风俗）……"这一年我生日那天，工会委员在主席的带领下，捧着一个心形的蛋糕盒来到我面前，他们让我猜里面是什么？我怎么也没想到，里面装满了全校老师在一张张不同颜色、折成不同形状的纸上写下的满满的问候与祝福，我看了热泪盈眶。回到家，我流着泪阅读了每一位老师真挚的话语，内心感受无以言表，从心底里流淌出："做人大附小的校长太幸福了！为老师、为孩子受多大的委屈都值！"

其实每一件事情的发生都有正反两个方面，可能变危机为契机。在这里，我要真诚地感谢当年反对校区调整的家长，是你们使得银燕小学的师生和附小师生很快融合在一起，使得我们打造了独特的孩子们喜欢的一年级精品校区。

行走在这条教育公平的路上，我始终坚持着"让蓝天下孩子都能有机会享受彩虹门里的七彩教育"的大教育观；我也始终从心出发，关注孩子们的需要，关注他们更好地成长。在实现教育理想的道路上，虽然风雨雷鸣，但是我从来不缺少希望的曙光与奋进的力量，我相信风雨之后空中会划过一道瑰丽的彩虹，让这最美好的色彩，永远驻在孩子们的世界，成为他们心底永不褪色的幸福记忆。

第二章 在教育创新中体验幸福

共植亲子树

植树，不仅是一种环保行为，对于附小人来说，它更是一种宣誓，寓意着孩子们在人大附小的土地上沐浴着教育的阳光、雨露和温暖，一天一天，茁壮成长。为此，1997年开始，我发起了"共植亲子树"活动，作为我校系列教育实践活动之一，至今已经坚持了16年。

入队、入团、入党是孩子们人生中的三件大事，也是我们需要充分利用的关键时机，亲子活动在孩子的成长中也尤为重要。

因此，每年植树节期间，我校一年级小学生就会在辅导员老师和爸爸妈妈的带领陪同下，在火红的队旗下，举行"我为队旗添光彩，我和小树共成长"入队仪式暨亲子植树活动。

入队仪式上，昔日的老队员——爸爸妈妈为新队员亲手戴上鲜艳的红领巾，孩子们在庄严的队旗下宣誓：准备着，为共产主义事业而奋斗！入队仪式后，新队员和爸爸妈妈会在蓝天下共同种下亲子树，把亲手制作的心愿卡挂在小树上，希望自己与小树共同成长！看着孩子们诚挚的眼神，听着他们轻声地许愿，我仿佛感受到小树们也在向他们频频点头。一棵棵小树苗，承载着孩子们美好的心愿茁壮成长，成为枝繁叶茂的参天大树；一个个少先队员，将在校园中不断学习进步，成长为国家的栋梁之才。

我的用意在于：孩子们在成为少先队员的那一刻种下的这棵小树，成为了孩子们入队的一种见证，为祖国的蓝天做贡献的同时，更懂得了一名少先队员的责任。我们希冀孩子们会从此把自己的成长与祖国的命运紧紧地联系在一起，希冀责任的种子从这一刻植入孩子们的心田。

当小树在风雨里一天天茁壮，当孩子们在校园中一天天长大，他们彼此互为见证，共同成长……

植一棵树，添一分绿意，为国家的生态环保做贡献，为自己的心灵成长作见证，附小的孩子们在绿意盈盈中一天天长大。能让孩子在实践中有所知有所获，这才是"活"的教育，是教科书上找不到的教育，是我一直努力追求的教育。

墙壁上七彩的小手印

2005年9月，我校迁入世纪城新校舍。学校发动全校老师、学生和家长共同参与"家"的设计。宽敞的楼道使老师们非常高兴，建议最多的还是在墙壁上贴瓷砖，干净易擦洗。我反复思考认为：瓷砖再结实也会有掉下来的危险，更重要的是再美丽的瓷砖也会给人一种冷冰冰的感觉，我们每天面对天真烂漫的孩子，贴瓷砖实在有点不匹配。到底该怎样装饰呢？

一天，我遇到了海淀区培智学校的于校长，听到了她对特殊儿童研究的感慨，她说："孩子到什么年龄就要发展什么感官，我们现在的学校墙壁不能让学生摸，唯恐弄脏了，就没有办法发展孩子的触摸觉。"我们为什么要以大人的方便来限制孩子们的自由呢？作为校长，我所要做的是为孩子们创造更多的成长空间，而不是剥夺他们该享有的权利。于校长的话启发了我，对啊，我们的墙壁为什么不能让孩子触摸呢？怎样做才能让孩子触摸呢？我想起了幼儿园地下指示方向的小脚印，我们为什么不能在墙上印上孩子的小手印呢？我的想法得到了大家的一致赞成。这样，全校3 800多名学生的七彩小手印就一一印在了学校楼梯的墙壁上，有的还印成了各种图案，孩子们可喜欢了。

七彩小手印不仅起到了指示下楼方向的作用，孩子们上下楼梯可以摸着小手印走，发展了孩子的触摸觉，还记下了孩子们成长的印记，每年和小手印比一比，啊，我长大了，感恩之心油然而生。七彩的手印和学校彩虹门、水艺芳等七彩设施遥相呼应，起到了美化阳光校园的作用，真是一举多得啊！可以说楼梯墙壁上七彩的小手印，已经成为了学校文化一道独特的风景线，引发了不少参观者的思考。

我们说校园环境是一本无言的教科书，它不求辞藻的华丽，不追求富丽堂皇，追求的是充实的内涵与教育意义。七彩小手印正是在这样的理念指导下被提出、实施并受到孩子们的喜爱。人大附小的校园环境建设，就是致力于铸就一个阳光、七彩的儿童乐园，目的不仅在于美化与装饰，更是为孩子们提供可感知可触摸的教育资源。在人大附小，没有"禁止触摸"的华贵装饰，文化设施都可以让学生亲手操作，动手触摸，就是为了培育孩子多种感官发展，为学生成长服务。

我们的毕业旅行

1995年我在日本留学的时候,看到日本的孩子坐着新干线去毕业旅行,当时我的心里微微一震,多么有意义的毕业方式,我们的孩子不行吗?于是我决定回国后一定去尝试尝试。

2003年年底做校长后,我的教育理念有了实践的阵地。2005年4月,我们组织了第一次毕业旅行活动,从北京到上海,从熟悉的校园到陌生的城市,陪伴着朝夕相处的同学和老师。即将毕业的孩子们一个个绽放出兴奋的笑脸,他们从没想过,在即将结束的小学生涯里,还会有这么浓墨重彩的一笔。

由于不放心,毕业旅行的前三届我都亲自随行。北京—上海,一列火车将两个中国最具特色的城市连接在一起。当满载着八百多名师生的列车驶入上海火车站的时候,我和学生们一样,心情难以抑制地兴奋起来。

看着孩子们熟练地整理行装,有秩序地站在站台上时,我忽然明白,孩子们要开始一段新的人生经历,十几年以后,也许他们要在另一个陌生的站台张望,同样会对未知的行程充满期待,不同的只是那时他们要单枪匹马去奋斗。这次的毕业旅行就是对未来的一次模拟,是对自己的一次考验。挑战即将来临,孩子们怎能不兴奋?

长长的车厢中坐满了我们的师生,开始我还担心,孩子们还小,会不会因为旅途的劳累和琐事而拌嘴、争吵,事实证明,我的想法真是多余了。长长的旅途不但没让他们相互计较、生气,反而教会了他们互相包容和帮助。火车里的中上铺让人活动不便,住下铺的孩子就主动把床铺让给中上铺生病的同学。有的孩子途中发烧,孩子们问我怎么办?我问他们:"平时你们在家生了病,爸爸妈妈都怎么照顾你们啊。现在是在火车上,我们该怎么办呢?"一个胖嘟嘟的小男孩抢着说:"我知道我知道,我发烧的时候我妈给我熬姜汤水,为的是发汗,我们现在没有药,也得让他多出出汗,那给他泡一包辣的方便面吧。"听到这,我不由得会心一笑,多可爱的孩子们啊,我想他们都长大了。看着他们彼此照顾的温暖情景,我感到无比欣慰。

几天的行程匆忙而又紧凑，孩子们经受住了各种考验：烈日的炙烤，长途旅行的疲劳，体能训练项目的艰险，集体宿舍中的互相关照，独自购物讨价还价的技巧……

古语说：游子身上衣，临行密密缝。为了体会这份沉甸甸的亲情，我们特意安排孩子们走进城隍庙，告诉孩子们"儿行千里母担忧"的道理，孩子们学会了为父母精心挑选礼物，其中有一个男孩子手里拿着一对健身球，问我："校长，您看10块钱值吗？"我问："你给谁买的？""给我爷爷买的。""孩子，你这份孝心不在10元钱。100元钱也值。"小小的一件礼物却包含着孩子们对父母、亲人的浓浓情意。我相信，有了小学毕业旅行时的经历，孩子们长大出差时也会惦记着父母。

不仅如此，每次毕业旅行都会有家长纠结，因为这个时间后将有中学开始摸底考试，在家复习还是去旅行？家长问到我时，我常会说："毕业旅行不会影响孩子学习，反而会促进学习成绩的提高，相信我就让孩子跟我们走。"因为我知道孩子一路而来的人生体验，会成为孩子们的作文素材。果不其然，曲老师跟我讲，班里有个孩子不爱写作文，六年级了还写200字作文，这次毕业旅行回来，孩子作文一口气写了600多字，一句句感人肺腑的话语，充满着亲情的温暖。作文来源于生活。

我常常说：小学六年12本书培养不出人才，"读万卷书，行万里路"是颠扑不破的真理，这一切都不是书本能教给孩子的，这样的社会实践活动对孩子一生的影响都将是深远的。

有的校长知道我组织这样的活动，好心劝我："不出事则罢，出了事乌纱帽不保。"我的底气源于做校长要勇于承担责任，源于我有一支优秀的教师团队和事先细致的规划。每次学校活动前，我要和相关干部制定详细的活动方案，我们努力把每个细节考虑清楚，如学生坐大巴车，我们都要规定：上车老师走后面，不要丢掉学生，下车老师走前面，看看左右车辆再引导学生下车等。我常和大家说："如果学校没有想到的工作出了问题，我承担责任；如果学校提出的要求你没做到出了问题，你负责任。"

2012年，我们20个班的学生又如期地开始了毕业旅行，但它不仅仅是一次活动，而是作为教学改革的课程出现。此次的行程不再是老师安排的，而是先由各班推举出一个项目策划主席，由他组成一个班级策划小组，他们根据学校提供的行程表制定出相应可行的企划书。火车座位的安排、宿舍的分配、活动时间的调配、安全预案的准备、开营式的形式、结业式的策划……事无巨细、头绪复杂，对于从未接触到这些项目的同学是个锻炼，使他们变被动学习为主动学习，充分调动了他们潜在的能力。从整个前期的策划来看，虽然不是最完善的，但在孩子们看来却是最好的。这种课程改革的方式，给孩子们提供了更广阔的舞台，规划能力、组织能力、交往能力、协调能力，全方位地得到了锻炼。一个个被推翻的设计方案，一次次策划修改的过程，让老师看到了学生的努力、看到了他们的付出、看到了他们的成长。我期待，由孩子们担任项目策划主席，让他们在自主的氛围中培养成为未来领袖的素质。这是我研发毕业课程的最大愿望。

在整个活动过程中，老师全程参加，需要适应的是角色的转变，由原来的指挥者变为建议者，命令者变为服从者。老师退居二线，决定权在学生手里，但老师们的任务更加艰巨，责任更加重大。为此前行会上我做了全面的动员，主任对整个的活动计划安排一一进行了解释，老师们做了相应的补充。

我知道，小学生上海毕业旅行，听起来就是让人揪心的一件事，因为责任重大呀！值得自豪的是，学校已经成功地完成了八届毕业旅行的任务。这功劳源于学校有严密的组织安排，源于老师们对工作的高度负责，所以我发自内心地感谢我的团队，感谢可爱的孩子们。

童年是人一生的财富，我会为孩子们构建一个充满欢乐、温暖与智慧的成长天空，为他们的童年留下最美好的回忆。多少年后再回首——他们在附小的点点滴滴，在毕业旅行时的酸甜苦辣，我相信他们可以自豪地说："人大附小给我留下了太多值得回忆的日子。"

拿走的是需要，留下的是责任

搬迁到世纪城新校区后，我给学校的发展制定了"三步曲"：第一步是打造一支优秀的教师团队，因为这是保证学校教育教学质量的关键；第二步是建设"蓝天下最美丽的校园"，这是孩子们喜欢学习的前提，我希望六岁的孩子一入学能先喜欢学校，喜欢老师，进而喜欢学习；第三步是深化学校课程改革，彰显学校的办学特色，这是学校可持续发展的软实力。八年来，我和老师们一起脚踏实地，一步一个脚印地不断探索着。

还记得刚搬进新校舍时，由于8月31日操场才竣工，9月1日学生就开学了，根本来不及做校园美化。我觉得这也很好，一是因为学生换了一个新环境，本身就是新奇的，二是因为学生也可以参与学校的校园文化建设。在大队部的倡议下，全校老师、学生积极为校园文化建设献计献策，同时还听取了家长的意见。

随后，我请来九家设计公司，把学校的办学理念讲给他们听，根据他们的理解和设计，最终选取了两家设计公司，

在实施过程中，只要是采纳学生设计方案中的元素，我都要求设计师标出学生的班级、姓名，如：三年级四班殷祖恒同学设计的文化园里的大石头，上面刻着陶行知的一句话：人人是创造之人，天天是创造之时。我让设计师一定要找到和原型一样的石头，并写上设计者的名字。我想：一定要尊重孩子的创意，也许在这个小小角落里镌刻下设计者的名字，会成就未来的设计师。让学生在参与这个活动中增强爱校的情结，培养学生的集体荣誉感，提高了学生的创造能力……

在2 000多份设计中，我看到学生们设计的"售货亭"，它让我想起在日本留学期间，曾看到路边的"无人售货亭"，走近一看，没有人看管，货架上一棵白菜下压着100日元。当时教委规定校园50米内不能有小卖铺，那肯定是不能建售货亭了，但也不能打击孩子们的积极性啊。于是，我把孩子们请来，和他们一起商量，能不能改成"无人售货亭"，孩子们一听很新鲜，跳起来说："行，我们再重新设计。"不久，在学校的楼梯脚下有了"无人售货亭"。运作方法是：将学生需要的学习用品摆放在

"无人售货亭"的隔板上，学生如有需要，可以当天拿走，有钱就投进投币箱，没带钱第二天再投币。学生问我："校长，咱这些学习用品是从哪儿买的？"我说："本子是从超市买的，笔是从动物园、天成市场买的，有问题吗？"孩子说："笔买得还差不多，本子嘛有点贵，应该上金五星买去。"

我们的"无人售货亭"前的装饰上有这样一句话：拿走的是需要，留下的是责任。一天，大队辅导员老师兴奋地告诉我："校长，咱们附小孩子太了不起了，投币箱里有5个20元钱，我在广播里说，谁投进20元钱到大队部来，老师找你零钱。准是来5个孩子，绝不会有第6个孩子来。"每次清点货物，发现所取走的物品和钱数没有差别。

"无人售货亭"不仅为临时忘带学习用品的同学提供了方便，更重要的是考验了孩子们的自制力，"拿走的是需要，留下的是责任"，培养学生对社会、对他人的一份责任。为此，《北京日报》专门以"人大附小用信任培养诚信，无人售货亭货款分文不少"为题进行了报道。

□ 用信任培养诚信

是啊，用信任培养诚信。在这个理念下，学校也曾为教师建立了"办公超市"，教学用品用多少取多少，随时都可以取，取消了烦琐的签字报批，方便了教育教学工作。老师们在被信任、被感动的同时也更加勤俭节约，更加努力工作。

7:50，附小亮丽的风景线

在人大附小，有这样一个景象：每当清晨 7:50，伴随着嘹亮的国歌声，五星红旗在美丽的校园中冉冉升起时，无论你身在校园何处，彩虹门前、操场上、办公室里、食堂里、走廊里或是教室里，无论你是校长、老师、学生，还是员工，所有的附小人都会在这一刻立刻停下一切活动，庄严肃穆地面向国旗立正站好并高唱国歌。

学校每周一举行升旗仪式，每周二到周五清晨升旗。之所以如此，源于我的两个初衷：一是 2009 年的一天，我在电视里看到在国际比赛的颁奖仪式上，当五星红旗在雄壮的国歌声中冉冉升起时，我国在场的运动员嘴里竟然嚼着口香糖，这个画面深深地印在我的脑海里，是我作为教育工作者心中永远的痛！我要怎么改变这种现象？我无法改变所有人，但我至少可以运用教育的魔棒改变我所能改变的人。作为校长，我所能做的就是帮助我眼前的孩子，让他们长大后不是这样。我要把尊重国旗的爱国主义精神从小植根于孩子们的心中，成为他们根深蒂固的习惯；二是我希望附小的每个孩子都有成功的喜悦，成长的记录。学校的升旗手光荣而神圣，每个孩子在潜意识里都有想当升旗手的愿望，我想尽可能地满足每一个孩子的愿望，不让他们的童年留有遗憾。可是，如何才能让全校几千名孩子都能实现这个愿望呢？经我提议，学校建立了每天升国旗的制度。

于是，从 2009 年起，每天清晨 7:50，你就会看到，校园中肃立的每个附小人，他们心向国旗，满腔热血；你就会听到，激昂的国歌响彻云空；你就会感受到："我们是了不起的中国人！"

一次，有位领导来送孩子，看到我们升旗的庄严景象感触颇深，跟我说："郑校长，你们的爱国主义教育真正落到实处了，而且不光是在校园里，就连校园外也是这样，连家长们都跟着这样做，你们太让我感动了！"第二天早晨，我带着惊奇与欣喜的心情，悄悄等候在校门外拍到了这样的情景：7:50，正在过人行道的孩子、正行走在橱窗边上的孩子，一听到校园传来的国歌声都立正站好，爸爸妈妈也随着孩子们立正站好，行驶的汽车也为孩子们停下来，真正成为了一道呈现人大附小学生爱国主义情操的亮丽风景线，我的内心充满感动！我相信看到这情景的人都会为之感动！我更为我的孩子们感到骄傲和自豪！

虽然"形式主义"常被人们所摒弃，但是对于孩子们来说，如果没有"形式"的熏陶和感染，没有不断地重复和坚持，又如何能强化行为、养成良好行为习惯，让"形式"内化为精神和内在的表达呢？7:50，是一个特别的时刻，是一个庄严的时刻，这不断重复的一刻，让我们每一个附小人懂得了"爱祖国"不是一句空话，也让我们懂得了肩负的责任和重担。

我希望，我的孩子们成为拥有人大附小特质的人，在他们走出校园后，无论身处世界的任何角落，都会想起爱国这节必修课，永远尊重国旗、热爱祖国。

□ 走进学生的书法课堂

特别的节日给特别的你

  你可能知道青年节、万圣节、情人节……但是，你有听说过男孩节、女孩节吗？这是我校 2010 年首创的送给男孩、女孩们的节日。每年的 10 月 19 日为人大附小"男孩节"，10 月 21 日为"女孩节"。

  乍一听这个"创意"，孩子们兴奋无比，顿时骚动起来，个个儿睁大了眼睛，面面相觑，在面带神秘的微笑中充满期待……课下这个话题自然成了孩子们热烈关注的焦点，讨论的话题……这个"日子"也深深地吸引了有心的班主任老师。

  当首届女孩节来临的时候，我早早地来到学校，发现今天女孩的着装格外不同。各式各样的裙子在校园中舞动，多姿多彩的头饰在操场上穿行，看惯了整齐划一校服的我，此时更感受到了略带羞涩的孩子们发自内心的自豪与骄傲，甜甜微笑着的酒窝，比平时更加亲切的问候，彰显着个性，洋溢着青春。

  时针终于指向了上操的时间，学生们整齐有序地排列在操场上，当然是我们的女孩子排在队前面，从领操台上一眼望去，一片花的海洋啊。作为首届启动仪式，特别创设了一个环节，那就是宣读誓词。"我是女生，漂亮的女生……"从女生那柔声细语的话语中，她们慢慢体会着做女孩的尊严！做女孩的责任！做女孩的自豪！既然是过节，自然要收到礼物，作为校长应该送给孩子们什么呢？

  干部们出主意，送给女孩们的礼物是带有民族特色的"红手帕"。于是，上台前赶快操练了几次，到台上为孩子们进行了瞬间的表演，当孩子们也手拿手帕展开双臂舞动起来时，整个校园像一片红色的海洋，上下飞舞的手帕在孩子们的手中转出美丽，转出精彩！

  回到教室，各班的庆祝活动各具特色：男女同学之间互赠一句勉励的话语或是一句赞美的语言，并用无记名的方式评选出了班级的"魅力女生"。此外，在这一天，女孩们还享有一项特殊的优待——可以不做作业。

  男孩节也如此，所不同的是女孩子们早早来到了学校，三个大门口站满了面带微笑、手持花朵的女孩子，为男孩子们送去亲切的问候、美好的祝福。校长的礼物是他们喜欢的篮球与足球。

  这一天，小女孩们以做淑女为荣，男孩子们以做绅士为耀，自觉约束着自己。礼貌谦让的多了，斤斤计较的少了，文明帅气的多了，大声喧哗的少了。让女孩们从小培养娴静、优雅、温柔、矜持的淑女气质，引导她们成为一个个穿着得体、举止文雅、具有内秀的小淑女；让男孩们培养坚强勇敢、宽容大度、谦让有礼的优秀品质，培养顶天立地、充满阳刚之气的男子汉气概，引导他们成为一个个衣着整洁、谈吐不凡、具有绅士风度的小男子汉。这就是我为孩子们设立"女孩节"、"男孩节"的意义所在。这是个特别的节日，也是孩子们每年期待的节日，更是让我感到骄傲和自豪的节日，因为这是属于我们人大附小的独一无二的节日，是促进孩子们身心愉悦、健康成长的节日！

  用一个孩子们喜欢的节日，起到了从小强化孩子的性别意识的作用，让女孩更像女孩，男孩更像男孩，胜过一万次的说教。正如孩子们在日记中写道：今天是我在人大附小过的最后一个男孩节了，我很留恋。我会好好珍藏这段美好的记忆，更会把这种自信、阳光、豁达、友爱保持下去。感谢学校、感谢郑校长。我希望未来的中学也能给我们过男孩节！

校园里的"小妙会"

很多年都没有去春节里的庙会了，记忆中的庙会就是人多，热闹非凡。2011年春节的大年初三，天气晴朗，中午家人聚餐后，提议去庙会转转。于是，就一起来到了龙潭庙会。

走进园子，随着人流慢慢游逛，感受着庙会的特色氛围：卖食品的高声吆喝，吊足了人们的胃口；表演节目的卖力演出，赚足了人们的掌声；做游戏的"激情四射"，吸引着人们的眼球……看着看着，我忽然有所感悟，随口对二嫂说："春节是国人最期盼的节日，六一就是孩子们的春节，我们不妨把庙会搬到我们的校园，在六一给孩子们搞一次庙会，孩子们一定很开心。"二嫂说："看看你，满心满脑的都是你们学校，出来逛也不闲着。"我嘿嘿一笑，"这不顺势就想到了嘛。"

回到学校，我和主管德育工作的白主任说了此意，他说："没问题，校长放心吧。"于是他与大队辅导员一起，设计了庙会的方案，并发短信告诉我：校长，我们觉得"庙会"的名字需要改，等我们想好了再告诉您。我回复：把"庙"改为"妙"不就行了，六一就是孩子们奇思妙想的时刻。这样，"小妙会"这个名字就这么定下来了。

2011年六一儿童节，学校举行了人大附小第一届"小妙会"，分别设置了特色美食区、爱心义卖区、娱乐游艺区、才艺展示区。每个区都各具特色，吸引着孩子们游乐观赏。

在爱心义卖区里，孩子们将自己的玩具、书籍、电子产品等闲置物品，还有自己在选修课上亲手制作的手工艺品，画的画，写的字，拿来义卖；在特色美食区里，孩子们亲手烧烤、做麻辣烫、意大利面，还有秘制糕点。我看到孩子们脸上洋溢着笑容，那一蹦一跳的身姿美妙极了。人大附小的孩子们将"爱"与"乐"完美地结合在一起，这不正是我所期盼的吗？

也许是受孩子的热情感染，家长们也都积极参与，乐在其中。我清楚地记得，一位明星家长推掉了自己的档期，只为来参加附小的第一届"小妙会"，看着这位明星将樱桃一一洗好装杯，接着又做出一杯可口的果汁，在骄阳下挥汗如雨，我很是感动。附小能走上如今的辉煌之路，不仅是教师们辛勤耕耘,更是家长们鼎力支持的结果。家校合作,不仅体现在对孩子成绩的推动上,更体现在每一件看似微小而意义深远的事情上。

全部物品限价10元。为了鼓励孩子献出自己的一片爱心,我们在操场上特意设了5只捐款箱。老人带着孙子、孙女,爸妈带着儿女,个人以班级名誉,捐款的队伍排成了长龙。那场景,让我深深地感受到附小人的力量和善心,感受到家长们的诚意与支持。首届"小妙会",共4 000多名家长、学生参与互动,义卖捐款共计54 000元,这每一分每一角都是大家爱心的凝聚,是我们附小育人为善的见证。会后,大队部将全部捐款上交到希望工程,希望工程将全部捐款送到密云县某中学54名贫困生手中,用以资助他们完成学业。

人大附小的第一届"小妙会",在孩子们的热烈期盼中隆重登场,在他们的意犹未尽中落下帷幕。将庙会整装改版引入校园,不仅仅是为了给孩子们一个特别的"六一儿童节",也不只是为了给他们更多的欢乐和趣味,更重要的是希望孩子们在享受快乐的同时,心中有他人,不忘关爱更需要帮助的人。在孩子们小小的心灵上播下爱的种子,让他们学会爱,传递爱,成为一个向善的人,我想这是"小妙会"的真正意义所在。

□ 孩子们请我在买来的文化衫上签名

十分钟会成就一个孩子

可敬可爱的郑校长：

您好！

这是一封迟到两年的感谢信，实在是因为我个人拖拉的原因，时至今日才写信给您！

我是五（8）班陈大中的爸爸。清晰记得两年前，也就是大中在读三年级时参加了一次"小妙会"活动，您的言行感动了我们全家，并使我在日后多次向人们提及人大附小的教育不由得发出感慨！

"小妙会"上，您走到大中的摊位前提出请他写一幅书法作品，大中欣然答应。当时您挚诚地蹲下身，和孩子保持了等高的沟通视角，全神贯注，从孩子的第一笔开始，直到孩子写完最后一笔，近10分钟，您站起身给了孩子20元，但大中知道学校规定单件物品不得超过10元，大中不能接受，您巧妙地告诉孩子：10元是稿费，另外10元是校长的奖励。您对孩子的尊重令人敬佩，这一举动令我至今难忘。我想在大中心里所汲取的精神价值远远不是金钱能衡量的，您的鼓励让他在习字途中信心和兴趣倍增，因此他也算小有成就，获得了几个奖励。

孩子会经常告诉我学校的新鲜事，他热爱校园生活，积极参加了京昆艺术团，当然也会更多地提及他所敬重的老师。

一年级入学时的韩老师，让他感受到了人大附小的魅力；二年级的原老师鼓励大中学习书法，还谦虚地告诉孩子，老师想向你学习书法；三年级的吴老师激励大中，让他对写文章充满了兴趣；四年级的语文刘老师对他的严厉教诲令他刻骨铭心；周老师是从三年级一直跟班至今，她的一次良苦用心，让大中从害怕数学到爱上了数学，成绩逐步提高，周老师还用各种语言和方式激励他努力；教书法的段老师奖励他在学校师生前升国旗，使他充满了自豪感。当然幕后更多的老师默默地付出了大量的心血，孩子妈妈也因此在《人民日报》上发表了有感于孩子学习过程的名为《痛苦与快乐》的文章。在此向所有的老师们表示敬意！

尊敬的郑校长，感谢您！感谢您的团队，贵校的全新人性化的教学理念，使得今天的人大附小成为阳光下最美丽的校园。

谢谢您，郑校长！祝福人大附小！更祝福您，郑校长！

提前祝您教师节快乐！

陈×

2013年8月28日

读了大中爸爸的来信，我的脑海中浮现出一个画面："小妙会"上我站在了一位现场写书法售卖的孩子身边，用20元钱买了孩子现场书写的一幅作品。当时就有位家长说："校长，您站这儿10分钟可能会成就一个孩子。"是啊，我相信这个神话，看到大中现在的成长，我心里极为欣慰。**为了学生的成长，做什么都值得！**

"奥巴马夫人"的小菜地

2009年3月20日，从新闻上看到就在奥巴马入主白宫后不久，身为美国第一夫人的米歇尔，带领一群小学生，在白宫南草坪挥动锄头，开始了一项有趣的计划——把白宫的一块草坪正儿八经地开辟成自己家的菜园！他们在这块菜地上种上了薄荷、莴苣、蓝莓、草莓等50多种果蔬，还建了一个蜂房。

2011年4月，我随教育部基础教育校长培训团在美国培训时，亲临白宫大院，驻足奥巴马夫人的小菜地前。和我想象的不一样，不是一整片地，而是用绛红色的材料分割开的一块块小菜地，种着不同的蔬菜，小巧而又清新。在这个美国权力象征的大院子里，别有一番生活的情趣。这一刻，我就在想，我的孩子们一定喜欢这样的小菜地。

2011年暑期，学校抗震加固后，原来的雕塑园成为了一块空地。后勤服务中心于猛副校长问我："校长，这块地咱恢复成什么园呢？"2005年搬迁过来后，我们把这块地做成了文化园，2009年改为雕塑园，现在做成什么园呢？还是听听孩子们的意见吧。

于是我请全校同学为校园文化建设谈一点自己的想法。我发现在收到的2 000多份建议中，许多孩子提到了要是能在校园里有自己一块地种东西就好了。我想这块空地正好可以满足孩子们的愿望，留给孩子们种植自己喜欢的蔬菜、瓜果。于是，我与于副校长商量，就把这块地给孩子们吧，一举两得，既省下学校每年花钱买草装饰的钱，还提供了一片锻炼孩子们的天地。于副校长听了非常赞同。

我请教学副校长金立文把这块地设计成22块形状不同的小菜地：五角星的，花瓣状的，三角形的，六边形、八边形的，圆形、椭圆形的，不规则形状的，等等。

工人师傅把分割菜地的木框刷成七彩的颜色，就这样创造出了七彩的小菜地，比奥巴马夫人的小菜地漂亮多了。关键是孩子们一看到这块七彩的小菜地，就兴趣盎然，激动不已。一块块散发着泥土芳香的小菜园吸引着孩子们的目光。

菜园建好了，如何分配呢？我又有了新的创意：由各班孩子们自己设计菜园的规划方案，优胜者优先挑选。听到这个消息，孩子们简直是欢欣鼓舞、跃跃欲试了。第二天，创意新颖、风格各异的设计方案交到了大队部。有画图演示的，有用文字说明的，资料翔实，分工明确，图文并茂，各显神通。经过大队部的认真筛选，一块块菜园被六年级各班一一认领。

六年级的孩子异常激动，个个都把种植小菜园当成了小学毕业前最有意义的事。自从接到任务之日起，孩子们便自主地规划菜园、自发地查阅资料，了解种植的各种注意事项，以及各种蔬菜、瓜果最合宜的种植时间、种植方法，缜密地计划自家小菜园适宜种植的菜品。忙得兴致勃勃，不亦乐乎。这不，这块沉睡在春阳下的长方形的大菜圃经过精心规划，被分成了各种不同形状的小菜园，各班按照地形特点，围上了各样栅栏，圆木条的、扁木片的、长竹竿的等。这样，梯形、三角形、椭圆形、蝴蝶形……各种形状的小菜园展现在眼前，各具风格。

接下来，首先是要开荒。每天清晨、午休、傍晚甚至课间，你都能看到孩子们在菜园忙碌的身影。

小菜园中各班孩子忙得不可开交。铁锹、铲子……齐上阵。孩子们捋起袖子，卷起长裤，脖子上还搭了条毛巾，俨然一个个小小农夫，铲草、翻土、捡石子、培垄……大家不约而同地干起来，菜圃中热火朝天，热闹非凡。一双双白皙的小手握着对于他们来说是那样陌生的铁锹，吃力地翻着土，稚嫩的面庞上满是辛勤的汗水，整洁的衣服上沾满了泥土。可他们一点儿也不在乎，全神贯注地忙碌着，热烈地讨论着，俨然一幅男耕田女织布的美好景象。

只要工作有暇，我就会到小菜园边，静静地观看孩子们忙碌劳作的身影，心里蜜一样的甜美。

经过孩子们的不懈努力，各班的小菜园里都种上了喜欢的蔬菜、瓜果，有已经缀着红果的草莓，有支着小棒的辣椒苗，翠绿的黄瓜苗、西红柿苗，墨绿整齐的韭菜苗……各班设立了劳动基地管理员，孩子们轮流管理。每天清晨，太阳还没有升起，小菜园里已经有孩子们忙碌的身影了，孩子们亲手为小苗浇水、施肥，小心翼翼地拔去杂草，细心地树立警示牌，提醒围观的人也要小心呵护。看着绿油油的小苗每天都在变化着，孩子们的心里甭提多快乐了。

一天，我又走到小菜园，看到几位同学正在那儿发愁，我一打听才知道，原来是要到中学体验生活了，离开学校一个星期，孩子们不放心自己的小菜园，不放心小苗苗，他们看我来了，便问："校长，您说怎么办呢？"

"好办啊，你们是哪班的？""六年级九班的。""那你们可以找五年级九班的弟弟妹妹帮忙啊，他们肯定愿意，不信去试试。"孩子们听了顿时脸上露出笑容，欢呼起来"谢谢校长！"一溜烟跑了。

孩子们毕业旅行回来，一进彩虹大门，放下行李箱，第一件事就是飞奔到自家的小菜园里，前前后后、仔仔细细地检查个遍，哪棵苗苗长高了，哪棵变黄了，哪棵不小心被浇水冲歪了苗，孩子们叽叽喳喳地议论着，心疼唏嘘着，赶紧动手扶正，立即起身浇水，一连几日旅行的劳顿全被抛到九霄云外了。

"只有品尝了橄榄果，才能理解苦涩的滋味；只有喝了蜂蜜水，才知道香甜的美好。教育其实就这么简单。"对于孩子而言，过程和体验是最珍贵的教育矿藏，是成长中不可或缺的生活积累，是成就人生难能可贵的人生积淀。

人大附小的奥斯卡

2012年首次实施毕业课程时，走进北京市十一学校，体验了课程结业式的孩子们，聚拢到我的面前，搂着我的脖子说："校长，我们也想拍电影。"我说："为什么呢？""中学生可以拍电影，我们也行。"看着孩子们期待的目光，想到孩子们结业典礼上出色的表现，我对他们充满了信心："当然可以，只要你们有想法，校长就支持！不过我想问问，你们拍了电影做什么呢？"孩子们七嘴八舌地说道："六一'小妙会'上卖电影票，钱捐给希望工程啊！"我为孩子们的善心而感动，他们在追求自己的梦想的同时，也不忘了帮助他人。育人为善，想来就是如此吧。"太好了，那你们开干吧！"一语未了，孩子们便欢呼雀跃起来。

那些天，六年级孩子们的身影变得忙碌了，脚步迈得轻快了，眼睛更有神采了，他们的主人翁意识被唤醒，像雨后生长的春笋，在"叭叭"作响！

是啊，对于我们思维模式已经固定的成年人来说，这简直是一件想都不敢想的事情，但我们的孩子敢想，不但敢想，而且敢做，我们有什么理由怀疑他们不能成功呢？我愿意相信，只有我们想不到的，没有他们做不到的。用欣赏的眼光注视孩子的成长，相信"静待花开会有时"！

于是，我提议第二届六一"小妙会"上新增加一项内容——电影展演：每班拍一部10分钟的微电影。孩子们兴冲冲地编剧本，聘请演员，制作道具，自己拍摄，自己剪辑。为此，我还特别请来了电影导演冯小宁给孩子们做讲座。为了一个镜头的剪辑，孩子们一个个追着信息课老师，一干就是半天。他们甚至自己设计电影票，自己卖票。

那段时间，校园内比电影拍摄基地还热闹，在操场上拍摄打篮球的情景，在树阴下拍摄游戏的场景，在教室里拍摄学习的花絮……

为此我们在五月份专门创立了"人大附小首届霓之星电影节"开幕式，在第二届"六一小妙会"上，特设电影展演区，20部微电影循环播放了整整一天，吸引了学生、家长和老师观看，我也特别花了三元钱买票，为孩子们的电影助阵。

为给这次活动画上一个圆满的句号，学校组织学生投票评出有关各项最佳奖。

在人民大学明德楼如论讲堂举行的六年级毕业典礼上，我们隆重地举行了第一届"霓之星"颁奖仪式，特邀著名导演冯小宁、作家石钟山、演员许亚军和何晴为孩子们颁奖，先后颁发了最佳导演奖、最佳编剧奖、最佳摄影奖、最佳剪辑奖、最佳男女主角奖、最佳男女配角奖、最佳影片奖共七项大奖。

颁奖仪式结束后，我问孩子们"你们知道为什么要请这些艺术家给你们颁奖吗？"孩子们说："校长希望我们将来成为这样的人。"一语中的，我很欣慰，孩子们领悟到了我的良苦用心。一个获奖学生家长紧紧握住我的手说："感谢您，校长，感谢学校，给他们搭建梦想的舞台。多年以后，等孩子们长大了，可能会忘记自己在校时的考试成绩，但第一回走红地毯的经历他们肯定会一生难忘。"

我也深有感触地回答："请相信我们的孩子，他们现在的表演，也许有些稚嫩，但谁又敢断定，未来奥斯卡颁奖典礼、戛纳电影节上没有从我们人大附小走出的孩子呢？"

挖掘学生的潜能，激发他们的兴趣，把校园生活编织成一道美丽的彩虹，让孩子们度过多姿多彩的小学生涯，这就是我们人大附小的七彩教育，也是我的教育理想。我相信，心有多大，梦就有多大。《星光大道》为大众提供展现才艺的舞台，圆了阿宝、李玉刚等草根的明星梦。今日我们给孩子们搭建梦想的舞台，明天他们一定还我们一片星光璀璨！

客串《泡面记》

五月份的一天,六年级八班的孩子走进了我的办公室,我立即放下手中的文稿,欣喜地起身迎接我这些可爱的宝贝儿们。

我的话还没出口,其中一个男孩绅士般地说:"校长,感谢您给我们创造了这次拍电影的机会,我们能在小学实现自己的电影之梦,真是太快乐了!我们能请您在我们的微电影中友情出演吗?""当然可以了,那我演一个什么角色呀?"我好奇地问道。"您呀,就演我们电影中最大的官——佛祖!"其中一个孩子调皮地说着。"那我的台词是什么呢?""就两句话,您准没问题。"孩子们太信任我了。

接着,孩子们七嘴八舌地为我讲述了此部微电影《泡面记》的故事梗概。新版师徒四人去取经,这所谓的"经"嘛——就是一桶神奇的"泡面",这泡面能够拯救世界,拯救学校。离奇、荒诞,却是孩子们真实创编的故事。说着,孩子们

□ 2012年为学生的电影出演"佛祖"

便给我进行了角色定位和造型化妆,转眼间我这个"笑"长变成了一个紫红色、美人鱼般的"佛祖"。额头间还佩戴着孩子们为我精心挑选的饰品,这手里嘛,自然是那宝贝"经"喽!看着我的新造型,心里又喜又惊,这可是我第一次触"电"啊!没想到是和我的孩子们一起进入的电影之旅。

"预备，开机！"看着这些小家伙还真是像模像样的。拍摄一次过关，里面的台词嘛，只有一句："金刚卫士，快去保护唐僧师徒四人，克服一切困难来取这碗圣面，保护学校。"我平时说话语速比较快，为了符合佛祖的角色要求，特别注意放慢了速度，抑扬顿挫。拍摄一条就过了，"校长您演得特别好，太棒了！"孩子们不停地喝彩。我说就这么两句话还不一条过？导演小成迫不及待地说道："校长您不知道，在我们拍摄的过程中，就一个投篮球砸到人的动作就拍摄了21回。您真是太棒了，一次成功！"他们用对校长的敬爱全然忽视了我的演技，在他们的眼里、心里我可能就是一个完美的大朋友、"好演员"。十年校长路，让我越来越明白，"校长"不应是高高在上的"佛祖"，俯瞰一切，让众生生畏，我情愿做一个"亲民"校长，和我的孩子们交朋友、打交道，陪他们一起成长。

满满的幸福感涌上心头，在孩子们的叫好中浸透着多少对我这个校长的爱呀！爱孩子是我这辈子最幸福的一件事，我会用尽各种方式去爱，让他们享有世间最好的教育，最快乐的学习空间，为他们留下最快乐的童年。此刻，看着他们把我当做大朋友，这种感觉真好，心中不禁涌动起教育的甜蜜。

当我用湿润的双眸看着这群欢呼雀跃的孩子们，我的眼前浮现出一片理想而灿烂的教育前景。当我们给了孩子一个小小的平台，孩子们带给我们的便是一个多彩的世界。最真切的教育莫过于为他们创造丰富发展的可能，不泯灭他们的天性，激发他们的潜质，让他们在无限可能中快乐成长！

爱他们，给他们一片七彩的天空！这将是我永恒的追求。

一定要对附小赞一个

细节决定成败。招生工作是我们和新生家长第一次见面，家长对学校的第一印象很重要，所以每年这个工作我都高度重视，关注每一个细节。2012年6月的一天，我收到了一位新生家长在面试之后发来的一封信。

尊敬的附小领导和老师们：你们好！

我们是住在望京的人大教师，以前与附小很少接触，周五下午参加面试，感触很深，对你们的工作充满敬意。特此表示致敬与感谢！

具体说来，是对这么几个方面印象深刻！

一是整体流程的安排明确流畅，从入校门到完成面试，家长有明确的方向感，知道该到哪里办什么。

我自己也从教，经常参加面试、答辩之类的活动，但因为是例行事务，大家总有些重视不足，现场不乏仓促草率的局面。而周五看了附小的面试，就是一个体会：这个是经过多年的积累才得出的一套流程，而且老师们毫不懈怠，全力以赴：收材料的老师业务熟练、耐心细致；多功能厅布置得美丽至极！面试小组的位置都安排得非常讲究，排列得整整齐齐而错落有致，后排的家长们很容易看到自己孩子的表现。最后环节，在多功能厅里，孩子坐一起排队去了，家长在后排看着，真是种享受！让我觉得特别幸福的是，有这么个细致的管理，有这些倾情付出的老师。

二是老师们的风采：很有朝气、很诚挚、很雅致。这个特别意外，因为实在是远远超过了大学老师的表现。周五面试环节时远远望去，老师们绘声绘色，既亲切又有要求，这个非常敬佩！特别是听到后排与孩子在一起、在维持秩序的男老师的话语——他既有引导孩子遵守秩序，又有真诚的聊天的情趣，作为家长，非常感动，庆幸自己怎么就来到了这么个好学校！

在校园里，还看到返校的初一学生和老师们的交谈，个个老师都那么亲切有风度，连体育老师都是！这位体育老师还跟我家小子开玩笑说，估计你以后去那个楼，离什么楼都近，能方便你们低年级的；而几个孩子一直簇拥在他身边与他交谈。师生间情真意切，在我这个旁观者眼里，还是那种幸福感油然而生！老师们普遍体现出的对学生的关怀实在让我佩服又佩服。感动之余，警戒自己以后在与学生所有的结合点、交接处，要真诚，要耐心，对学生要好一点，再好一点。从这点上，附小面试也丰富了我的人生经验，感谢！

三是对孩子的要求。整个安排上，既有让孩子自由玩耍的空间和时间，而在一批批进入面试厅后，环境切换明确，对孩子又有了耐心排队、安静等待的要求，这个过程本身对孩子就形成了一个很好的学习过程。

相比之下，我们隔壁的孩子参加的报名、面试，就是家长全程排长龙，要求全程肃静，孩子等待的时间过长，在真正轮到面试时，精力不能集中。这个一定要对附小赞一个！不比较真的不知道这套流程设计的精到。

回来后，我跟孩子打听了面试内容，与他查对了是否做到了我们事先约定的两点：是否声音清晰响亮有信心、是否说了"谢谢"或"我明白了，谢谢"。我问他，再过六年小升初面试，你觉得到时怎么才会有信心呢？告诉他，前面六年一晃而过，爸爸妈妈很努力了，后面他成年前还有两个六年，要学文化，现在开始要自己努力了。让他回顾了老师现场对他的评语，告诉他，从此老师会给你的努力打分的。

感谢附小给了我们一个很好的学习过程。孩子体会到了这个"郑重其事"。做家长的，也学习了！哈哈！检查了自己的语法标点等，但显然错误一堆！还请多多包涵。跟着孩子和你们从头学吧！

此致敬礼！

并祝夏安！

学生家长：杨 ×

2012 年 6 月

很快，我给家长回了信。

尊敬的家长朋友，您好！

首先感谢您对学校工作的关注与肯定，您的鼓励是我们前进的动力！我们说，细节决定成败。人们说，人生没有彩排。新生面试是孩子步入小学的第一步，也许这短短的几分钟能成就一个孩子，做不好也会影响孩子的一生。所以我们非常重视每一个细节。其次您对孩子的培养让我也很欣赏。相信在您的配合下，孩子一定会健康快乐地成长，成为一名合格的小学生。

中国的"巴学园"

当你走进人大附小东校区的彩虹门，看到分布在三棵苍天古树下的梅花桩、秋千、跷跷板、滑梯、草莓屋、鸡兔笼时，你也许会好奇地问：这里是学校吗？

当你走进教学楼，看到一楼的"AUV"、三楼的牛顿小屋、四楼的色彩小屋时，你也许会好奇地问：这些屋子都是干什么用的？

当你走进操场东侧的平房，看到玩具屋、苹果屋、淘宝屋、涂鸦屋、哆咪咪、动动屋时，你也许又会好奇地问：这些屋子的名字又由何而来？

在做校长十年的学校管理中，我深知，校园文化一定要力争"让每一个角落都会说话"。在本校区的建设中我做到了，也正因为如此，我们有引以为豪的"太阳每天从这里升起"的荣誉墙；有被称为附小卢浮宫的师生家长共同创作的南操场的装饰墙；有被誉为附小最美标志的用 4 999 个矿泉水瓶盖创作的彩虹墙等。而在东校区的校园文化建设中，我根据一年级学生的年龄特点，考虑到小幼衔接的重要性，力争创造中国的"巴学园"，让人与自然完美结合。

为了打消孩子上学的陌生感，让孩子喜欢上学，我特意在三棵古树下设置了游戏设施，让孩子们走进学校就像到了一个游乐园，在课余时间可以充分地玩耍，尽情地释放自己的天性；为了让孩子们富于想象力和提高动手能力，也为了给孩子们一个展示的平台，我在每层楼的墙壁上都设置了绒板和涂鸦墙，让孩子们可以随心所欲地在涂鸦墙上图画，在绒板上张贴自己的作品。

校园里三棵苍天古树下除了有游乐设施，还有流动的图书箱。尽管刚开学一个月，但是不论哪一天早晨或中午，当你走进东校区，你总会看到这样的场景：孩子们有的坐在靠近教室的木椅上，有的坐在大树下的石凳上，有的坐在草莓屋、苹果屋里，有的索性就坐在绿色的假草坪上，聚精会神地读书，他们是那样津津有味、入情入境，有时快上课了，连值周老师催促回教室的声音都听不到。

打造童趣十足的校园文化，是实现东校区"让每一个孩子都喜欢上学"办学目标的有力保证，也是学校将东校区办成"精品校区"的重要举措。

因此，我模拟儿童生病疼痛时口中发出的呻吟声，将卫生室的名字起名为"AUV"（哎哟喂），让孩子一下子就记住了卫生室的地址，而且不惧怕去卫生室。我把科学教室或称为"牛顿小屋"，或称为"玩具屋"、"苹果屋"、"淘宝屋"，一是想让学生了解牛顿这位伟大的科学家，让他们怀着对伟人的景仰学习科学；二是激发学生的学习兴趣，让他们怀着一颗好奇、好玩的心理开始科学学习，上科学课就像淘宝一样。另外，玩具屋的建立，也实现了我"一室多用"的办学理念，旨在让孩子们除了在此上科学课外，中午时间还可以在这里玩玩具，传统玩具、现代玩具兼而有之，让孩子们在玩中学、玩中做。

我把美术教室分别命名为"色彩小屋"和"涂鸦屋"，把音乐教室和舞蹈教室分别命名为"哆咪咪"和"动动屋"，就是为了鲜明地表现出这三门课的特点，而且让孩子们一听到这个名字就感到很好玩儿，就很向往并喜欢上这门课。另外，我也想通过给专业教室起名向老师和孩子们传达一种学校的创新文化，潜移默化地点燃师生创造的激情。

用儿童的眼睛看小小世界，用儿童的双手创造小小世界，精致校园激发了学生爱上学的愿望。

第三章

在教学变革中创造幸福

什么时候还考试？

2008年2月寒假过后，刚一开学，王老师一见到我就兴奋地说："校长，今天我们班孩子见到我的第一句话是：'老师，什么时候还考试啊？'"我听了，心里非常高兴，我要的就是这样的效果。

那是2007年年末的一天，我在校门口遇到一位家长："校长，哪天期末考试啊，我家孩子昨天都没睡好觉。""您的孩子是几年级啊？""一年级。"我笑了："一年级用这么紧张吗？"家长也笑了："毕竟是孩子人生第一次考试啊！"

这句话引起了我深深的思考：刚进校园的孩子对考试这么紧张，孩子是不是心理负担太重了？孩子从小学到大学一生要经历多少次考试啊？第一次就这么惧怕考试，对孩子未来不利！必须改变这种现象，既让孩子轻松又能检验他们的学习成果。

想到这儿，我回到办公室，立刻召集了教学领导干部讲了我的想法，并提出："六岁的孩子刚进学校，毛茸茸的。为了减轻六岁孩子的心理负担，我们要打破以往一张试卷定等级的做法，对一年级考试进行改革，但是我们不能搞成像有些学校的快乐考试，猜个灯谜啊什么的，不会就去翻个跟头，那叫自欺欺人。还有做什么红卷子、绿卷子啦，那是形式主义。我们不仅仅是快乐考试，还要确实检测学生对这一学期重点知识的掌握情况。是否可以通过孩子们喜闻乐见的形式来考试呢？你们商量商量。"

教学干部们也都非常赞成我的想法，研究后，觉得孩子们最爱玩游戏，就用闯关游戏的方法考试如何，而且现在正在迎奥运，我们还可以充分利用福娃标志。于是一年级考试改革的方案就应运而生了。

在每年的一年级第一学期期末，将教材中需要掌握的知识，以生动活泼的"智力闯关"形式进行考查。语文通过"智闯五关"：我会听、我会说、我会背、我会读、我会写。数学采取"智闯三关"：我算得又对又快、我能解决生活中的问题、我敢于向难题挑战。为了让家长了解自己的孩子，也为了让孩子消除心理顾虑，测试全过程还可以由家长陪同，每过一关后孩子就可以得到一个可爱的小福娃标志。

据我观察，这种考试形式不仅考查了孩子所学知识的情况，同时还对孩子很多非智力因素进行了培养。如在现场我看到两个孩子，在选择数学第三关考试时，一个小男孩看看桌上摆放着的题目，很慎重地选择了一颗星的题目，我问他为什么？他告诉我：他有把握。另一个小男孩只是扫了一眼，一把就抓起一张印有五颗星的题目，我问他为什么选择这个题目？他小脸一仰，大声说："我觉得我能行。"老师事先告诉过孩子们，星越多题目越难，看，小小的孩子学会了对自己的评价，也是敢于迎接挑战的意识培养，这是一张试卷所不能做到的。

　　对于家长也有很多益处，很多家长对孩子能否成为合格的小学生，也会拿第一次期末考试成绩来衡量自己的孩子，对孩子参加人生的第一次考试也存在焦虑心理。俗话说：孩子是自己的好。让家长亲自陪伴孩子成长，亲眼见证自己孩子的问题，比老师汇报更有说服力。比如：有的家长看到孩子在过语文"我会背"这一关，老师问：你除了会背课本上的古诗，你还会背课外的古诗吗？有的孩子一口气背了好几首诗，自己孩子不会了，家长就会反思：平时孩子都看电视了，没看过书，于是，决定周末带孩子去图书大厦，寒假里好好读书……这是立竿见影的教育效果。家长们认为这种考试形式培养了孩子的学习兴趣，可以全方位了解自己孩子的情况，便于今后有针对性地对孩子进行辅导。这种从多角度评价学生的考试形式，让每个学生在自尊、自信中快乐成长，在幼小心灵里消除了对考试的恐惧感，这是减轻孩子负担的有效举措。

　　这种考试形式受到了孩子的喜欢、家长的欢迎。至今已坚持了五年。

　　现在我的"小豆包们"，把考试叫做"考试节"。*我相信在成长的过程中，自信比成绩更重要。*

　　我曾经给我们附小老师的孩子高考前送过一份小礼物，并写有这样的话：

　　亲爱的宝贝儿：

　　明天当你走进考场，环顾四周的考生，你一定要想：没有人比我更强，其他啥都别想。今晚吃好、喝好、睡好。迎接明天的太阳！校长特批，妈妈放假！

　　郑瑞芳携人大附小学弟、学妹祝福你。

2012 年 6 月 6 日

　　这份礼物感动了我的老师们，感动了我的毕业生！我愿走出彩虹门的孩子们在未来的人生大考与小考中永远充满自信，带着阳光的心理迎接一次次挑战。

你选哪国语言？

我在日本留学时，把五岁的女儿送到日本幼儿园，仅仅一年，只是和日本孩子在一起就学会了日语。2008年女儿去英国留学，有一天，女儿来电话问候，最后聊起了选修小语种的问题，她想学日语，我希望她学法语或德语，女儿选择了德语。半年后，她仍选择了日语，我问她为什么？她说对日语有感觉。英国的日语老师听她发音都说她在日本学习过。我对着视频闭上眼睛听女儿读日语，语感真的很像日本人，其实她只是在日本待了一年。这给我带来了新的启示和灵感——孩子学习语言接触得越早越好。

2009年，我决定在人大附小开设"小语种选修课"，其中包括俄、韩、法、日、德、西班牙、意大利共七个语种。同学们可以根据自己的意愿，选择自己感兴趣的语种学习。为了不增加同学们的学习负担，我特别嘱咐聘任的教师，少动笔，更多地注重语言的感受，注重自信心的培养。

为让孩子们学以致用，树立学习信心，我立志让学习不同语种的学生能有机会去相应的国家学习和实践外语。这样能使他们亲临这些国家，感受当地的语言、习俗、文化等，真正达到从学到用的实践。

学日语的孩子去了日本，学韩语的孩子去了韩国，学英语的孩子去了澳大利亚、英国、美国、新加坡等国家交流学习。通过多语种的课程开设，打开了同学们的视野，丰富了他们的生活经历，发展了跨文化意识，进而提高跨文化交际能力。

已经毕业的秋逸同学，不仅在全国英语比赛中获得了亚军的好成绩，而且在我的鼓励下从小立志长大成为一名同声传译。

另一名毕业生小英，儿时曾随家长在西班牙生活过，回国后通过小语种选修课的西班牙语课堂，在毕业时被北外附中破格录取。北外西语系的教授夸奖她："你的西班牙语比我们的老师说得还纯正！"

其实，我开设小语种的真正目的，是为孩子终身学习的自信心奠基。让走出彩虹门的孩子，由于有了小学的语感基础，在未来中学、大学的语言学习中，充满自信。

创新寒假作业

"为什么我们的学校总是培养不出杰出人才？"钱学森之问引起了我的思考，反思我们现在的孩子每周平时都按学校的课表上课，周末上爸爸妈妈报的课外班，几乎没有自己可支配、利用的时间和空间。如何为培养杰出创新人才打下基础，我认为首先要留给学生自主学习的时间和空间，让他们有时间去玩，在玩中发现问题，有时间做自己感兴趣的事，在做中思考问题。于是我决定取消传统的寒假作业，把假期有效的时空还给孩子。

2010年新年致辞时，我对全校学生讲："孩子们，今年寒假我们不留传统假期作业了……"话音未落，孩子们爆发出了震耳欲聋的欢呼声。可见，这句话说到了孩子们的心坎里。"不过，校长要给你们布置一项特殊的作业，假期里请孩子们根据自己的兴趣，做自己喜欢做的事，尝试小课题研究。元旦期间，大家先自己写一个研究小计划，包括研究的题目、研究的目的、研究的形式，可以一人或与小伙伴合作，也可以爸爸妈妈参与共同研究，研究的方法不限。新年后根据你的研究方向，相关老师会给你建议指导，开学后，每个同学都要做汇报哟。"这样，带着老师们的疑惑，我校开始了不留传统假期作业的尝试。

真没想到，开学后，每个同学都在全班同学面前自豪地进行了汇报。孩子们把自己的研究成果，有的做成展板，有的写出研究报告，有的用幻灯片演示，有的实验操作……汇报的孩子津津乐道，听的孩子津津有味。老师们惊叹：孩子们的选题内容非常丰富，涉及地理、历史、天文、生物、化学、科技、文学、数学、环境、生活、交通等多个领域。学生们自己设计调查问卷，在社区、在公园随机采访和调查，并且自己设计研究时所需要的工具、自己设计和制作汇报幻灯片。从市场《为什么只卖绿豆芽、黄豆芽，不卖红豆芽？》到《从〈水浒传〉看宋朝经济》，从《小区井盖的研究》到《中美小学生作业比较》，孩子对课题研究的热情空前高涨。每一个汇报都生动具体，思路清晰，证据充足。

我累计13个小时，听了当时91位班主任的汇报，邀请了1~6年级的

12位学生在全校老师面前进行了汇报，并为全校教师做了《小课题研究带给我们……》的报告。传统的假期作业主要涉及语文、数学、英语这三门学科，而我们的小课题研究涉及了所有学科。孩子们要写小课题研究报告，涉及语文学科；孩子们调查的数据要做成统计图表等，涉及数学知识；孩子们要向国外小朋友调查、上网查资料，涉及外语学科；孩子们研究节水、环保等，涉及品德与社会、品德与生活学科，还起到了自己教育自己的作用；孩子们图文并茂的设计展示，涉及美术学科；有的学生的课件配乐播放，涉及信息与音乐学科；孩子们搞调查、统计，需要走家串户，涉及了运动锻炼的体育学科等。自己上网查资料、制作PPT……在兴趣的支配下，主动学习新知。我的研究我做主，小课题研究带给孩子多方面的成长。孩子们的研究成果是丰富的，课题研究带给孩子们的收获是巨大的。小课题研究培养了学生"发现问题"的特质，提升了探究问题的能力，促进了学生个性发展。

小课题研究离不开家长的配合和支持。放假前，我们还给全校家长发了一封信，欢迎家长参与。为什么国外特别提倡亲子活动？我觉得是因为孩子遇到困难得到家长指导帮助的同时，孩子对家长的信赖感、崇拜感也会油然而生，父母也会成为幼小心灵的偶像，从而为未来亲子关系的打造埋下深厚的种子。有个一年级学生一定要研究温差，老师提出这个问题对一年级小学生来说有一定困难，建议换个研究内容，孩子执意研究。爸爸说："老师放心，这个工作我来做。"爸爸让孩子感受到在北京是穿着羽绒服上飞机的，到了海南就能下海游泳，回来一起上网了解相关知识。一个三年级学生研究鸡蛋为什么能孵出小鸡，爸爸就带孩子去昌平购买孵化器，通过测量温度认识了四年级才能学到的小数知识……

学生的小课题研究给教师教育思想和理念带来了冲击，老师从疑惑到震撼，不禁感叹：要培养创新人才，真是要留给孩子们更多自主学习的时空，他们所展现出的能力真的超出我们想象！老师们深深感悟到：人人都能搞研究。对于孩子来说喜欢的不一定是有价值的，有价值的不一定喜欢。但兴趣是最重要的，经历的过程比研究的结果更重要。学生研究意识、创新意识得到了培养，失败的研究也是一种收获。小课题研究带给孩子们的收获远比传统作业多得多。假期小课题研究减轻了孩子机械性作业的负担，也减轻了教师开学后的负担，孩子丰富的研究成果也使老师受益匪浅，起到了师生相长的作用。

世界上到底有没有美人鱼？

2010年寒假，我校首次取消了传统的纸质寒假作业，让孩子们做自己喜欢做的事，开展了小课题研究。在听取班主任的汇报时，赵老师兴奋地说到了这样一个孩子：

她们班小悦是个文静的小姑娘，就是有一点，从上小学的第一天起，就不爱写作业，老师们都是哄着她写字，一会儿盖红花，一会儿发糖，总之是煞费苦心，想尽了各种方法，她妈妈也为此犯愁。然而，奇迹发生了。

开学后，当她把这本图文并茂的小课题研究的成果交到班主任赵老师手里时，赵老师惊喜地发现，这本作业的封面上，工整地写了这样一句话"亲爱的老师交你作业"，赵老师百感交集。短短的九个字，不难看出孩子对这份作业的喜爱。这个平时那么不爱写字的小姑娘竟然能把每一个字写得如此工整，如此用心。再一看这本小册子的内容：

研究题目：世界上到底有没有美人鱼？（每字一色）

研究目的：妈妈从小就给我讲美人鱼的故事，那么世界上到底有没有美人鱼呢？我想研究这个问题。

目录：一、童话中的美人鱼

二、文献中的美人鱼

三、生活中的美人鱼

四、我心中的美人鱼

童话中的美人鱼，小悦把安徒生童话故事摘抄了一些，并剪下插图贴在了上面；文献中的美人鱼，小悦把网上下载的相关内容打印下来贴在了上面，还有一些不认识的字都标注了拼音；生活中的美人鱼，她找到了有关俄罗斯的一个女孩出生后，双腿与鱼尾一样的信息及图片；我心中的美人鱼，她画了一幅画。

言词之中流露着对"美人鱼"的热爱，字里行间体现着对小课题研究的喜爱！兴趣是多么好的老师啊！这个原本羞涩还有些懒散的小姑娘，在小课题汇报时就像"美人鱼"一样充满了自信与美丽。

她妈妈告诉赵老师，寒假 20 天她几乎没有出去玩，一直在家完成这次小课题研究。听到这里，我感到很欣慰。孩子平时不愿意写作业，把作业当成了负担，寒假里却积极主动地完成小课题研究，不仅综合素质得到了提升，而且能够乐此不疲，这说明了什么？说明写作业时间不在长短，关键是孩子喜欢做的事就不是负担，孩子感兴趣的事就不是负担。小悦在研究"美人鱼"的过程中不仅仅学会了运用一些研究方法和写简单的研究报告，更为可贵的是在这个研究过程中，孩子懂得了去发现问题、研究问题、解决问题，在研究的过程中，不断增强的是意志品质和宝贵的自信心！这也正是我们在每个假期开展小课题研究的初衷。孩子们在参与课题研究的过程中，学会了关注社会，学会了交往，学会了合作，学会了创新。通过一次次的研究，经过一次次的锻炼，实现一次次的成长。

我为孩子的成长而感动。2010 年世博会召开的前夕，我正在天津开会，从手机报上看到丹麦的美人鱼要来世博会展出，我马上把这个消息发给了班主任赵老师，并叮嘱她，快告诉你们班那位可爱的小姑娘，让她妈妈带她到上海去看看丹麦美人鱼吧！

赵老师感动地回复：校长，你这么忙还惦记我们班这个孩子，我一定转告她妈妈。

世界上到底有没有美人鱼，对我来说并不重要，重要的是能够让我的学生在乐趣使然下，学到知识，得到历练。以小课题研究代替枯燥繁重的假期作业，让"乐趣"与"学习"不再矛盾，让"成绩"与"苦闷"不再挂钩，这是孩子们的需求，也是我的追求。关注每一个孩子，抓住每一个契机，成就每一个孩子美好的未来。

发表课的魅力

2010年寒假后开学的第一天，按惯例我走进了三年级语文课堂，一上午听了四节课，四位语文老师认真地上了开学第一课，但教学内容各不相同。走出教室，我和一起听课的教学干部朱老师交流："你说，开学第一节课到底该讲什么？回想我们成年时的学习，开学第一节课老师都会告诉我们本学期的学习目标、学习内容、学习重点和难点，让我们对一个学期的学习做到心中有数。我们人大附小如何通过上好新学期开学的第一课，培养孩子终身学习的能力呢？让三年级组搞项研究吧，新学期第一课到底该讲什么？"朱老师听后非常赞同，于是，教学干部带领老师们开展了开学第一课——"目录教学"的探索研究。

作为小学课程，"目录教学"对于老师们来讲是个新名词，但是我的提议激发了老师们的创造热情。老师们利用课后及下班时间，全组一起分析研究，明确目标，各抒己见，献计献策，你一言我一语，构建课堂框架，精心设计教学细节。经过几轮研讨后，老师们开始试讲。尽管探索的内容是全新的，既要尊重学生的认知规律，为孩子的终生学习奠基，又要给孩子们自主发展的空间，张扬学生的个性等，这有一定的难度，但试讲中暴露的问题，都在教研组老师的共同努力下得到了解决。这么宝贵的研究成果，在全校做个展示吧。于是，决定请查老师来上这节课，看到查老师的表情，我问："是不是心里有点紧张？"查老师坦言："很多年没在二百多位老师面前上公开课了，有点忐忑。"我随口说出："给你找个伴，既然是全组研究的，那就全组老师一起上吧，尝试一下怎么样？"大家眼前一亮：全组老师同上一节课，真是个新鲜事。说变就变，教学干部与三年级组老师重

新分工，全组九位语文教师齐上阵，诞生了人大附小有史以来第一节精彩的"发表课"。

老师们兴奋了！原来课堂可以这样创造！教学可以这样精彩！课后，老师们纷纷给我发来短信，感谢学校给予的平台，感恩团队研究中的成长，感叹教育生涯中的奇迹！

苏霍姆林斯基曾说："如果你想让教师的劳动能够给教师带来乐趣，使天天上课不至于变成一种单调乏味的义务，那你就应当引导每一位教师走上从事教育科研这条幸福的道路上来。"

研究课后我提议：哪个组还想上这样的课，向教学研究中心报名，团队共同探索，一起成长。各年级语文组老师听后都摩拳擦掌、跃跃欲试。不比赛、不评奖的发表课，令老师们的研究热情空前高涨，大家常常研究到很晚还不离校。

一个月后，多学科融合的发表课——《可爱的小豆豆》诞生了！在同一个主题下，科学、数学、语文、体育、美术教师与学生进行了各具学科特点的互动交流。语文、数学教师落实国家课程，分别指导学生撰写小豆子观察日记，运用统计图表示豆子生长情况；科学教师落实地方课程，为学生讲解豆子的构造；美术、体育教师落实校本课程，启发学生进行小豆子畅想或带领学生做起了"小豆豆快长大"的课中韵律操……

星星之火，可以燎原，《可爱的小豆豆》进一步点燃了老师们的激情和智慧。创意无穷的数学、英语、艺术、科学、体育等学科发表课陆续诞生。《有趣的对联》、《"毽"构七彩课堂》、《梨园新芽》、《小故事，大学问》……它们凝聚着集体的智慧，浸透着每一个团队全体成员的心血，充满着老师们排除万难的士气，开辟出一片更为广阔的创造天地！参与发表课的每一个附小人用自己的行动践行着"处处是创造天地，天天是创造之时，人人是创造之人"的人生真谛。大家一起创造着附小教师一幅幅幸福感人的画面！

发表课像一朵盛开在人大附小七彩课程百花园中的奇葩，使学生受到多学科文化的浸染，在学生心中埋下多角度思考问题的种子，成就了我们的教师，成就了孩子的多元成长。

2011年12月，在北京市三级课程研讨会上，我们展示了《可爱的小豆豆》一课，引起了强烈的反响。这种课型传播开来后，有专家问我们，为什么叫发表课？我想的是：全组教师共同研究、共同展示、共同来表达他们研究的成果，这就是"发表"的意思吧。于是，逐渐演变成为现在各校都在研究的学科间整合课。

附小的隐性课程

校园是学生快乐学习、健康成长的"万花筒"。丰富多彩、千姿百态的课程内容是开启学生智慧的摇篮，是留给学生童年校园生活最美好的记忆。看得见的是校园设施，看不见的是这些设施中隐性的课程。

在整体设计校园文化过程中，我们充分利用现有的学校活动场所，分别为孩子们开设了兑兑吧、秀秀吧、棋吧、救救吧、聊聊吧、动动吧、试试吧（交换空间、无人售货）、数学园、诺贝尔水晶榜等，目的是使每一个园区都能让孩子们感受和体验校园的乐趣。让教育回到本真，让教育充满体验，让教育满载快乐。这里我要重点提一下兑兑吧和秀秀吧。

兑兑吧——附小七彩小银行

兑兑吧的开设还要从发行附小币开始讲起。每当看到老师们为表扬、鼓励孩子，购买各种各样的奖品糖果、小贴画、笔或本等，五花八门，我就想能不能统一各班奖励方式，用一种物品或标志代替，我在广播里，向全校同学发出了倡议，作为寒假一项创意作业。

开学后，172位同学交来了自己的作品，我一看孩子们的作品就笑了，大部分孩子做成了人民币的样子，很多孩子还把我的照片印在了上面，感动之余倒是提醒了我，为什么不把学生的照片放上去呢？很多孩子的作品上面有彩虹门或七种颜色，看，七彩教育融入孩子血液，对，那我们就做"赤橙黄绿青蓝紫"7张一套吧。就这样，"七彩附小币"就诞生了。

2012年3月1日，人大附小首套"七彩附小币"正式发行。整套币共八张，除一套"七彩币"，还有一张融七色为一身的有我签名的"校长币"。7张附小币上分别记载了七位学生的优秀事迹，我想，这会是成长孩子的平台。不同学科老师持有不同颜色的附小币，为鼓励同学们全面发展，收集齐7张一套"七彩币"，可兑换1张"校长币"；为鼓励同学们个性发展，在某一学科有突出特长，如果七种颜色没有收集齐，也可用10张同一颜色或13张不同颜色的附小币兑换1张"校长币"。

附小币的发行和使用，需要成立附小七彩小银行。3月15日，小银行成立了，孩子们开始了储蓄或兑换。小行长的诞生还有一个故事。

我请大队辅导员来做这个工作，一定要让学生自荐，我希望没有任何职务的孩子担任，这样可以让更多的孩子得到锻炼。

四年才有一次的2月29日，恰巧29名候选人将自己写好的申请交到大队部。其中21名学生申请行长职位，8名学生申请管理员或是志愿者。在申请表中既有大胆想象、勇于创新的学生，也有严谨认真、一丝不苟的学生，他们都是来自各个班愿意为同学们服务的热心的普通孩子。大队辅导员有点犯难了，怎么选择呢？于是拿着孩子们的申请表来找我。我审阅了学生们所交的申请表，各有各的申述理由。不想打击孩子们的积极性，我也有点举棋不定，还真有点棘手，我们否定了若干个办法。

这时，我发现在29张表里，只有一张表没有一个错别字，没有一处涂改，作为行长就应该具备严谨的态度、缜密的思维，这孩子的申述理由也写得很充分：父母在银行工作，她有银行背景；她现在什么职务都没有，为学生服务时间充裕；她人缘好，可以很快招募到志愿者……你看，孩子多可爱呀。我告诉大队辅导员，让孩子们看一看、评一评，听听孩子们的意见。随后大队辅导员让所有候选人看了所有的申请表，孩子们一致同意六年级四班的小希同学当选，看了申请表的男孩子们说："我服了。"28名同学自发地向她报以热烈的掌声，自此，首任七彩银行小行长诞生了！

大队辅导员领小行长来见校长，我首先祝贺孩子，接着我问："你的申请表为什么是张复印件呢？"孩子说出了两个理由：一是想把原件留作纪念；二是写错字了，修改后复印了。这印证了我的猜想，然后我告诉小行长，希望她能录取其他28位同学，让他们都有为学校服务的机会。孩子高兴地说："校长放心吧，我一定把小银行管理好！"望着孩子远去的背影，我惊叹我的孩子真了不起！

七彩小银行从行长到员工都是由学生自荐产生，并由行长带领员工自行制定银行运营模式。开行当日，储蓄、兑换的同学络绎不绝、十分热闹。看着小银行让学生自主管理得有模有样，老师们都赞叹，附小的学生能力真强。

一次，大部分学生都放假了，只有少数学生在校，小银行还在运行。我走过去惊奇地问："今天不是放假了吗？"管理员认真地说："今天是储蓄日，只要有学生在我们就要来服务。"我听了真是感动，这无形中还培养了孩子的责任感。

如今附小币已成为学生的最爱。学期末，学校在体育馆举办"大型奖品超市"，学生们将手持获得的附小币，自主兑换喜欢的奖品。过去期末都是老师奖励学生，我希望通过这样的方式，让学生奖励自己。自我奖励应成为学生自主学习的动力。同时有的孩子也把附小币留作童年美好的纪念。

虽然首任小行长已经毕业，但新的行长又接替了工作，我为孩子们的能力和表现由衷地感到自豪！

秀秀吧——附小吉尼斯

在征求师生校园文化建设的意见时，青年教师王老师找到我：

"校长，您不是一直倡导要给每一个学生创造展示才能的舞台，让每个孩子都能发现自己的长处吗？能不能咱们附小也设立一个吉尼斯，肯定那些有一技之长的学生，让他们得到充分的发展，说不定今后在世界吉尼斯榜里会出现咱们附小人的身影呢。"

"当然可以了！你这个想法非常好，你定出个方案我看看，如果可以的话，咱们就设立一个附小吉尼斯！"

2012年3月8日，在热烈的掌声与欢呼声中，盼望已久的人大附小"秀秀吧"终于拉开了帷幕。只要你有绝活、有特长就可以向吉尼斯认证委员会提出申请，经审核通过后，就可在吉尼斯舞台——秀秀吧展示自己的绝活，通过大家认证后就可上附小吉尼斯榜。在由同学、老师、家长七位评委的见证下，在同学们亲友团的助威下，一个又一个"附小吉尼斯"纪录诞生了，像"双摇跳绳"、"墙上拍篮球"、"柔术双腿撑地"、"最短时间收拾书包"等。很多孩子在这里找到了自信，找到了属于自己的荣耀，同样让"观众们"大开眼界！现在这项活动已经成为学生的最爱！

每到周四中午，学生们就会早早聚到秀秀吧，观看申请吉尼斯的同学进行展示。这些看似学生玩耍的吧园，成为了学生们的隐性课程，也是送给学生们快乐学习的最好礼物！我赞成李希贵校长说的：学校是好玩的地方。那我们就要"让学习成为好玩的事情！"

毕业课程的诞生

在思考新学期工作时，我在想：六年级第二学期大部分孩子已经找好了中学，孩子的学习积极性很难被调动，难道这四个月就让孩子每天在课堂上课，最后考一场试结束小学的生活吗？不，必须改革。简单的一个分数，远远不是学生的所有，要让孩子们在有限的时间里综合素质得到最大的提升。于是我找到教学干部，把我的想法一说，大家都很赞成。正在这时，北京市、海淀区选定我校参加"课程整合、自主排课"实验项目，我非常高兴，有了坚强的后盾，我们的课程改革就有了保障，我们可以放开手来，大胆干。

首先我们从学生需求出发，设计了调查问卷，梳理问题，创建课程框架，开始了特色课程建设。2012 年 3 月，我们在六年级率先实施毕业模块课程改革。

改革伊始，我就在所有领导和六年级任课老师动员会上强调：我们这是第一次吃螃蟹，允许犯错误，甚至允许失败，但要绝对尊重学生，让学生真正成为课程模块实施的主人。

曾记得学校一位主任跟我说，她孩子上中学的第一天中午没有吃上饭，因为小学是老师给盛饭，到中学是自己到食堂排队买饭，人多挤不上去就没吃饭。想到此，我建议第一个课程就是走进中学。原本打算 20 个毕业班走进 10 所中学。正好北京市召开 30 所中小学校长会，我想这正是见中学

□ 走进十一学校体验中学生活

校长的好机会。我先看到刘彭芝校长，就简单说了一下我的想法，当时刘校长正准备找领导谈事，没空听我详细说，我和刘校长说，那就再找副校长说吧。正在这时，只见北京十一学校李希贵校长走进会场。我急忙迎上去，把我的意图一说，李校长说：我不但能让你的孩子观摩课程，还会给他们创造课程。我听了非常兴奋，当即试探地问李校长能接几个班，李校长爽快地说，20个班都来吧，可以分批。太好了，那我就不用再找其他中学的校长了。

这样，我们课程的第一个模块是组织学生走进十一学校，体验中学生活。来到新的环境中，孩子们自己走课、买饭、参加社团，在服装室设计服装，在生物实验室腌制泡菜，在地理教室身临其境感受星空和宇宙的浩瀚……

孩子们的主人翁意识被充分发掘出来，创新意识如喷发的火山一发而不可收。模块课程结束时，他们提出自己设计十一学校的毕业典礼流程。

项目负责人挑灯夜战，孩子们自己精心手绘一张张毕业证书，经多次协调，在毕业证书上盖好两校校章，安排老师编辑见习花絮，发邀请函邀请我致辞……他们精心安排每一个环节，直到晚上九点，还不愿离开……

毕业典礼在孩子们的策划下，如期举行。典礼上，孩子们给了我、老师、家长们一个大大的惊喜。看到孩子们所表现出的热情、创意、自信，我也被感染着，让我感受到这次毕业课程改革一定会成就我的学生。

在结业典礼上，主持人说道："下面请我们可爱的郑校长讲话。"看到孩子们出色的表现，我很感动！我该说些什么呢？我想了一个问题问孩子们："学校为什么选择十一学校让你们体验中学生活？不用举手。"没想到第一个站起来的孩子回答道："因为两个学校的办学理念是一样的。"这让我太吃惊了，12岁的孩子能理解办学理念，真是给了我不小的震撼。我感到孩子们一下长大了，变得更加自信了。

提前走进中学，体味中学的精彩与美好，激发他们努力学习的兴趣，我想他们在此过程中学到的东西远比坐在课堂里听课来得多吧。俗话说，一寸光阴一寸金，我不想让孩子们最宝贵的童年时光有任何一刻的浪费，怎么为孩子的成长好就怎么做。我希望他们都能够拥有一个最美好最值得回忆的小学生涯。

之后，我又陆续和教学副校长金立文、课程研发组教师相继研发出《毕业旅行课程》、《关注社会问题课程》等四个毕业课程模块。感谢我的教学干部，感谢我亲爱的毕业班老师们，他们是践行校长理念的践行者。

让课堂变得芬芳美丽

2012年10月29日我将去密云石城中心小学参加我们一年一度的"七彩教育同盟校"活动，本次活动主题按照既定的三年规划，应该是"有效课堂的教学研讨"。这与现今基础教育的热点问题"减负增效"不谋而合。这次课堂教学展示四节课，东道主密云石城中心小学做两节研究课，我校要拿出两节研究课。我与教学干部们商量后，决定带去最能体现人大附小课堂教学追求、教学理念的两节课。于是，数学选定由蔡老师讲一节我们的校本课《小故事，大道理》，也是一节多学科融合课；语文选定到我校工作仅一年的一位老师来讲一节古文《螳螂捕蝉》。

距离活动开幕还有三天，我和教学领导及六年级的语文老师们走进语文示范课堂，短暂的40分钟，我感慨良多：毋庸置疑，这位老师作为一名市级骨干教师，个人素质非常好，语文功底深厚，对学科本质的把握都很有深度，特别是在与学生的沟通方面，自然、亲和，听着很舒服。但整节课听下来，我感觉最大的问题是：如何体现有效或高效？这是一堂一板一眼、非常规范的"标准的研究课"啊！这样的"标准"让我非常着急，我们更需要打破常规，不拘一格！这样的课堂虽然出不了什么大的差错，但很难吸引孩子们的兴趣，更谈不上热爱了。语文课太需要改革了！怎么能让我们的孩子爱上祖国的语言文字，语文老师任重道远啊！人大附小要敢为人先。

课上完后，所有听课的人来到会议室评课，在充分肯定这节课的许多亮点后，我问了大家一个问题：如果是你们中的一位老师来上，你有完全不同的上法吗？听了我的问题，所有人开始思考起来，鉴于时间的关系，我直言不讳地说出了自己的想法："我觉得这是一节传统意义上的、标准的研究课，从导入的方式到课堂中教师的问题设计都很标准，但是这样的课堂学生是否喜欢？这节课我们研究的主题是追求课堂的有效，但这节课、当然还有我听的有些课，一些环节却是在浪费学生的生命。"看到老师们专注的表情，我接着说："比如说这节课中对于题目的板书，完全可以在课前就板书好，低年级课上板书，是为了指导他们的书写，但是对于高年级的学生,'螳螂捕蝉'这四个字笔画多,再拿到课上学生跟着老师书写,费那么长的时间来写,这就是无效的环节,可以去掉,节省出最少40秒。再有,这篇课文虽然是一篇古文,但是内容孩子们几乎都知道,而且课文故事性非常强,这样的文章完全可以放手让孩子们自己去讲一讲,甚至演一演,如果他们演出来了,是不是就是对课文内容已经理解了?演不到位的教师再去点拨嘛,难道语文课真的需要老师没完没了地让学生去分析吗?第二个有效点是,这篇古文,内容浅显、篇幅短小,30分钟完全可以结束,余下的时间可以再引入另一篇或在结构、或在内容上有关联的古文,加大学生的阅读量。第三个有效点是,如果老师能在课前对学生进行一个前测,了解学生的实际水平就更好了……"这些建议提出来大家一起来研讨,我看到很多老师都在点头认可。

我在任何上研究课的问题上,多数都是尊重教学干部及老师们的本意,轻易不会换人。这次,我有些不放心,会后我私下征求这位老师的意见,她觉得自己评优课上得太多了,一时半会儿很难改变定式,怕短时间内不能很好地在课堂上落实我的这些理念,为了学校荣誉同意我换其他老师。我当机立断,换成了赵老师来重备这节课。赵老师已在学校工作十几年,而且上个学期还在校办工作过,相比之下,可能更能体现附小的教学理念。我让赵老师当天晚上回去备课,第二天上午试讲,语文主任及赵老师压力很大,时间虽紧,但承载着校长的信任,我让他们记住了这样的话:我们

是在研究，上不好还上不坏啊，那也是贡献。

第二天的试讲班级是本学期刚刚走进我们校园的原银燕学校的六年级十九班，他们中的大部分孩子是打工子弟，但是课上我看到孩子们踊跃举手，积极参与，在自读自悟后的表演环节将文中少孺子的机智以及吴王态度前后的变化呈现得活灵活现，而且课上完成了对课文的背诵，并且运用所学方法学习了另外一篇古文《鹬蚌相争》。旁边听课的王老师欣喜地对我说，开学初老师在这个班试讲古诗，但是气氛沉闷，孩子们兴致不高，和今天的效果截然相反。看来课堂教学研究太重要了。

是的，作为校长，我总是"自私"地想要给我的学生最好的，想让他们在小学这六年收获更多的。但是校长想法再好，还需要我的老师们去落实，所以每学期开学后的第一天我一定要走进课堂，平时只要不外出开会不接待来人，一有时间就要走进课堂，我走进课堂关注点更多的是老师在课堂上对学校理念贯彻的情况，孩子是不是能在课堂上积极踊跃地发言，老师和孩子在课堂上的成长点，老师所给予的是不是孩子们真正需要上、喜欢上的课。

我曾不止一次地对我的老师们说：如果不是为了评职称、评骨干教师，各级的评优课你们都可以不参加，形式是为内容服务的，课堂是为学生成长服务的，我希望我的老师们课堂是开放的，她可以根据学生的实际需求、根据所授内容特点去备课，从而实现高效、达到有效，而不是花大把的时间打磨出充满匠气的、看似美丽的课。

我们的美丽教育从哪儿来？孩子们的美丽人生从哪里来？只有我们的每一节课真正美丽起来，我们的课堂美丽起来，我们的教育才一定会芬芳美丽！

与你们时刻在一起

　　2013年4月我应美国休斯敦政府及独立学区的邀请，前去进行友好学校的签约。4月9日我带领"七彩同盟校"校长一行飞往美国。临行前心中非常纠结，因为海淀区第六届"世纪杯"教师基本功大赛即将开始，以往这样的重要赛事，我总是要和老师们在一起。

　　就像2009年10月我校有三位老师经过层层选拔入围三个学科的北京市基本功大赛，从看课到说课，选手历经了24小时，在这24小时中，我始终陪伴在老师身边一同备赛，周密部署，精心安排，用校长特有的方式最大限度地给予心灵上的鼓励。他们最终全部获得了市基本功一等奖。回想那不寻常的24小时，奖牌的背后写满了深情的鼓舞和感动的泪水。

　　这次海淀区大赛，选手备赛是48小时，一想到不能陪在他们身边，心中忐忑不已。各位学科领导都一再说："校长，您就放心吧，我们各团队一定全力以赴！"

□ 和老师一起备课、说课

刚到美国，我就收到了来自学校的飞信："我校共有 26 位教师入围基本功比赛说课阶段，涉及 12 个学科。"

接到飞信我异常兴奋，但不在老师们身边，心中很不踏实，不免充满了牵挂。其实，长久以来的牵挂早已成为我生命里的习惯，成为我自然而然会想到的事情和要做的事情。

看着老师们备赛说课的时间表，此时我能给予老师们的只有精神上的陪伴与鼓励。计算好大洋彼岸的时差，在纽约时间 22:56(寓意是爱爱：我顺) 为老师们送出了祝福："宝贝儿，辛苦了！从大洋彼岸得知你顺利进入'世纪杯'最后冲刺阶段，我灰常灰常高兴！也为附小骄傲！亲，爱死你了！！！坚持 48 小时就是胜利！望在最后关头再接再厉，说课与答辩要立足学生发展，关注多种预设，至少有一个亮点，做好充分准备，用附小人的特质为附小荣誉而战。放松心情，享受过程。我现在特别特别需要思考的问题是：回去怎么奖励你呐？抱抱？T？（指移动硬盘）P？（指苹果电脑）哈哈，猜你——"

短信中的语言是我精心措辞，我希望严肃中带有活泼，紧张中带有放松，不想给老师增加太多压力，只想让老师知道我和他们在一起。

随后，手机屏幕上跃然出现了老师们各种感人的回复，而数学团队短信却写道："校长，我们的三个课题都不是我们想要的。一个太难，一个太俗，另一个太偏……"

看过信，我精心回复了一条："石、金、贾，听说你们抽的课难俗偏，太好了，我觉得这是天大的机遇，俗能出新、难能出彩、偏能出奇，附小的兵无敌无畏，亲，向前冲！"

"哈哈！谢谢校长，太有才啦！离说课我们还有 17 个小时呢，有您的祝福我们一定出彩！出新！出奇！"

老师们度过了一个难忘的不眠之夜，虽然我没陪伴在老师们身边，但是老师们却感到校长时刻与他们在一起。

大赛过后捷报传来，我校涉及 11 门学科共计 16 位教师荣获海淀区"世纪杯"教师基本功比赛综合素质一等奖，成为获得一等奖最多的学校。

总结汇报会上，欢笑、泪水交织在一起。老师们说得最多的是感谢校长，而我要说的是感谢我的老师们，感谢他们为附小荣誉而战！我爱你们！

让孩子喜欢上学

2013年2月，学校决定把原银燕小学校址——现人大附小东校区作为一年级校区后，经过了半年时间的认真调研与思考，我终于把人大附小东校区的办学特色定在了一个"精"字。力争将东校区打造成一个"精心的教育、精干的师资、精选的课程、精彩的活动、精巧的节日、精美的形象、精致的校园"的精品校区。其中"两周一节"系列活动，是我为顺利实现幼小衔接工作所做的创新举措。

为了让孩子们喜欢上学，实现幼小衔接，九月开学第二周的周三早晨，孩子们度过了主题是"七彩玩具也上学！"的玩具节。老天不作美，还下点毛毛雨。我特意来到东校区，站在彩虹门门口，满心欢喜地迎接着毛茸茸的孩子们陆续走进校园。不时把没有打伞的孩子送进楼。

这时，一个胖乎乎的小男孩兴冲冲地走进了校门。我边为他打伞护送着他走进教学楼的东门边好奇地问道："你今天拿的什么玩具啊？""玩具小汽车。"孩子边说边打开袋子让我看他怀里的塑料大汽车，并主动跟我说："小时候我没有伴儿，它就是我的伴儿。"多可爱的孩子啊！

玩具节让孩子们拿着最喜欢的玩具和自己一起上学，我建议在玩具节这天每一位教师都要在学科教学中渗透玩具元素，要把玩具节当做课程来做，要让孩子们从玩玩具、说玩具、演玩具中学会表达、学会分享、学会数数、学会表演、学会歌唱……真正体会到"七彩玩具也上学"的快乐。我还建议玩具节启动仪式可以尝试让孩子充当小主持人，不要训练太多，一定让学生原生态地表演。

这一天，孩子们的学习与活动精彩纷呈：语文老师带领孩子们介绍自己的玩具；数学老师教孩子们如何将玩具分类；科学老师让孩子们认识玩具的构造；在美术课堂上，孩子们学习如何画玩具；在音乐课堂上，教孩子们歌唱玩具……将各个学科的课堂融入玩具趣味，使孩子们真正享受玩具带给他们的乐趣，孩子们还可以通过玩具共同分享快乐，这是我为孩子们构思、设计"玩具节"的理念。孩子们沉浸在玩玩具、说玩具、议玩具、演玩具、唱玩具的快乐之中。

"玩具节"是孩子们快乐的开始,"泡泡节"又成为孩子们热衷的一个节日。在泡泡节启动仪式上,我受老师和孩子们的邀请,"打"响了泡泡节的"第一枪"。在阳光的照射下,"海豚泡泡枪"中的泡泡呈现出七彩的光芒。七彩泡泡随着孩子们的欢呼声在校园上空盘旋飞翔。孩子们也纷纷亮出了自己的秘密武器,在操场上吹着、笑着、追着、跑着,七彩操场上成了泡泡的海洋,成了欢乐的世界。我被孩子们簇拥着、追随着,仿佛回到了我的孩童时代。欢笑声紧紧围绕着我,幸福的暖流久久在我心中回荡。

"真想回人大附小上一年级!"当家长听到孩子快乐描述着这么精彩纷呈的节日时,也从心底涌出了这样的感受。在黑柳彻子的《窗边的小豆豆》中,我们得以窥见"巴学园"的魅力,如今的人大附小东校区将成为中国的"巴学园"。

在创造快乐节日的同时,我们还研发了有趣的课程,称之为"小豆包课程"。我们将国家课程音乐、体育、美术与校本课程紧密结合,研发出音乐律动课、动手动脑课、体育游戏课、涂鸦美术课,从课程名称到课程内容都更贴近一年级学生的年龄特点,使其更具有趣味性、开放性、体验性、多样性。学生在校本化的国家课程中学习知识、培养能力、发展个性。

让六岁的孩子喜欢上学是我的幸福,我觉得孩子一定是先喜欢学校,然后喜欢老师、喜欢小伙伴,进而喜欢学习。

玩具节、泡泡节充满童趣,符合孩子天真、爱玩的天性,使稚嫩的他们顺利度过了"幼小衔接"。让"精彩的节日"时时伴随着孩子,让"精彩的节日"天天吸引着孩子,让"精彩的节日"处处点燃教师的激情,让人大附小东校区营造出一种节日文化。

"你们学校老师不怕校长听课？"

□ 我喜欢走进课堂

我一直认为，教育的活力在课堂。一名优秀的校长一定要足够了解学校的实践阵地，经常听课和分析课的校长，才能了解教师在做些什么，学生在学些什么。正如苏霍姆林斯基所说："只有当学校领导人掌握了足够的事实和进行了足够的观察时，才能在教学和教育过程的这个领域达到工作的高质量。"

我非常赞同他的观点，虽然平日行政工作繁忙，但是只要在学校里，我就会走进课堂，每个学期下来，我听的课都在百节左右。我深知课堂教学永远都是学校工作的主旋律，是学校发展的生命线，是各项工作的重中之重。

2010年11月17日早晨，7：07我收到这样一条短信："校长早，我特高兴，也特兴奋，您至少两次该听我的课没听成了，一次是党员风采展示，您出去开会了，去年的领导集体听课您也没听成，这次我死等您，哪节您有空能来，我就哪节上。另外还有个小请求，如果您听完特别不满意，就算我一个人账上，如果有一点点满意，可是我们组的成绩。组长、韩殊、小英比我还紧张呢。打扰您了，上午第四节，南楼一层一（五）班，不见不散。"

读了短信，我会心地笑了，想起有一次，新疆的校长们来校跟岗，我对贾老师说："抱歉，小贾，我明天要去大学开会，不能听你的课了。"贾老师一脸遗憾地说："啊，您不能来啦，那您什么时候能再听啊？"新疆校长一脸诧异地说:"您学校老师不怕校长听课?太奇怪了!"

一般老师会怕校长来听课,压力大,太紧张,但是在人大附小,老师们不但不怕校长来听课,反而盼望着校长能听自己的课,为自己的教学把脉。我们老师都知道,这些年我要求领导不听推门课,听课事前都要和老师打招呼,连我也一样,提前给老师发短信,这是尊重。我们都愿意老师上好课,不打无准备之仗。我们把听课定位于研究,不与任何事情挂钩,大家共同学习,共同研究,共同成长。全校那么多老师,谁这学期能被领导听到课有中大奖的惊喜。

当然,学生比老师更欢迎我,每次我去听课,孩子们也都兴奋不已,当着我这个"笑"长的面儿,大家都渴望把自己最好的一面展现出来。

听课,不是一种作秀的形式,不仅仅是坐在课堂上听老师讲一节课,而是要实实在在地为老师们提供准确、真诚的建议,所以老师特别希望听我评课,除了肯定就是建议,总能给老师一些新的启发,为老师的教学支招。在和老师评课的过程中享受着共同成长的幸福。

□ 自主研究的附小教师团队带给我惊喜与震撼,让我听课后忍不住立刻和老师们现场说课。

为了孩子，我们需要改变

好的教育不是只重视孩子的现阶段发展，而是要为孩子一生的幸福着想。课堂上简单的一个提问，一句话语，其实都反映出了我们的教育理念。教师的职责是教书育人，"育人"不是生硬的说教，它就融于我们的日常教学之中。只有心中真正装着学生，一切为了学生，我们的课堂教学才会如春风化雨般流入学生的心田，使生命之花静悄悄地开放，达到润物无声的美好境界。

我常常对老师们说："我是一个没有框框的人，我希望人大附小老师的课堂没有一定之规，想怎么上就怎么上，怎么让学生学得好就怎么上。"我走进课堂，更多的是关注老师在教学中的细节。讲几个小案例吧。

案例一 有一次，在课堂上，我发现当学生读课外资料时遇到了不认识的字，便询问老师，老师看后随即告诉了学生。这是一种普遍的教学现象，可能很多老师都会这样做，并没有对此进一步思考过什么。在评课的时候，我提出建议，当学生不认识某个字时，老师是不是可以先问问孩子们，谁带字典了？如果大家都没带字典，老师可以说："这次老师先当一次活字典吧！"虽然课堂上老师可能还是告诉了孩子们那个字读什么，但是稍稍慢半拍，改变一下教学策略和方式，传递给孩子们的理念是不一样的。它潜移默化地告诉孩子们字典是无声的老师，应该学会自主学习，养成勤查字典的好习惯。

案例二 我在听课的时候，经常会听到老师说："推荐咱们班朗读最棒的孩子读一读。"我们自以为说这样的话是对学生极大的鼓励，激励了一个孩子，殊不知这句话打击了其他孩子，反而起到了适得其反的作用。朗读最棒的同学只有一位，其他同学因为不是"最棒的"，也都丧失了朗读的权利。在小学启蒙教育成长中，我觉得最怕这样的比较，我们的孩子常常在这样的比较中过早地"分层"，过早地失去了自身潜能开发的可能，自信心、进取心都会受伤害。因此我们说：没有最好，只有更好！每个人都是独一无二的。

案例三 曾经听过三年级组盛老师的《李时珍》一课。课堂中有这样一个小环节——给多音字选择正确读音，把序号写在括号里。当孩子们做完后，老师通过学生举手的方式了解正确与做错的学生情况。

就是这样一个小环节，我在评课的时候指出了其中的问题：我们很多课特别是数学课常让错误的孩子举手或站起来，对孩子的自尊心和学习的积极性缺乏保护，当众承认"我错了"需要勇气，三年级还可以做到，到了六年级羞耻感更强时，错了也不会轻易站起来了！我建议我们不妨改变说话的方式，是否可以这样问："哪个同学愿意把你错误的资源贡献给大家，使同学们都注意到这个问题呀？"当孩子把自己的错误当资源提供出来以后，我们一定要给孩子喝彩，奖励他的贡献。应该说这是一种观念的转变，有错的孩子勇于担当是因为没有伤害他的自尊，反而受到尊重。

案例四 我常常给老师们举这样一个例子：2003年我校老师上的一节市级数学评优课，下面坐着评委及老师，一个同学站起来回答问题的时候说错了，面对这种情况，一般老师都会说："谁来帮帮他？"这已经是很不错的老师了，没有批评孩子。但我的老师是这样处理的，老师说："如果这两个数变换条件，就是你说的答案，你为我们又创造了一道题，我们大家谢谢你！"全班同学为他鼓掌后，老师又说："那这道题的答案是什么呢？谁再来说说？"坐下的同学很神气，相信他以后永远会积极举手发言。这是对孩子的一生负责，是人格的培养，是为孩子的一生奠基。

案例五 一位老师在多功能厅做一节研究课，上课前，老师启发孩子，今天上课的地方很大，所以要大声说话。"哪位同学能大声说一句话，让后面老师听到。"一位男同学站起来大声问好："老师们好！"后面老师举起了手，老师表扬孩子声音洪亮，"咱们再找一个平时在班里说话声音比较小的同学说一句好不好？"老师请到了一位女同学，孩子站起来大声说："老师们好！""没有创意！谁再来说一句？"听到这儿，我心一沉。评课的时候，我讲到了这个细节，本来老师意在鼓励，当这个孩子大声说话后，首先要鼓掌肯定，当发现她在重复别人的话后，老师的本意很好，希望鼓励孩子与众不同，但方法有些简单。是否可以这样做：一是直接鼓励孩子，你一定能跟他说得不一样！二是走到孩子身边，悄悄耳语告诉她，然后让同学们比较，孩子们自然就会感悟到有新意了；三是叫第三个孩子发言时先提醒他他的发言会与众不同。三种方法都会达到比之前要好的效果。所以，我们老师千万不要轻易否定学生，我们的一句话可能会成就一个孩子，也可能会伤害一个孩子。这点，我们要向国外的老师学习，无论孩子回答得多么糟糕，老师永远说 very good！自信心对我们中国的孩子来说太重要了。

案例六 一位老师要参加市级小学课堂教学交流活动。这位老师人长得端庄漂亮，很有气质。但是听了她两次试讲，总觉得她有点端着架子上课，眼睛里没有学生。也许是出于紧张，也许是多年来做展示课形成了习惯，她讲课时更多的是展示自己，虽然脸上带着微笑，但是身板始终是直的，特别是在学生自主学习时，也没能走近学生弯下身子和学生交流，而且有时手还背在身后。

两次试讲后评课时，我笑着对这位老师说："你上课挺沉稳挺大气的，多年的修炼使你在课堂上形成了强大的气场。但是我总感觉你这种气场压过了学生，如果我是你的学生，我会觉得老师有一种高高在上的感觉，我须仰视。它破坏了你的亲和力，也影响了学生的发展。希望你能放下老师的身段，和学生融为一体。"轻轻的几句话点醒了这位老师，她坦诚地说："校长，不知为什么，我一做展示课就情不自禁地绷紧了身子，总以为这是一种自信。""这就是长期上展示课的弊病，总觉得课上老师腰板笔直就是有精气神，就是一种自尊。但是你们想过如何尊重我们的孩子吗？我希望在课堂上看到的是师生之间的和谐交融。我希望每位老师都放低姿态，尊重孩子，把课堂真正还给学生。"

当了这么多年的校长，我一直深深地明白一个道理：一名优秀的校长，不是高高在上、不食教学烟火，只用空洞的理论指导学校千军万马的，而是注重实践，在无数个看似微不足道实则举足轻重的细节里关注教师的发展，学生的成长。所以我特别喜欢听课，和老师们一起研究课、评课。

我经常和老师们分享的教学观念是：

1. 让学生不惧怕课堂，因为课堂是可以出错的地方。一个优秀教师反而喜欢孩子在课堂出错，出错可以及时抓住纠正，让孩子对所学知识有更深刻的理解。

2. 让课堂充满笑声。有笑声的课堂是学生喜欢的课堂，是师生享受的课堂。

3. 老师不拿腔拿调，好好说话。让课堂回归自然，让师生感到舒服。

4. 把话语权留给学生。

5. 和学生做朋友。

我特别希望在课堂上经常看到这样的场面。老师在课堂上的角色取决于你在课堂上和孩子怎么对话，怎么站位，要有和学生在课堂上共同成长的意识，教学才是一件浪漫的事！幸福的事！

第四章 在观念碰撞中揭示幸福

"笑"长真"豆"

在我校长室的门外，挂着题为《笑长真豆》的画，我非常喜欢。学校里一位老师参考一幅我的漫画，通过废物利用的方式以红豆等元素巧妙构思而成，让人一入眼就觉得这个作品真是太诙谐了。来人大附小参观的每一位客人，都会在它前面驻足良久，看后必留下惊讶的笑容，在他们心里，校长被调侃成真"豆"让人意想不到。

其实，在校长这个称谓前大多被冠以"敬爱"、"尊敬"等敬称，在我看来这种称谓却是拉远了我与师生之间的距离，就像我总愿意拥抱孩子、亲吻孩子，而不希望孩子对我鞠躬致敬，于是我获封了一个有趣的称谓："笑"长。我很喜欢我的老师们和孩子们这么称呼我。

早在 2004 年，在我翻阅老师们写的随笔时，我发现有的老师这样描述道："清晨，我和主任打招呼，他的表情很凝重，我不禁一天都在反思自己做错了些什么……"从这以后我要求我们学校的领导干部们，要阳光面对每一天，要面带亲和的笑容，并且我也以个人的感染力做着表率，因为爱笑是我的天性。

"我们只是岗位不同，而不是职位不同，今天我做校长是管理岗位，明天我做老师那就是教师岗位。"我常常这样对学校领导和老师们说。

"现在学校的办学规模越来越大，与之相应的领导也越来越多，咱们的老师们很难一语就说准你的称谓，为了避免老师们的尴尬，以后领导们统统改称老师，老师这个称呼本来就是神圣的。这个决定从现在开始生效，领导们带头,谁说错一次扣 100 块钱,攒着请大家吃饭!"在行政班子会上,我对学校领导们下了这样一条"命令"。

"校长,领导之间互相称呼肯定没问题,但是这么多年我们称呼您校长都习惯了,那我们得扣多少钱啊!"

"哦,那你们叫'校长',我们就当作是叫'笑'长吧!"从这以后,我的老师们给我发短信都会以"笑"长开头。

所以,在校园里,我享受着做一名"笑"长的快乐与幸福。

在老师们眼里我是孩子们的"大朋友"。在校园,我所到之处,总是伴着孩子们的欢笑,他们总是兴高采烈地同我分享着在彩虹门里的点点滴滴:

"校长,您送给我的那块巧克力,我一直舍不得吃,还留着呢!"

"校长,谢谢您帮我争取的马布里篮球签名!"

我感慨道:为他们做的小事情,都让他们觉得如获至宝,原来幸福就是这么简单。

在还没有成为一名教师时,热爱孩子如同我骨子里的血液;在成为一名校长后,热爱孩子如同我生命的全部。耕耘在我钟爱的教育事业,徜徉在我迷恋的七彩校园;幸福如脚步,形影不离,幸福如欢笑,不绝于斯。

最担心看到孩子们流露沮丧的面孔、流下委屈的眼泪,于是"校长护孩子"又成为我的老师们对我的评价,其实我并不是单纯地"偏袒",而是从心里认为没有不好的孩子。

最令我开心的事儿,就是每天守候在校门口,迎接走进校园的孩子们,特别是新入学的一年级小家伙,看着他们毛茸茸的可爱模样,真是发自内心的喜爱啊!每一年新学期,各年级、班级的教室都会调整位置,年级低一些的孩子们,总会"迷路",找不到自己的班级。恰逢遇上,我都会耐心地询问:"宝贝儿,你今年升几年级啦?"

"二年级啦!"

"哦,知道了,那校长跟你一起找吧!"

无论工作多么繁忙,身心是否疲惫,见到每一位师生,我都要把自己最真挚、最灿烂的笑容送给他。

有一件特别的趣事，2013年我去美国休斯敦友好学校签约时，我们一行十几个人，一个美国小男孩从学生队伍里跑出来，直扑到我怀里。走进教室，一个美国小女孩径直跑到我跟前，说了一句"我喜欢中国人。"同行的校长们都很惊讶：为什么这么多人都不找，就找郑校长呢？我想这一切都源于我的笑容，它带给孩子们的是安全、快乐。有一句谚语："教师的笑容就是知识"，可见作为小学老师，一张笑脸尤为重要。

德育是做出来的

1997年3月，我从日本留学回来后，学校任命我为德育副校长，主抓学校的德育工作。在日本这一年半的时间里，我对日本的教育，特别是小学教育有了更深入的了解，我发现在育人的理念上存在很大的差距。我曾经问过一个在日本生活了四年，现在读六年级的中国女孩："你觉得在日本学校上学最大的压力是什么？"她回答："不是学习成绩，因为老师从不公布分数。主要是在行为习惯方面，比如你去春游回来下车后，你没有说谢谢司机叔叔，那你就要在全班面前道歉，老师想起来就说一遍，让你无数次道歉，为的是永远记住曾经做错的事。"

而我们的德育空喊口号等形式主义多，"德育为先"口头上说得多，教育的花架子多，学生只是消极应付，甚至产生逆反心理。德育处于"说起来重要，做起来不要"的尴尬境况。德育是教育的灵魂，实效是德育的关键。从日本回来后，我做了大胆的改革，让学生由被动的接受变为主动的参与、体验，领悟活动的意义，从中受到深刻教育，使德育真正富有实效性。

我曾经读过这样一篇文章，文中讲道：一个学生从小学到高中12年，除寒暑假、节日外，在学校学习的时间为2 400天，当问这12年的学习中印象最深的是什么？大部分孩子回忆起来的是坐在课堂上上课……这篇文章对我触动很大，我要创造人大附小学生在小学六年里更多值得记忆的日子。

1998年，在德育工作中我倡导全员参与、团队竞争的做法。学校先后开展的读书节、科技节、艺术节、体育节、趣味运动会、跳绳比赛、踢毽子比赛、队列广播操比赛等都是以班集体为单位，每个孩子都参与，既增强了学生的集体荣誉感，又为每位学生创造了成功的机会。"六一"儿童节，当家长们看到2～6年级2 000多名学生表演的"七色光"大型呼啦圈操，更是感动得流下了眼泪。

在学校50周年校庆活动中，我们借用中国人民大学世纪馆作为庆祝大会会场，意在更好地体现全员参与的主导思想，"春光这边独好"文艺演出也是体现这一意愿。家长对校庆的评价是："校庆的特别之处在于，它在某种程度上打破了'一边是纯粹的舞台，一边是纯粹的观众'这种传统的庆祝会格局，全校师生都是观众，又都是演员！我为附小这种充分尊重学生热情、充分爱护学生热情的'以学生为本'的理念所感动。"

建校55周年，我们选择在庄严神圣的人民大会堂举办了"在灿烂阳光下"主题音乐会，直接在舞台参与表演的师生和家长就达到1 000多人，占总人数的三分之一。同时，全校学生口琴齐奏、古诗文诵读、全场6 000人齐唱《凝聚每份爱》，都体现了全员参与的理念。因此，全员参与、团队竞争的德育特色深入师生之心。

我记得美国华盛顿图书馆墙上有一句很有哲理的话：我听见了就忘记了，我看见了就记住了，我做了就理解了。

在德育工作中，我倡导少说教多体验、务求实效的原则，注重让学生在实践中感悟，在活动中体验。

我校从1997年开始，组织一年级参加"入队植亲子树活动"，已经坚持了16年；二、三、四年级学生参加拔萝卜、刨白薯、挖花生、采摘等活动，培养了学生热爱劳动的习惯和必需的生活技能；组织五年级学生参加"国防教育军训"和"赴台夏令营活动"，锻炼了身体，磨炼了意志，培养了学生的社会交往能力；六年级学生到上海毕业旅行和远赴新加坡修学，去日本友好学校交流，使同学们开阔了眼界，增长了见识，懂得了照顾自己、关爱同伴、惦念亲人。我坚信：读万卷书，行万里路，走出课堂，走出学校，走出城市，走入社会，走向国外，开阔的视野，广博的见识必将成就孩子幸福、美好的人生！如今，丰富多彩的系列社会实践活动已经成为我们附小的校本实践课程。

重视德育的实践性，使我们体会到：对于孩子来说，过程和体验是一种生活积累，是一种人生积淀。如果我们把结果直接简单地告诉孩子，这不是教育的全部意义。教育不是凭空说教，应是一种过程，只有经历这个过程，孩子才会有所体验；有了体验，才会有所感悟，才会内化，才会有所收获，才能达到教育的真正目的。

学生的心理健康教育也是不容忽视的，在旧校舍我们有"聊天小屋"，在新校舍的校园文化建设中我采取了学生的设计思路——装修了"许愿室"、"心语角"，留给孩子们自我交流的天地，学生的问题由学生自己通过"心语小对策"进行交流解决。

我还积极倡导"校园的规则大家定"的做法，同学们乐于遵守，因为这是孩子们自己的感悟和理解，充分体现了对学生的尊重和信任，学生接受起来比较容易。

每个孩子都有自己的精彩

2004年9月开学第二天，四年级一班的学生左彤就交给班主任周老师一份申请书，申请每天只上半天课，中午回家练习钢琴。

这让周老师不知如何办好，就找到了我。

我平静地说："哦，左彤啊，她上学期还上三年级时就已经只上半天课了。她有音乐方面的天赋，应该给她提供足够的时间和空间！而且学音乐的孩子都聪明伶俐，在其他方面也一定错不了！"

因为，我一直以来的观点是：给孩子平台，让每个孩子按照自己的轨迹发展。

我果然没有看错，在这期间，左彤凭借自己的自主学习能力，学习成绩一路领先。她还凭借自己的多才多艺，担任了学校少先队大队长的工作，每周主持升旗仪式。在人大附小50年校庆演出中，40架钢琴合奏，左彤是领奏。

左彤在中考前一个月，去上海举行了个人钢琴演奏会。

高三时，她申请的七所美国常青藤大学都给她发来了录取通知书，她选择了更符合自己艺术成长与发展的耶鲁大学。

去美国之前，她特意来到母校看望我、感谢我，她说："人大附小的教育理念和教育环境让我的天赋得以发展，让我的梦想得以放飞。感谢您给我插上了梦想的翅膀，撑起了梦想的广阔天空。"

2013年1月，周老师带领13名学生去美国游学，左彤与周老师和学弟学妹们相约耶鲁大学。见面后，左彤饱含深情地向自己的学弟学妹们介绍了自己的成长经历，介绍了耶鲁大学和人大附小教育风格的相似之处……

左彤让周老师转告我说："每个人都要有自己的梦想，有了梦想就要努力去实现。人大附小就是成就梦想的地方！"

的确如此，正是因为我尊重孩子个性，给赋有特长的孩子以更大的自由发展空间，才会涌现出一批拥有附小特质的附小之星：研究蚂蚁获得全国青少年科技创新大赛一等奖的王祖位；游历了非洲、美洲、欧洲等四十多个国家，用照片记录生活之路，学校为其出版《浅浅看世界》摄影集的吕浅浅；创作并发表诗歌《洛水赋》、为《祖国山河一片红》写歌词，得到了中国著名词作家们赞誉，学校为其出版诗文集的李炎泽；小小年纪创办了"歪歌工作室"，被网友称为"视频专家，恶搞达人"、作品半年来总点击量超过三百万次，被多家知名网站推荐，曾经被《新京报》独家专访，在网上引起了不小轰动的歪歌达人蒋豪展；考入北京市重点中学二中的附小明星主持人冯一驰，他能主持、会演戏、能翻译、会说相声、能筹划、会管理，而且是学校获得世界头脑风暴比赛第二名的主力队员；还有获得世界头脑风暴比赛亚军的队长、现已赴美国高中求学并准备终身从事头脑奥林匹克运动的马家驹等。

每个学生都是独特的个体，每个学生的身上都积聚着无限的潜力，我要努力地去成就他们，更要努力地去发现他们，赋予他们更广阔的天空，让他们每个人都在自己的生命中放射出最亮丽耀眼的光芒。

说错了也要理直气壮

在我们学校，老师和学生人人都经常会说一句话："我们校长说了，说错了也要理直气壮！"这句话成为老师和学生勇于创新、敢于发表自己独特见解的座右铭。

每次走入老师们的课堂，我关注的不仅仅是教师教授的内容本身，更加关注的是这样的课堂是否有利于学生的发展，学生的眼中有渴望学习的眼神吗？有积极参与的愿望吗？敢于发表自己独特的见解吗……

在平时的听课中，我过去经常会看到这样的情景：

情景一 孩子们高高地举着小手，争先恐后地喊着："老师！老师！"可是老师却没有时间让他们说话。

情景二 班里总是几个孩子唱主角，其他孩子则成了听客。

情景三 在重要的展示课现场，孩子们规规矩矩地举手发言，生怕越雷池一步。

....

课堂学习是学生学习新知、不断进步的重要途径。只有开放的、充满活力的课堂才能更好地促进学生的发展。针对听课中发现的这些问题，我经常会在全体会上或者是给老师分析课时，帮老师们支支招，传授一些教学策略。

例如，由于我们的国情，都是40人的班级授课制。上课时，老师提问后很多学生举手，没时间让学生说话怎么办？可以改变一下学习的方式，变一对一的师生互动为生生互动，可以同桌之间说一说，也可以四人一个小组，在组内讨论讨论，这样既满足了热爱发言的孩子，满足了他们"说"的愿望，也调动了那些不爱发言的孩子，"逼"着他们不得不说，可谓一举两得。另外，小小学习方式的改变，更加发挥了学生的主体作用，更有利于学生的发展。

另外，为了提高课堂的效率，鼓励学生大胆发言，我建议也可以不用举手，可以抢答，说错了也要理直气壮。因为即使说错了也是在动脑筋，只要学生肯动脑筋，就是好样的。换句话说，课堂就是出错的地方。*我常*

常跟孩子们讲，学校就是学习成长的地方，是从不会到会的地方，每个人都需要终身学习，校长也有不会的，校长也在学习，老师也在学习，同学们年龄小更需要学习。学习就会出错，没有人会永远正确，说错了是很正常的事情。如果我们一说就对就不用在学校学习啦，所以说错不怕，说错了是资源，是贡献，可怕的是不说，不动脑就无法学习，"理直气壮"的意思是要声音洪亮，表现出自信心。从事教育这么多年，我越来越清楚地看到，最怕的不是孩子们说错做错，而是怕他们从不肯迈出第一步尝试，只有顺从，不敢质疑，没有质疑的课堂不就是"独裁"课堂吗？当然，如果同时有好几个孩子站起来争着要发言，怎么办呢？我告诉老师们，可以这样对孩子们说：男孩子要谦让女孩子，女士优先嘛。另外发言次数多的孩子应该把机会让给发言次数少或者没有发过言的孩子。这样更加公平。

渐渐地，在我们学校的课堂上呈现了这样一幕幕的情景：

孩子们不用举手站起来就说，经常可以听到这样的声音：

"老师，我想给他做个补充……"

"老师，我不同意×××的说法，我的想法是……"

"老师，我把发言的机会让给×××。"

每当看到这样的情景，听到这样的声音，我都感到无比的欣慰。我相信，在这样充满生机、活力的课堂中，孩子们才有了发展的无限可能，老师们才更有充沛的精力，让知识流动起来，让学生积极起来，这样的教育不是更有吸引力吗？

孩子们把"说错了也要理直气壮地说"发挥得淋漓尽致：一、声音洪亮，敢于大声说话；二、充满精气神和求知的欲望；三、思维被打开，创新力增强。这就是我要的结果。唯唯诺诺，不是成长的姿态，童年，就应该奔放、勇敢。

情景四 我过去也常看到，当老师提出一个问题时，有的学生反应很快，一下就高举起手，甚至会前倾身子，屁股离开椅子，这时老师关注的是举手姿势，大部分都会给予眼色的暗示，孩子立刻收回身子坐端正，这时如果老师再让他回答，孩子十有八九都会回答不上来，因为他只顾坐姿忘了刚才的问题，思维断裂，长此下去对孩子的思维发展十分不利。因此我要求在人大附小的课堂上，对于学生举手的姿势没有统一规定，左手、右手甚至不举手都可以，也不一定要把胳膊肘放到桌子上。这看似很没有规矩。我认为该有规矩的一定有规矩，束缚学生思维、限制学生思考的规矩就要坚决取缔，解放孩子的脑，解放孩子的手，让孩子的思维在宽松的学习环境下自由地张扬。

附小的老师们都非常给力，大家不但认同我的理念，并且在自己的课堂上努力践行着我的理念。一节节真实、朴实、扎实的课堂，一节节充满活力与生命力的课堂，不仅发展了学生，也成就了老师。课堂，是教学的主阵地，创造师生共同成长的课堂是我努力不懈的追求。

▫ 我喜欢这样的课堂状态

特殊孩子也是七彩中的一色

在写这本书的时候，我在积累的资料中，看到了这封家长来信：

尊敬的郑校长：您好！

我们是人大附小六年级六班 X 的家长。今天，我们怀着激动的心情，写下这封感谢信，感谢您、谢老师、齐老师、彩虹艺术中心的王老师、电教室的老师……感谢这个给予孩子温暖和关爱的集体。

X 聪明，但欠缺的是自控能力和人际交往能力，他时常会影响老师的正常教学和管理工作。但从校长、老师到同学，这个集体都给予了 X 最大程度的接纳、包容和关爱。

您以开放的心态，在学校开展了特殊教育及融合教育这一课题，成立了资源教室，配备了黄老师、王老师等有经验的好老师。针对不同的孩子，用不同的方法实施教学。给像 X 这样有特殊教育需求的孩子以最好的学习环境和条件。"有教无类、因材施教"在这里得到了很好的诠释。

班主任谢老师是一位非常有经验，既有爱心又有耐心的好老师。她虽然没有从事过特殊教育，但她对孩子的理解和接纳，对孩子异样行为的包容，给了孩子极大的安全感和信赖感。上课不出声、不说乱七八糟的话等要求对于普通孩子来说是很容易做的事情。但对于 X 来说，要能坚持完全做到却非常难，需要老师无比的耐心和包容，以及一点一滴的训练。为了帮助他建立良好的课堂秩序，谢老师和我们经常联系，为他分阶段制定目标，然后监督并每天向家长反馈他的完成情况。我们做家长的有时看到孩子就是做不到时会着急，但谢老师反过来安慰我们，不要着急，给孩子时间让他适应，千万不能逼他。她尽最大努力给孩子营造宽松的环境。X 上课出声了，她总是耐心而温和地提醒他，如果没影响到别人就忽略他。经常找各种机会表扬他，建立他的自信心，为他的点滴进步高兴不已。谢老师时常在电话里告诉我："X 真的很可爱。"亲爱的谢老师，还通过 X，挖掘并培养全班同学的爱心，大家以宽容、理解、相互帮助、相互关爱为荣。

除了谢老师，还有齐老师……每一位老师，都给予 X 特别的关照，他们接受他的差异，关心他的感受，照顾他的需求，对他的成绩及时给予肯定，努力挖掘他的才能，尽可能地帮助他。

能在学校的大舞台上展示个人才艺是X一直的梦想。为了圆他这个梦，谢老师、齐老师、彩虹艺术中心的王老师、电教室的老师、音乐老师……许多老师为他付出了太多太多。当X向老师提出他的心愿时，谢老师第一时间帮助他去联系，而且电话告诉我："您放心吧，我们一定会达成孩子的心愿。我会带着全班同学去给他助威。"同时还转告我艺术中心的王老师说他们知道X的情况，一定会尽力帮助这个孩子的。

11月14日是孩子才艺展示的日子，一大早谢老师就给我发短信："今天您能过来吗？"看得出来她真的很重视，可我们却因为工作缘故无法去现场为X助威。为了让X的才艺展示更圆满，彩虹艺术中心的老师用X的生活照片为他精心制作了精美的会场背景，并安排学校男生合唱团献唱两首歌为他助兴；谢老师安排同学精心串词，为X主持，在表演过程中给他献花，及时给予他掌声和喝彩声；电教室的老师一直忙碌着为他调音响、拷贝PPT、大屏幕展示，还全程为他录像；每一位音乐老师都全程观看他的表演；偌大的多功能厅坐满了给他加油和助威的老师和同学们。这一切的一切都给X和我们带来了无比的惊喜和快乐，回到家里他还兴奋地和我们说个不停。这让我们无比感恩，孩子的一个小小心愿牵动了这么多老师的心，并为他无私付出。尤其听到谢老师告诉我您一直说想观看孩子的才艺展示，只可惜工作繁忙没赶上还感到遗憾时，我们真没有想到，全校3 000多孩子，还有那么多的教职员工，繁重的校内管理工作以及众多的校外活动安排，哪一件不需要您事无巨细去处理呢？您还能关注到一个普通学生的这么一件小事，X何其幸运啊！因为，有这么多人爱他，关心他。

在人大附小快六年了，X由一个懵懂无知的孩子成长为一名小学生，并很快要跨入中学的校门。我们不会忘记领着他一路走来、不断帮助他的善良的老师和同学们，可以说，孩子成长道路上的每一个脚印都是用爱印上的。

在这里，向学校的各位领导和老师表达我们深深的感谢，谢谢他们给予X这么多的爱。向郑校长致以我们深深的敬意，在您的领导下才会有如此优秀的教师队伍。

我们相信，在人大附小这个充满爱的集体里，X一定会越来越好。同时也祝愿学校的各项工作蒸蒸日上！

X的爸爸、妈妈

2011年11月16日

2013年1月寒假里，学校专门为全校不足四分之一的孩子召开了特殊教育研讨会。最后，我以《用爱创造美丽教育，用情绽放七彩教育》为题做了总结性发言：

这两天半的时间我们用自己的真情、感情诠释了对孩子的爱、对学校的爱，非常成功地完成了第二届德育工作会的任务。我特别感谢大家。同时也特别感谢所有奉献智慧的老师，特别是黄老师，用朴实、真实、翔实的语言给我们做了一个生动又全面的人大附小特教工作的总结，让我特别感动，特殊教育也是七彩教育的一色。

一、从"解放老师"到"尊重生命"——附小教育境界的升华

刚才说了自己的一些感悟，下面我跟大家一起来梳理一下我们一起走过的特教之路。我们经历了从理念的提升到老师观念、心态的转变过程。

2008年我们成立资源教室时我的想法就是"解放老师"。当时听了一节课，有个孩子走上来说，老师，我要找我妈，然后老师递给他一本书，摩挲摩挲他的脑袋说："宝贝儿你先看会儿书"。我当时就觉得课堂上有这样的孩子，老师怎么上课啊！一问，说学校有好几个呢。于是我就把教委的黄老师和培智学校的于文校长请来了，让他们诊断这些孩子。于校长说有五个孩子特别严重，得上培智学校，不能在咱们学校。于是我就跟五个孩子的家长一个个谈，可是五个家长最终都说不能去，因为在小区里别人家孩子都穿人大附小的校服，自己脸上过不去。我想如果我是家长，我的孩子这样，我也会觉得脸上没光。算了，不走就不走吧。怎么办呢？就想找一个特殊教育老师把这些孩子都集中起来教，让老师们都轻松了。于是请来了许老师，一聊，她倒教育了我，她说，校长您那思想不对，对特殊孩子得随班就读，这些孩子都得回到班里去，给他们制定个别化教育方案。当时，我就把这个工作交给了她。我说："只要能让这些孩子好，你需要什么都行。"这样，我们的资源教室就诞生了，尽管校舍紧张，但我还是拿出40平方米、后来增加到100平方米建设了为全校20多个特殊学生成长服务的资源教室。

五六十年代的时候，人们见面打招呼问：你吃了吗？反映了当时人们的生活处在温饱水平。随着物质的丰富，人们对精神层面的要求更高了。现在社会上各方面的压力那么大，我觉得心理疏导真是太重要了。我们从"解放老师"到后来的"尊重生命"，这种特殊教育理念的改变，标志着我们附小人教育境界的升华。活着就好，无论他是什么样的孩子，只要他活

着就好。为什么花儿要枯萎了我们还赶紧浇水，因为我们都觉得它是生命，有生命就该有一个灿烂的世界，有一个美好的人生。我们的每一个孩子都是独立的个体，都要尊重他。我想外国人为什么能认养残疾流浪猫狗，真是物质文明、精神文明达到一定程度的时候，人性的光辉得以凸显。让我特别可喜的是大家越来越接受这种理念和这种想法。我们人大附小这样一所大校、名校还能关爱这些特殊孩子，实属不易，我们为大校、名校做了一个榜样。我校在北京市第四届特殊教育大会上做了典型发言，我和学校还被评为先进个人和先进集体。回来后，我把1 000元奖金奖励了10位班上有特殊孩子的班主任老师。我觉得他们更不容易。我们对这些特殊孩子不离不弃，感动了于文校长，称我们才是真正在做教育，是附小所有老师的爱成就了我们的特殊教育。

2009年我们成立了特殊教育中心，2010年我们确立了"特殊儿童正常发展"的育人目标，我们从台湾学习回来提出了四个发展，这是其中一个发展。2011年开始有很多的学校来参观，不光是海淀区的、北京市的学校，还有全国各地的学校。我也被邀请到特教论坛发言，开始资源辐射。2012年我们成为海淀区资源教室示范校，即将成为北京市资源教室示范校。这是我们五年来走过的历程。特殊教育是七彩教育的一部分，我们人大附小重视这些特殊孩子教育说明我们办教育达到了一定的境界。我们不是为挣得什么名气，而是说我们真正懂得了如何育人，如何尊重生命。办学的实质是什么，就是要尊重人的发展，什么人都要在学校获得发展，这是一个学校办学的境界。所以我觉得尽管这些特殊孩子在人大附小的学生里只占了绝少一部分，我们为这样的孩子专门做了两天半研讨，共同出谋划策，商讨了很多务实的策略，真是一件了不起的事，这是一个成功的会。

二、变"烦恼的心"为"热忱的心"——附小教师心态的转变

学校在理念的提升发展上有一个心路，教师心态的转变上其实也是有心路的。2008年的时候老师跟我说，校长，什么时候把他轰走啊？确实，谁遇到这样的孩子都烦，所以我们是一颗"烦恼的心"。那么，到了2009年，我问老师孩子怎么样了？老师就说，校长，有时间我给你讲讲那孩子的故事。通过这句话我就知道老师的心态平和了，是用一颗平常心来对待这样的孩子了。到2010年我们资源教室越做越好的时候，老师们发现：哎！资源教室很有用啊！大家开始主动寻求资源教室的帮助了。寻求帮助的时候，老师们有了一种积极的心态，而且开始配合资源老师了。到2011年，我觉得老师们这时真的是带着一颗责任心了，有了这颗责任心，我觉得真的是看到了孩子的成长。我觉得大家已经开始爱这个事业了。为什么2012年我说有了一颗热忱心呢？因为今年有四位骨干教师、班主任申请到资源教室工作，我看到了老师对资源教室工作的热爱。从厌烦到热爱，这是多么大的变化呀！有人问，在去年的风波中，为什么老师们那么支持你，你用了什么方法？其实原因就是我们从2008年就开始搞特殊教育。老师们真切地理解了校长，对这样特殊的孩子校长都那么爱，对五年级的孩子校长能不爱吗？一种大爱深深地融入了老师们的心里，我特别感动。老师们已经不把它当成一件愁事，而是把它当成一件乐事，我们真真正正觉得特殊孩子太可爱了！我们去表现他就是去理解他，我们走近他，试图把孩子的内心展现出来。我的老师们太伟大了！老师们对特殊教育理解得这么深切、这么真切而且做得这么到位，我由衷地感谢大家。一路走来真是有坎坷也有欢喜，梳理起来可以从表格中看到：

时间	学校理念提升	教师心态转变	歌曲描述	诠释
2008年	解放教师	烦恼心	《想说爱你不容易》	遇到你，无法爱
2009年	正视差异	平常心	《其实你不懂我的心》	理解你，尝试爱
2010年	尊重生命	积极心	《特别的爱给特别的你》	善待你，投入爱
2011年	享受资源	责任心	《爱我你就抱抱我》	走进你，特别爱
2012年	成长共赢	热忱心	《爱创造了奇迹》	陪伴你，创造爱
2013年	社会责任	快乐心	《因为爱情》	欣赏你，绽放爱

今年我们开了特教专题会，那么这个专题会用什么来演绎呢？我们是"用爱创造美丽教育，用情绽放七彩教育"。

三、用爱用情善待每一个孩子——附小特教成功的秘诀

大家的发言中揭示了我校特殊教育的秘诀，总结起来有四点：

一是走近孩子：一定要走进孩子的心灵，用孩子的眼光看世界，用特殊孩子的眼光看世界。

二是理解孩子：从孩子的角度去思考，他为什么会这么想，他为什么会这么做？"你不知道孩子在想什么。"这句话在老师的发言中出现了好几次。因为不知道，我们就要去琢磨。这是大家的成果和智慧。

三是取悦孩子：我们要让孩子喜欢我们，老师们会发现如果他不喜欢你，那么你根本别想走近他，更谈不上帮助他。

四是取信孩子：喜欢只是一小步，当孩子信任你的时候，他就会向你敞开心扉。所以喜欢和信任这两个词，信任尤为重要，当孩子信任你的时候，他就会主动地走近你。

我觉得我们跟特殊孩子间需要建立起信任，我们跟所有的孩子都要建立信任，人与人之间要建立信任。那么在这种信任的前提下，用爱、用情去善待每一个孩子，我们就能做好特殊教育。这就是我们人大附小做好特殊教育的秘诀，是我们今天总结出的精华。

特殊孩子如同一张白纸需要我们用爱去描绘他的美好蓝图，我们跟特殊孩子在一起是不是像雪一样特别纯洁啊！所以我要说，我们用这颗纯净的心创造了伟大的爱。在发言中，我看到大家都在叫孩子的爱称，这个名字的改变可不仅仅是一个称呼，而是一种情感上的转变，是发自内心洋溢出的爱。听着这个名字的叫法我觉得大家也真的是爱这些孩子，才创造了对无数的康康和彤彤的伟大的爱。每个孩子都重要！我们不仅仅是在做一项工作，更是让人性的光辉更加灿烂，让每个人活得更加有尊严，这就是我们人大附小的老师在做的一件踏踏实实的事情。这是我们伟大的工作，也是我们伟大的创造……

我热烈祝贺特殊教育会的圆满成功，让我们用无尽的爱和灿烂的笑容翻开人大附小特殊教育新的一页！

□ 孩子对我的爱

校长有点儿护孩子

　　1997年3月，我从日本留学回来担任副校长主管我校的德育工作期间，要求学生春秋游一律不再去游乐场等花家长钱找乐子的地方，一定要让学生参加实践活动长本领，培养学生的意志品质，不能输给日本孩子。因此，学校为不同年级设计了不同的社会实践活动。五年级第二学期的社会实践课程是国防教育军训活动，地点是河北怀来北京市海淀区青少年国防教育及社会实践基地63958部队，时间是一周。做校长后，第一次跟部队首长商谈军训活动时，我首先驱车近两个小时前往基地，进行了实地考察和参观，这样我心里才踏实。在认真听取了部队李善敏政委的介绍后，我就孩子们参加军训的目的和领导交换了意见。

　　我的想法和初衷是：国防教育军训活动目的是培养学生的爱国主义情感，增强学生国防意识，锻炼意志品质，提高自理能力，丰富学习生活，这些固然都很重要，但我觉得小学生的军训和初中、高中乃至大学生的军训都应该有所区别。对一个十岁的孩子来说，理解能力及体能上都有一定的不足，最重要的是理解军人的神圣与伟大，学习军魂的美好品质，立志长大后，成为一名解放军战士保卫祖国。因此，一定不能是艰苦的、枯燥的、单调的队列训练，只展示军人能吃苦的一面。那样他们会从小对军训产生一种抵触、畏惧心理，如果孩子从小就这样想，将来谁来报效祖国啊？我们的军训一定要让孩子觉得军营有意思，军训活动丰富多彩。李政委很赞同我的意见。

　　几年来，附小坚持让孩子们体验全新的军旅生活：同学们到达部队训练基地后，不仅要参观连队内务，聆听国防知识讲座，参观武器装备，进行队列练习及哈哈拳训练，还学习大漠滑沙，举办篝火晚会等，学习许多课本上没有的知识。这种充满趣味又不失规范的新型军训方式赢得了孩子的共同青睐。

　　让孩子们快乐生活、健康成长是我一直以来所努力追求的。他们还只是十来岁的孩子，严格的军训活动一定让他们藏了满肚子的苦水，作为校长，我必须给孩子们最温暖的关怀。因此，每年无论工作多么繁忙，我总会抽出时间赶赴军训基地，慰问军训师生。当然每次我都要对部队的首长及教官说，严格要求啊。但当我亲临部队看望孩子们时，每次我都会悄悄问问孩子："苦不苦？"有的孩子就像见到亲妈一样，悄悄地向我告教官的状，有的会悄悄告诉我："校长，太苦了。"有的小姑娘累得吧嗒吧嗒地掉眼泪……我只能心疼地点点头，拍拍孩子、搂搂孩子，表示我的理解，送去我的鼓励。听着孩子们诉苦的话语，看到孩子黝黑的小脸，爆皮干裂还有些浮肿的嘴唇，我不由得略带埋怨地对陪同的政委说："怎么把孩子们训得这么苦啊！"看着我皱起的眉头，听着我心疼的话语，政委说："您不是说严格要求吗，怎么，校长又护孩子们了？这边风硬，孩子小脸嫩……"政委一个劲儿地解释不停。

不管怎么说，每次我的到来都会极大地激发孩子们的训练热情，每个孩子以他们最饱满的精神风貌，整齐的步伐，嘹亮的口号，展现出人大附小学生昂扬向上的精神。孩子们坚强了，成长了。临别时，孩子们与战士们挥泪告别，难舍难分，我看了心中无比感动！

一周的军训生活，队列、军体拳、参观武器展览、看军犬表演、滑沙、篝火晚会也算丰富多彩，艰辛而有趣，成为孩子们一生的宝贵财富。我们的教育，不是要培养温室里的花朵，而是要培育成长在肥沃土壤中的大树，仅有阳光的沐浴还远远不够，还需要风雨的历练，这棵树才能以最好的姿态成长为一棵参天大树。

教育从来不只是灌输生硬枯燥的理论知识，有时候实践会让一棵幼苗长得更加茁壮。作为校长，我总想给孩子最前端的教育、最宽广的平台、最完备的历练。因为我知道，当我们给了孩子一滴水时，孩子们会带给我们整个浩瀚的海洋！

一个孩子都不能少

我在日本留学时，参观了多所国立、市立、私立的小学和幼儿园，我看到小学的运动会没有一个孩子坐冷板凳，所有的孩子无论胖瘦都上场。我参加了我女儿所在私立幼儿园的音乐会，所有孩子无论多淘气都在台上表演，当时女儿去幼儿园才半年，日语还不能完全听懂，老师也让她上场。这个理念深深植根于我的内心。

回国后，我首先改革了学校每年一次的跳长绳比赛。为了让全员参与，我和体育老师商量后，决定跳得最快的十个男孩子及两个摇绳的孩子为 A 队，跳得最快的十个女孩子及两个摇绳的孩子为 B 队，其余同学为 C 队，三个队的成绩合起来为该班的团体总分，除了免修体育的，其他同学都要上场。在人民大学校园内，每当学校开展跳绳活动，傍晚，都会看到爸爸妈妈为孩子摇绳练习的动人场景。

借 2008 年 8 月奥运会的东风，为了让孩子们传承奥运精神，2008 年 9 月开学后，我提议举办一个全员参与的属于人大附小的"小小奥运会"，得到了全校师生的响应。

怎么能让 94 个教学班，三千多个孩子都参与到小小奥运会中，我们是这样安排的：把全班同学分成三部分，除参与运动项目比赛、团体操表演的，其余学生全部参加入场式，扮演 206 个国家的运动员。这样，所有孩子都能参与到小小奥运会中。由于学校没有四百米操场，我们借用了学校对面蓝靛厂中学的操场，感谢贝校长及老师们的支持。我们的小小奥运会如期召开了。

我们模仿了奥运会全套过程。小小奥运会开幕式隆重而又充满童趣。升国旗、奥运会旗、唱奥运会会歌、师生同台文体表演等仪式结束后，入场式便开始了：全校各年级各班分别代表不同的大洲，学生扮演各国参赛运动员。引导员举着各班自己设计制作的班旗、班牌，孩子们穿着自己利用废旧材料动手制作的各国特色服装，五彩缤纷、绚丽夺目、充满创意。孩子们载歌载舞，每张笑脸上都充满朝气与自信，他们向着主席台、观众席频频挥手。中国代表队身穿民族服装，最后一个入场，全场响起了经久不息的掌声。由 8 名优秀师生代表组成的火炬手开始传递火炬，激动人心的圣火点燃了，此时的圣火也点燃了孩子们的激情与梦想。全校师生在神圣、庄严、激动的亲身实践中了解了奥运会开幕式全过程，在比赛中体验公平竞争、奋勇拼搏的竞技体育精神，理解更高、更快、更强、重在参与的奥运精神，充分展示了我校"阳光体育"的主题。在短短的一天时间里，比赛进程井然有序，紧凑而热烈，孩子们所取得的成绩更是令人振奋。

在孩子挂满汗珠和喜悦的脸上，我仿佛看到了他们更加明媚的未来。"少年智则国智，少年强则国强。"青少年健康是国家的财富，更是每一个人快乐成长和实现幸福生活的根基。我们通过每一次小小奥运会发现学生们的体育特长，激发孩子们的锻炼兴趣和热情，让每个学生都能看到自己身上的闪光点，树立自信。小小奥运会不仅给孩子们提供了一个施展才能的良好平台，而且锻炼了孩子们的体魄，增强了孩子们的竞赛意识，让他们理解了团队合作和集体荣誉的重要性。热情、活力与团结，是孩子们在这个小小奥运会中表现最出色的地方，让我感受到了生命的张扬与色彩。

我期望我的孩子们，不仅拥有傲人的学习成绩，更有强健的体魄，能够把自强不息的奥运精神融进自己的灵魂里。全员参与的小小奥运会，让每一个附小孩子都有展示的机会，都有成长的平台，都有成功的喜悦，因为我坚信每个孩子都是不同的，都能创造美好的未来。

老师们都卧倒了

"校长，观众的镜头不能拍了，老师们都卧倒了。"在 2010 年暑期教师多元培训的会场，当全国著名班主任任小艾老师在主席台上做关于班主任的培训讲座时，我突然收到了信息中心摄像梁老师的短信。

收到短信后，我悄悄地走到了主控室，向会场望去，只见三分之一的老师都被瞌睡虫撂倒了：有的低着头打瞌睡，有的仰着头眯缝着眼，有的老师虽然身子直立但已经闭上了眼睛，有的甚至趴到了前面的椅背上。看到这里，我心里暗暗着急，心想：这对任老师多不尊重！人家可是第一次来人大附小啊。

怎么提醒老师呢？我在主控室里踱来踱去。有老师发现我在玻璃房里晃动的身影了，开始提醒自己身边睡觉的老师，但大部分还是不知道。

正在我着急的时候，只听任小艾老师在讲座中提到了中医养生，建议每天晚上十一点前上床睡觉。也许是听到了"睡觉"二字，闭目养神及睡觉的老师都突然条件反射般惊醒，于是迅速调整好坐姿，捅捅身边的同伴，都睁大眼睛专心地听起讲座来。

当任小艾老师结束讲座离开学校时，我一边送她一边向她解释这两天学习紧张的问题，一个劲儿地说："对不起，实在抱歉。""没关系，我非常理解老师们。郑校长，您有需要我再来！"

送走任老师回到会场的路上，我思想斗争着，该不该说说老师们这个问题？要说，该怎么说呢？自 2007 年以来，我们每年的暑期外出培训都受到老师们的热烈欢迎，连哺乳期的老师都舍不得请假，大家通过培训开阔眼界，提高境界，成就自己，感染学生。特别是今年培训，这几天老师培训学习表现特别好，每天几乎自发讨论、备课到凌晨一点、两点钟，有个组夜里十二点发短信，希望我上他们组来。老师们的热情特别让我感动！想着想着，我已回到会场，望着大家说道："老师们，大家辛苦了！有个事想和大家说说。"我先肯定了老师们的优点。

话锋一转，我说："刚才在听任小艾老师做报告时，我看到有的老师在听讲座时实在坚持不了在睡觉。我先做自我检讨，这次我把培训的内容安排得太满了，对于刚刚投入工作状态的大家的确不适应。下次我一定做出调整。我在这儿给大家支几招，以后开会你如果困了，忍不住的时候，可以把头微微低下来闭一会儿眼，人家还以为你在低头记笔记；或者起身到外面去转一圈，凉风一吹就不困了，要不想睡睡不了太难受了。"我的话音刚落，老师们响起了热烈的掌声。

老师们本以为我会严肃地批评他们，但是没想到的是，我先检讨自己，然后给大家克服困乏支招，我的自律与宽容激起了老师们心中阵阵涟漪。

会下，有的老师跟我说："校长，这也就是您，看老师睡觉，先检讨自己，还给我们支招，这要是换了我原来学校的校长，早就狠狠地批评我们了！""是啊，校长，您又一次为我们诠释了什么叫人文管理，什么叫包容理解。""您是站在老师的角度理解老师，大家很感动，我相信咱老师再也不会有这种问题了。"有的领导不无感慨地说道。

从此以后，人大附小每次教师开会再也没出现教师"卧倒"的现象了。

做客 FM103.9 的意外收获

2010年教师节我荣获了"北京市师德标兵",应邀做客103.9交通台,其间主持人王佳一问了我们大、中、小学三位校长这样一个问题:您学校里学生最有意思的事儿是什么?我当时说了这样一个现象:我们人大附小的孩子特别懂理,比如,平时走路、做操有时比较松散,但如果有人参观或来检查,我们的操做得特齐,老师们说我们的学生会装相儿,我在全体会对老师们说:"我们的孩子知道内外有别,不来人我松散些,来人了我就约束些,如果每天笔管条直的谁也受不了。这不是装相儿,是情商高的表现,说明我们的孩子聪明。"老师们听了哈哈一笑,笑声中频频点头,很接受我的说法。

真没想到,一次不经意的广播,得到了意外收获。

一天我早早来到办公室,坐在办公桌前,打开邮箱,想在老师们到之前处理一下邮件。一封简历浮现在我眼前,是一位老师的求职简历,她在信中表达了对人大附小的向往,和对成为附小七彩教师的憧憬。言辞之间,看得出她的真诚期盼,我回复她说我会把她的信息交给人事主任,要她耐心等待面试。后来,当小周成为附小老师走进彩虹门时,向我表达了深深的谢意,她说我作为知名学校的校长能够亲自回复邮件,让她感到喜出望外,同时也道出了走进附小的起因,就是听到我在103.9的广播里讲述的学生的事,她感到这个校长太爱孩子了,也会同样爱护教师,让她对附小充满了向往。

诗仙李白说:"天生我材必有用",我也相信"人人皆可成才",秉承着这样的理念,我不唯学历、职称、资历、身份论,尽可能地为每一个人营造脱颖而出的环境。对待新人,我更加懂得他们需要展示的舞台和成长的平台,所以我尽可能多地为他们提供机会。

小周来到附小不到两个月的时间,我就将做全区发言演示文稿的任务交给了她。我想大胆地放手让她去做,锻炼锻炼,给她充分展示自己潜能的空间。在我心中,每一位老师就像一个求知的孩子,他们也渴望被鼓励和信任,作为校长,我所要做的就是相信他们,帮助他们,在人生的职业道路上找到幸福的归属点。

由于小周以前长期从事教学工作，对摄像和视频编辑工作比较陌生，在尽力完成的基础上与学校的要求还是有一定的差距，于是我便扬长避短把小周安排在了教学岗位上，为她搭建展示才能的平台。我相信，一个校长的明智之处不在于让老师完成多少艰难的任务，而是站在教师的角度，为他们提供适合的、乐于工作的岗位。

我相信人性化管理，远比冰冷的、纯粹的制度化管理更有效。我努力地发现每一位老师的优点，尽可能地发挥他们的优势，无论是新人，还是老教师，我都会尽力去了解他们，挖掘他们的潜能，为他们提供成长的平台和机会。

后来，还有一些家长一定要为孩子选择人大附小，也是因为听了这次直播。一次仅有半小时的做客103.9交通广播，收获了意想不到的幸福。

牛牛可以不跳舞

为了解决我校教师子女入园难、入园贵的现实问题，我和领导班子商量，精心打造了我们的附小幼儿园，专门为教师们解决后顾之忧。

建园后的第一个儿童节到来了，幼儿园的老师、孩子们决定向学校汇报三个月的学习、生活情况，既为庆祝节日，更为感谢学校！

儿童节前一天下午，全体老师齐聚会场，等待我们天真活泼的小天使们。每个家长都欢喜不已，不时扬头向会场角门的准备场望去，翘首期盼之情溢于言表。

欢快律动的乐曲中，十一个宝贝欢快地跳出来，红扑扑的小脸，明璨璨的眼睛左顾右盼，俨然是旭日下初绽的朵朵花蕾，明丽、鲜稚，又像刚刚破壳的小小鸟儿，毛茸茸、肉嘟嘟、松软软，要是孩子扑进怀里来，准抱不够、亲不够。孩子们认真地表演着，小手摆摆，小脑袋晃晃，小脚丫点点，天真可爱萌翻了全场，每个家长的脸上都绽放着骄傲的光芒，不时举起相机为孩子抓拍一个个难忘的镜头。会场上掌声热烈，起伏不断。

幼儿园老师和孩子们一起表演的《拔萝卜》博得了更多的掌声。老师盘腿坐演"拔不动的大萝卜"，孩子们一个个和着乐曲欢快地跑上前拔萝卜，拔不动了，转身招呼小伙伴上前帮助，就这样孩子们一个拉住一个，串成了拔萝卜小队，弓腿弯腰，嗨哟嗨哟拔萝卜。轮到最后两个宝贝上场了，可是小牛牛似乎不太爱动，他勉强地拉着前面孩子的衣角，象征性地跟着晃了晃，在跃动欢快的群体里显得有些木然。可领舞老师似乎并不在意。

此时，面对全体熟悉的同事，牛牛的家长会不会感觉尴尬呢？在舞动的群体里只有自己的孩子……蒙老师在聊天中就说过，为了这次表演，牛牛的爸爸妈妈还特意把节目配乐录了下来，回家一直督促牛牛练习舞蹈，事后我了解到，原来，小牛牛不喜欢跳舞，他喜欢推小车，喜欢足球。

还有小姑娘圆圆更不爱动，她站在台上，只是左右看看大家，什么动作都不做。

还有四小天使表演的舞蹈《萤火虫》。前三个美丽的小姑娘展开翅膀跟着悠扬的音乐轻灵地舒展身体，美极了。可能是缺少一个女孩子，老师竟让男孩果果打扮成女孩跳舞。看着果果卖力地模仿女孩细腻优雅的舒展双臂的动作，在场的老师们都被这个小家伙的认真逗笑了，我却不禁心疼起来，节目我没来得及审核，否则我一定不让果果刻意扮成女孩去跳舞。幼儿启蒙教育更应该为孩子提供适合的教育方式才对啊。

节目演完了，我接过"主持人"递来的话筒，真诚地和在场的每一位老师、家长们分享心中的感受：

"首先，我要感谢幼儿园老师们的辛苦付出，节目很精彩，所有的孩子表演得都很好，跳和不跳的孩子都很优秀！我记得曾经看过一幅照片——一群各样形状脑袋的孩子，到了学校以后，所有孩子的脑袋都被削成了四四方方的脑袋了。这说明什么？说明我们的教育存在弊病，特别追求整齐划一，把所有的孩子都变成了从一个模子里刻出来的。我很不赞成现在的幼儿园小学化的教育，我认为孩子就该是什么年龄干什么年龄的事，希望我们的幼儿园为每个孩子进行'量体裁衣'的教育，对每个孩子实施最适合的教育，让每个孩子自由而独特的发展。尊重天性，因材施教，这是我们人大附小一直所追求的个性化培养。我们的幼儿园要一个孩子一个样，每一朵花都有它独特的姿态，百花齐放，岂不是更加美丽、更加壮观吗？如果我们更用心地关注每一个孩子的特点，牛牛不喜欢跳舞，为什么一定要让他跳呢？如果说是为了让每个孩子都参与到活动中，他喜欢推汽车，就给他个小汽车，那么可以让牛牛推个小车来回运'萝卜'啊，我想牛牛一定会开心地接受这个'任务'，带着他灿烂的笑容在舞台上绽放最耀眼的光芒。圆圆不爱动，就让这个不爱动的小宝贝扮演坐着的萝卜，她只需要坐着晃晃，最后被拔起来，就完成任务了，不正适合这个不爱动的小宝贝吗？而不是现在，只是站在台上勉强敷衍大家。我们为什么一定要用一个固定的模型来约束他们的成长呢？男孩子从小就要培养阳刚之气，学会敢于担当；女孩子要从小培养温柔得体，优雅娴淑。《萤火虫》这个舞蹈宁可三缺一，也不能扭曲了孩子的性别意识……我希望，在元旦展演的时候，我们幼儿园的孩子都能发挥它独特的优势，让每一个爸爸妈妈坐在台下都觉得'我的孩子是最好的，我的孩子是最自信的！'……"我的话还没说完，已经有家长的眼中闪动着泪花。我听到掌声响了起来，我看到老师们频频点头……

会后和幼儿园的老师交流，老师们非常赞同我的想法和理念。教育不是把学生刻画成我们设想好的样子，而是尊重他们的天性，创造适合每一位儿童终身发展的教育环境，为孩子的未来奠基，让每一个孩子都精彩绽放，这才是我们七彩教育的目标。

让爱心融进尊严里

2011年的六一首届"小妙会",孩子们爱心义卖的54 000元,帮助密云县偏远山区的45名高中生顺利地完成学业。看到孩子们帮助别人时自己脸上流露出的快乐和喜悦,我也被他们的爱心所感动,这让我更加肯定了"小妙会"的价值和意义。在我和孩子们的期盼中,第二届"小妙会"终于如期而至。

清晨,德育主任告诉我,他请来了两位我们去年资助的高中生代表。为参加这次活动,两位高中生早晨四点就坐上了长途车,准备到台上表达感恩之情。

我忽然想起了一个故事:

许多年前,一位外出打工的男青年在列车上不知道如何开启一罐健力宝。一个中年妇女为了给他做示范佯装口渴打开了自己的健力宝。中年妇女这一小小的善举令男青年非常感激,他把这种感激化作了更多小小的善,带到了社会的角角落落……

"小妙会"后,我找到德育干部们,向他们说明我的想法:"你们辛苦了,为了这次'小妙会',也奔波了不少。但有一件事我希望大家再好好想想。让受资助的学生向我们当面表达谢意,我知道你们也是好意,一来是想让孩子们清楚,我们的确把捐款原原本本地捐给了需要帮助的人们,让孩子们对自己的捐款得以用到实处感到骄傲和欣慰,也能勉励大家再接再厉,奉献爱心;二来,也是为了满足让受资助学生表达谢意的需要。可是,你们想过没有,如果我们站在那些被资助的学生们的角度换位思考一下,你们会有什么样的感觉?今天他们可能还没想那么多,一旦长大成人想想我曾在那么多人面前暴露自己的隐私,心里又会怎么想?要让每一个人活得有尊严,我们的爱心是不需要回报的。"几位干部听了,都低头沉思了起来。

我接着说:"如果这件事情我能提前得知的话,我们是不是可以这样解决。首先,我们可以在'小妙会'的头一天,在广播里讲清楚这件事,告诉师生们,有几位受到我们帮助的大哥哥大姐姐要来参加我们的活动。

然后，在'小妙会'上，我们可以让那几位高中生作为普通志愿者，在捐款箱前帮助发放纪念卡，协助小学生组织游戏活动……让他们把感恩化作自己的实际行动，我相信他们会以自信、阳光的姿态来快乐地完成每一个任务。如此一来，既可以让孩子们明白了钱有用武之地，又可以维护那些受资助的高中生的尊严，两全其美，何乐而不为呢？"

我希望我的孩子们懂得，奉献爱心是一件善举，不需要任何方式的回报，也不能无视他人的尊严。那种因为贫困而被人施舍的感觉，想来并不好受。也许，多年以后，当他们用自己的才智在社会上一展宏图后，也无法忘记当年那种站在台上向人感谢施舍的滋味。既然我们给了他们一份爱心，为什么不能再给他们一份尊重，一份温暖和感动呢？贫困，不是他们的错，可他们却要承受因此带来的难堪和困扰。真正的爱心不是一味地施舍，我们在给予的同时也要懂得守护他人的自尊。

"小妙会"还会继续下去，我相信，在下一个"小妙会"上，孩子们不仅学会的是分享爱、传递爱，更懂得保护爱，懂得体谅他人，让每一份关爱都化为温暖的力量，让世界充满正能量，让爱心融进尊严里，绽放出最美的光彩。

"校长一定帮你争取！"

美国篮球巨星马布里要来附小了，消息在校园中迅速传开。

一早，校园的大屏幕上播放着马布里在球场上的潇洒身影，我经过的时候，看到一个小男孩抱着一只篮球正在全神贯注地注视着大屏幕，眼神里透露着对马布里的崇拜和对篮球的热爱，我走过去问他："宝贝儿，你很喜欢马布里吗？今天也来要签名吗？"听到我问话，他把目光转向我，却挂着一脸的失落："校长，我特别崇拜马布里，可是这次签名没有我。"说到这儿他低下了头，我急忙问："为什么啊？"孩子喃喃地说："我表现不好。"看着孩子撅起的小嘴，我摸了摸他的头，"好孩子，在校长眼里，没有表现不好的学生，只要你肯努力。"他轻轻地点了点头，我继续说道："快去把篮球洗干净吧，校长一定帮你争取，让你见到马布里，要到签名好不好？"他瞪大眼睛，似乎不敢相信地问："真的吗？我真的可以见到马布里，拿到签名？"我拍了拍他的小肩膀，笑着说："校长一定帮你争取！"问了他的班级和名字后，他便欣喜若狂地跑开了。

签名活动就要开始了，我走进为马布里安排的会场，告诉身边老师，让他找来那个小男孩。不一会儿，就看到他跑得额头浸满了汗珠地站在我面前，怀里还抱着刚才那只篮球，不过他还真是洗得干干净净了，我朝马布里的方向向他努了努嘴，他便会心一笑，跑去向马布里要签名了。

看着他拿到签名后的激动与喜悦，我也感到无比快乐。身旁老师问我："校长，您怎么还记挂着这么一件小事呢？"我微微一笑，作为校长，能关注到的我就一定会关注，也许这对我来说只是一件微不足道的小事，可是对于那个孩子来说，肯定是意义非凡的。也许，这一个简单的签名，能成就孩子不平凡的一生呢！是啊，能够关注每个孩子的成长是我的心愿！我一直在为之努力。

你已不在江湖，江湖还在传说你

在我做校长的日子里，人大附小能够日益辉煌，成为世界一流名校，是我一直以来的梦想，但不是我的终极目标。

在我心中，学校是一个"大家庭"，我一直以来的努力和追求就是把附小经营成一个充满力量和温暖的家，而家族的强盛和繁荣需要家人的团结和奉献。我作为一家之长，最大的责任就是为学校打造出一条良性的发展轨道。这样，不管是现在，还是未来，不管谁做校长，人大附小都能沿着一条科学、合理、良性的发展轨道顺利前行，不断发展。为此，建立系统科学、独具特色的人大附小办学体系、管理体系、学校文化……这就是我的终极梦想，是我的责任，更是我的使命。一个校长任职时兢兢业业，学校也因而快速发展，可是当他离开后，学校也随着他的离去而日渐衰落或停滞不前，这样的校长不是我想成为的校长。

校长，担负着学校发展的重任，承载着师生共同成长的重要使命。十年校长路，任重而道远。人们常说，一个好校长就是一所好学校。就像一列行驶的火车，即使换了列车长，火车也依然能够沿着既定轨道继续前行，这就是我向往成为的"好校长"。这样的好校长，并不是用各种荣誉、证书堆砌起来的，而是看能留给学校多少文化遗产。若干年之后，当校友们聚会时，能够讲述关于学校、关于校长的许多"故事"。这样的好学校，并不是用各种学科竞赛、升学率和名师专家包装起来的，而是真正从人的角度来教育人、培养人和发展人，敢于在教育领域破禁锢、树新风中锤炼。这就是我所努力追求的梦想。

人大附小现在的发展前景固然乐观，但我作为校长，忧患意识不能没有，居安思危是古人留下的智慧，是一所学校可持续发展的必然选择。

你已不在江湖，江湖还在传说你。我希望未来的某一天，当我离开这个岗位后，也依然为老师们津津乐道，谈起我的时候能说："她是个好人"、"她是个好校长"、"她做了很多实事……"这将是我一生的骄傲与幸福！

第五章 在创造生活中演绎幸福

附小春晚的幸福

"我这一怀孕啊，我们四年级组就立刻有灵感了，这次我们组的节目，就叫做孕期发表课。"反串的潘龙龙老师，挺着肚子撑着腰走上台来，男扮女角，演技不俗。

"您说，孩子的模样、性别，都是从娘胎里带出来的，只有名字是父母自己起的，名字可重要！你看校长身边一个立文，一个文利，这名字我看中！"每次表演节目被调侃也是惯例了，这不，学生成长中心的白文利和主管教学的金立文两位领导，就在节目中"躺枪"了。

1999—2012年，春晚已成为人大附小的传统，也逐渐成为学校文化不可或缺的部分。我认识到激发一位教师的创造能力，舞台上的演绎成为我与我的老师们继课堂之外，观点碰撞的崭新的载体，无形中成为教师的"隐性"培训。

随着时间的更迭，一次春晚到底能留给我们什么呢？不仅仅是难忘的笑声，更有彼此理解感动的泪水。1999年，我任副校长期间，开始成为附小春晚的总导演。担任校长以后，无论多忙，到年底我都会雷打不动地审查节目，新来的老师很奇怪，我们过去学校校长从不管这个，咱校长怎么连这事也管啊？原因很简单，一是每年的新年晚会（附小春晚）是学校精神与学校文化的展现，是老师们团队凝聚的时刻，是感动与幸福汇聚的时刻；二是我把老师的文艺演出看作是一种"隐性"培训，无形中上了一堂表演课，既培训了教师的艺术才能，也锻炼了胆量，提高了课堂的综合素质。

2009年岁末，《感动2009，笑动2010》的春晚上，一大批新颖别致的节目脱颖而出。在学校建设上"舍小家，为大家"的功臣于猛副校长，成为了头脑风暴中心《真心英雄》的故事原型。节目最后，老师们把鲜花献给于副校长，于校长转身送给我，那一瞬间我与他深情地拥抱在一起，感动一刻定格在每个人的心中，成为了春晚经典的画面。

□ 最经典、最感人的拥抱——诠释什么是"幸福"，和"笑"长拥抱就是幸福。

在春晚中，众多的节目素材都来源于学校的文化。在 2010 年的春晚上，阳光体育中心从教师学游泳中汲取灵感，在《嬉游记》中呈现出老师们的趣事儿一箩筐，笑翻了全场老师。

十年前，老师们要创作一个节目最少要一两个月，近些年，老师们在春晚上的造诣越来越高，一个晚上剧本外加排练，节目已经相当成熟了。不擅长表演的老师几年春晚下来，也具备了"表演艺术家"的潜质。

在不知不觉中，课堂里、舞台上，都成为了老师们竞相绽放的地方。有位青年教师对我说："校长，我原来可怕上公开课了，现在，春晚上我什么都演，我什么课都不怕了！"太好了，我要的就是这个效果。春晚的大舞台成就了一大批的老师，当他们在舞台上动情演绎"喜怒哀乐"时，回到课堂上，对教学理解演绎得更精准；当他们在舞台上忘我释放"癫狂痴笑"后，回到课堂上，则声情并茂，更加落落大方。

附小春晚已成为对教师"隐性"培训的课程，老师们欢乐无限，受益匪浅。

承载幸福的附小班车

在学校食堂吃午饭的时候，碰到小林老师，她喜滋滋地朝我挥手，一边喊着校长一边坐在了我身旁。我问她什么事儿这么乐呵，她笑着说："嘿嘿，校长，我偷偷告诉您，昨晚我跟爱人吃了顿烛光晚餐，他还特别浪漫地送了我一双红舞鞋，我可是一直都想学跳舞来着……这说起来，都要归功于咱们学校的班车呢。""哦？""您不知道，没开通班车之前，因为家离学校太远，我每天都要早上五点半起床，晚上八点多才到家，来回还要倒车，一回到家我都累得不愿意动，更别提给家人做饭、做家务了，我爱人工作也挺忙，两个人都无暇顾及孩子，我儿子又特别缺乏自制力，我们一放松不管，他就不做作业，总打游戏，为这我跟爱人也总是相互埋怨"，小林喝了口水，接着说："自打您让开通了班车，我就方便多了，不用来回倒车，一上车就到学校，一下车就到家，不仅没那么累了，也有了更多时间照顾家人，辅助孩子做作业，收拾家务，孩子的成绩也有了明显提高，爱人直夸我有个好校长，进了个好学校，还表扬我为家里贡献得最多，还开玩笑地说咱们学校招不招老师了，他也想来报到……"说到这儿，小林又笑得合不拢嘴了。我也跟着笑起来，能为老师们分解忧愁，我比他们更开心。正如一首歌曲里所唱："因为爱着你的爱，因为梦着你的梦，所以悲伤着你的悲伤，幸福着你的幸福。"

的确，自从学校搬到世纪城后，好多老师家离校更远了，看到老师们起早贪黑地赶公交、挤地铁，白天一刻不停地忙碌，晚上还要拖着疲惫的身体改作业，真是格外心疼他们。给老师们开通班车就成了我的心愿，有了想法就得付诸实际行动。终于，经过购车、找司机和多方努力，我们陆续开通了三趟班车——南线、北线、东线。

班车的开通，就像架起了学校与家之间一道桥梁，不仅节省了老师们上下班途中的时间，成了老师们便捷的交通工具，而且为老师们结成了一条互相交流、互相帮助、互相关爱的纽带。班车里，老师们开怀畅聊，笑谈天下，洒下一路的欢声笑语，惹得路人羡慕连连。

无论是工作中，还是生活中，只要是为老师们好的，只要是我能想到的，我就会努力去做，哪怕只是一件小小的事情。因为我要竭尽全力，让我的老师们享受做人大附小教师的幸福！

　　有时，我也坐班车。班车上，我向车友们征求学校发展的合理化建议，探讨学校发展的方向，畅谈学校的美好愿景；班车上，我尽力去了解老师们工作中的困惑，生活中的困难，倾听他们的喜怒哀乐；班车上，我和老师们聊家庭聊生活，笑声不断……小小的班车承载着老师们对事业的追求，对附小的热爱与感恩之情，也承载着每一个附小教师的幸福与快乐。

春节给老师拜年

想必每位校长都会遇到这样的事，每当春节来临，就先后有老师打电话或发短信希望到校长家去拜年。我固然知道，这里面更多的包含着老师对校长的一份爱、一份情，但应该说也有"你是校长不得不去"的无奈。面对这个问题，我是怎么解决的呢？

从走上校长这一岗位的第一天起，我就在全体会上向老师们宣布：我们人大附小得立个规矩，那就是春节不许老师到校长及领导家拜年，相反，领导要去老师家拜年。我告诉老师们："一来，不是校长家有多么豪华不让大家进，而是每个人去校长家拜年都不可能空手，都会带上少则三五百元多则上千元的礼品，没有哪家的钱是天上掉下来的，都不容易。钱要用在孝敬老人、培养孩子身上，大家对校长最大的回报就是努力工作。二来，这也是爱护校长的表现。有些人当官时过年过节门庭若市，一旦退下来了，门前冷清，差距太大，一下子适应不过来，用不了多久就得抑郁症了，大家总不希望我得抑郁症吧，所以我得从现在开始预防，还望大家多多支持；三来，我深知，'军功章有你一半也有我一半'，人大附小能取得今天的成绩，既是全体教职员工的辛勤耕耘，更是全体家属无私奉献和鼎力支持的结果。有了家庭这个幸福的港湾强有力的支撑，大家才能没有后顾之忧，全身心地投入到工作之中。正所谓安居才能乐业。我希望我当校长期间，能走进我的每一位教职员工的家庭，了解每一位教职员工，这是我作为校长的责任和义务。"

就这样，从 2005 年起，隔年春节前夕，我都会抽出三天时间，带领党政工团干部深入教师家中登门拜年，并带去三样礼物——一盒稻香村点心，表示惦记；一篮小金橘，表示吉利；一个当年的属相挂饰。每一样礼物，都是我和领导班子精心挑选出的，礼虽轻，但情意重啊。

老师和家属们把我们到家中拜年视为全家人最高兴、最重大的事情。每当得知校长要亲自登门拜年的消息，便早早来到路口静静等候，生怕我们找不到家门。进到家中更是盛情欢迎，长辈们亲手熬好冰糖梨水，递上提前削好的水果为我们消除疲劳。孩子们精心布置小黑板，表演精彩的节目，欢迎我们的到来。每到一家，我都会表达三层意思：一是感谢家属对教师工作的支持，同时表扬老师在校的工作；二是向家属道歉，学校工作忙，老师照顾不到家里的地方还请多包涵；三是给全家人拜年，表达我对新的一年的美好祝愿。父母、公婆、爱人们听后都非常感动，纷纷表示校长百忙之中心系每一位教职员工，作为家属，一定会加倍报答校长的关心，全力支持学校工作！家属们与我深情握手，久久不愿松开，感恩的话语说了一遍又一遍，走时送了一程又一程，直到车走很远了，回头一看，他们仍站在原地，迟迟不肯往回转。

那三天，我们这支队伍每天都是南征北战，顶着朝阳出发，披着月光回家，但我们一点儿都不觉得累：因为在迈进老师家门的那一刻，迎接我们的是一张张洋溢着幸福的笑脸；回馈我们的是教师和家属积极支持、再创佳绩的昂扬斗志。我知道和我们并肩战斗的不仅仅是全校教职员工，更多了所有家属的浓浓亲情和默默支持……寒假开学后，信息中心的老师把拜年的场景编辑成视频，放给老师们看，同时赠送给每位老师一张拜年时的全家合影。所有老师都感动不已，工作起来就更加充满了干劲和斗志。

十年来，我带领党政工团先后已经给176名教师拜过年，占全校教职工总数的一半以上。如今，给教职员工拜年，已经成为我过春节的惯例，成为一个常规性工作纳入我的工作计划。给老师拜年，走进他们的家庭，了解他们的生活，也变成了我的一种小小期待和幸福情结。

大家都是有情人

2004年2月14日我校第一次发起过情人节，那时校址还在人民大学校园内，石老师回家后把学校发的240元情人节慰问金递给了自己的爱人，没想到爱人回送自己一部价值千元、心仪已久的手机，因此留下了一段美丽的爱情佳话……

情人节，顾名思义，是只属于情侣间的节日。西方情人节浪漫与开放，中国七夕情人节温情与甜蜜。而对于人大附小来说，情人节有了更深层的意义，它已经不是一个单纯的恋人间的节日，它的寓意有了升华。它是一个教职工之间、校长与教职工之间彼此互赠"爱意"的节日。2月14日，只要是在工作时间，我们人大附小全校教职员工就会一起过情人节，这一天，我们大家都是有情人！

人大附小情人节是满溢着浓情与厚爱的，我相信，没有哪一个情人节能像人大附小这样有如此的影响力和感染力。

工会委员和每一位会员是情人，他们提前好多天就在为情人们——全体教职工精心准备礼物——心形巧克力和一封饱含关爱的"情书"。

校长是老师们的情人，每到这一天，无论男女老少，都会送给校长一个大大的拥抱，一份浓浓的情意。感恩之情、敬爱之意，千言万语都化作一句"校长，我们爱死你了！"作为校长，每到此时，我都会感到无比的幸福，我的这些"情人们"让我感到骄傲、自豪！

师徒一时间也变成了情人，有的年轻小伙子一下子拥有了众多情人。阿姨们将柔情蜜意化作对他们在教学工作和生活上的谆谆教导与悉心呵护，大姐们将浓情蜜意化作对他们的热心帮助与温暖关怀。

附小就像一个大家庭，家人之间充满着深厚的情意。工作的时候，大家齐心协力，相互扶持，为把家庭建得更强大而并肩前行；闲暇时间，大家相互了解，彼此靠近，互相包容，共同成长，每一位成员都是大家珍惜的家人。

2009年的2月14日，正赶上老师们在九华山庄培训，当晚报告结束时，我们全体领导祝贺老师情人节快乐，我打出一首藏头诗：

情满九华谋发展，
人才济济谱新篇。
节源开流校庆年，
老师得福不差钱。
快活工作每一天。
乐在其中展笑颜！
了哦。

请老师们猜猜我们送给大家什么礼物？老师们你一言我一语，纷纷猜想，这过程洋溢着欢乐与幸福，最后大家猜到——"得福"巧克力，领导们在《最浪漫的事》歌声中把一盒盒带着温暖与感动的巧克力送到老师们手里。老师们异常兴奋，纷纷喊着："校长，谢谢你！校长，爱你！"这时领导们让我留步，拿出了他们给我现场制作的礼物——培训手册的红皮，上面粘了一朵从酒店花瓶里掐的假花，上面写着一句话："小芳，我们爱你！"感动得我热泪盈眶！我问：这是谁做的？他们说，这是大家的主意。大家说校长每一次都给老师们惊喜，我们也给校长创造一次惊喜。而这种创新的意识更让我惊喜。我和大家热烈拥抱！

人大附小处处有情人，处处都是温暖心。人大附小情人节，就是一张充满了浓浓情意与真挚心意的贺卡，不光写有爱情，更写满了亲情、友情、热情、温情和柔情。因为，我们都是有情人！

八年不一样的生日

"看看吴老师笑得多灿烂啊，哈哈……""这相框颜色真好看，跟相片景色很搭配呢。""吴老师照得真好看，尤其是眼睛显得特别明亮。"已经过了下班的点了，老师们还围坐在一起，欣赏着吴老师的相片。这是学校为吴老师照的工作照，裱好了相框送来的，照片上的一行小字显得耀眼夺目：人大附小祝您生日快乐！

老师们为我亲手制作的蛋糕

这是我们附小的老师缤纷多彩过生日中的"一彩"。想来大家已经厌倦了每年过生日时的吃饭、送礼物、蛋糕蜡烛这些老套的形式，我暗自在想，一定要给我的老师们一个与众不同的生日，经久难忘的生日，有着更多别样回忆、惊喜与兴奋的生日。我向学校工会提出建议：每年一个主题，每次一种形式，不断创新，要使人大附小老师们年年有惊喜，年年有期待，年年都有幸福美好的回忆，每年都有一个不一样的生日，有一份不一样的精彩。

2004年的某一天，当你走进办公室，坐到办公桌前，你会发出这样的惊呼："哇，今天是我的生日耶，我都忘了。"桌子上精美的贺卡及一个香甜的生日蛋糕提醒了你，同时也送去了党政工团的祝福！这是一大早，工会和行政班子老师悄悄提前放好的。老师们惊喜之余，切分蛋糕，一定会有一块送到我的手里，分享这份幸福与快乐。

2005年，当天过生日的老师都会收到学校送的蛋糕券，目的是让老师和家人分享蛋糕的甜美，为他们制造一家人其乐融融共度生日的温馨。

2006年，我们搬到新校舍，有了自己的食堂。某天清晨，当你走进食堂，你会看到一块生日纪念板上写着——"×××老师：今天是你的生日，我们大家祝你生日快乐！"食堂主任会为你送上一碗热气腾腾的长寿面，伴随着"祝你生日快乐"的音乐，老师们的祝福声像一串串欢快悦耳的铃声回响在每个人的心间。

2007年，我找到信息中心李会然老师，跟他说："会然，今年的生日我们悄悄给老师照一张工作照吧，下班时装好相框送到老师手中，照片上写好：'人大附小祝您生日快乐！'你们信息组来得及吗？""校长放心，保证完成任务。"当我把这张当天的风采照送到老师手里的时候，老师惊讶的表情与幸福的泪花交织在一起。

2008年，爱心大礼包，实惠多多，好处多多，让老师享受美食的乐趣，放松心情，增进健康。

2009年，为了减轻工会老师的工作量，我提议每月月底给当月过生日的老师送上一盆应季的盆栽鲜花——春节前后送仙客来，摆在家中增添节日吉祥欢乐的气氛；三月份送柱顶红，预示老师们工作、生活红红火火。赏心悦目的君子兰，丰满肥厚的叶片象征幸福美满和谦谦君子美德；娇艳欲滴的蝴蝶兰，飘飘欲飞的花姿是事事顺心如意、蓬勃向上的写照。

2010年，这一年我开始冥思苦想，常用的祝福方式都用过了，还有什么方法能够给老师带来惊喜和难忘呢？哎，我想到了书信的方式，这几年学校办学规模越来越大，老师也越来越多，和每一位老师每天能面对面说话那是奢望，何不用这种方式和老师互动，增进感情？于是，我给自己增加了一项工作，早晨到校的第一件事是为老师写生日贺信。

坐在办公桌前，我的脑海里呈现教师的形象以及他的优点，每个人都是独特的，所以不想说套话，我不用打印，我要亲自手写。不太忙的时候，我一般会在早晨上班前将信交到当天生日的老师手中，成为祝他生日快乐的第一人。忙碌时，我也一定赶在夜里十二点前送上迟到的祝福。即便出差在外，我也会通过手机将一封封祝福短信发送到老师们的手中。有的信甚至是深夜或凌晨从大洋彼岸发出去的。无论多忙，无论何时何地，生日的祝福不能缺少。那一年，给老师们写信成了我每天必做的功课，尽管在工作之外我又多了一项任务，但我没有把它当做负担，而是把它作为和老师谈心的一个机会，也成了我工作中最大的乐趣和享受。

本想给每一位老师惊喜，写过的老师都请他们保密。没想到2011年新年时，三位老师在全校庆祝会上读了我给他们的生日礼物——一封热情洋溢、充满感谢和关爱之情的亲笔信。我知道她们是想表达一颗感恩的心，伴着悠扬的乐声，读着读着，老师的声音哽咽了，眼眶湿润了，在场的每位老师也被深深感动了。因为，他们知道校长太忙了，他们也知道校长在百忙之中依然记得每个人的生日，还给240多位教师写过信，心中装着每一位教职员工。这比任何生日礼物都珍贵！这个谜底揭穿后，还没有到生日的老师在期盼——校长会给我写什么呢？好几位老师对我说："校长，这年代都兴打印，您的亲笔书信就是奢侈品，我要把它装裱在镜框里。"即将退休的黄老师接到信后泪流满面，她告诉我在家人给她祝贺生日的晚宴上，她请女婿把我给她写的信读了两遍。家人都为她骄傲和自豪。我的做法也感动了家属——附小教师的坚强后盾。

2012年，我又和领导班子商议决定，同月过生日的老师集中到一天，共同外出过生日，每月所选活动一定都适合出生月份的特点——九月钓鱼、打栗子；十月看红叶、摘苹果；十一月去韩村河、收大白菜；十二月圣诞节做蛋糕、鸟巢打雪仗；一月滑雪、摘草莓；二月情人节做巧克力、打真人CS；三月植树、烧烤；四月春耕、捡鸡蛋；五月北海划船、摘樱桃；六月包粽子、摘西瓜；七月漂流、摘李子；八月打靶、摘梨……在这一天，老师们重拾童年欢乐，像孩子一样吃、喝、玩、乐，焕发青春与活力，被满满的快乐和幸福包围着，工作中的紧张在这一时刻得到了彻底的释放，美不胜收。

学校发展的关键在教师。作为校长，我要做的，不仅仅是关注学生的成长，更要关注教师的发展。每年都过不同的生日，重在一份处处为老师着想的心思。别样生日别样情，我相信，每一次祝福，每一份回忆，都会成为老师们心中最美好的印记。说真的，当我看到老师们灿烂幸福的笑脸时，我觉得一切的努力和辛苦都是值得的！

其实我的良苦用心还在于生日创新会带给教师们工作创新的暗示，激活教师们创新的灵感，舒缓他们心里的压力，创造附小教师职业的幸福感，所有这一切一定会在教师工作与生活中起到潜移默化的作用。

如今，附小的生日文化仍在续写，老师们依旧充满了无限的期待和憧憬……

一个光荣味道的面包

在我的办公室里，珍藏着一件孩子的小马夹，上面涂满了颜料，红一块，黄一块，紫一块……就像一幅涂鸦画。看到它，我就想起一个动人的故事。

2009年是人大附小建校五十五周年，学校建成了"水艺芳"游泳馆及草皮新操场。春假里老师带领孩子们涂鸦新操场周边一百多米的水泥墙，我告诉孩子们："你们画什么都可以，不要只画成一个苹果、一个太阳，要把每一幅画画成一个故事！"春假七天里，每天都有孩子甚至家长们早早到校，顶着烈日，坚持作画，有一件事让我至今记忆犹新。

那是假期最后一天的下午近五点，我来到画廊前，只有王老师和一个小男孩正在作画。我走上前，问道："你们怎么还没休息啊？"王老师抬起头，站起来，抹了抹大草帽下脸颊上的汗水，说："校长，您又来了，这儿还有些东西需要添加。对了，我得给你介绍个小宝贝儿。"王老师指着男孩说："校长，他可棒了，七天的假期只有一天让爸妈带他上公园玩了玩，六天都在这儿画画，从没迟到缺席过。"啊，真是了不起的孩子！我把目光投向了一刻也不停地画画的孩子，小小的个子，大约只有墙壁的一半高，行动间却透出许多伶俐。此刻，汗珠顺着他晒红的小脸颊啪嗒啪嗒地滴落下来，孩子不时拿小手快速抹一下，甩一把，又接着画起来，即使大人一直保持这个姿势也早已腰酸臂痛了，可这个孩子似乎一点不觉得疲累，他的小身板一直挺得直直的，左手托着晕染得五颜六色的画盘，右手握着画笔，高高举起，一笔一笔地描画着，一双明亮的大眼睛里写满了认真和执著。

"校长好！"孩子突然看到我，声音嘶哑着兴奋地高呼起来。

"孩子，累不累？"我心疼地抚摸着孩子的小脑袋。

"不累，我平常就很喜爱画画。"

"好孩子，你真是好样的，太了不起了，不仅画画得好，还不怕吃苦，有坚持不懈的毅力，真是附小的骄傲！"我真想发给孩子一个小小的奖品留作纪念，可是当时身边真的没有带着任何物件能送给孩子，手里面只有一个面包，便赶紧递给孩子："饿不饿啊？校长代表学校谢谢你！"说着便把面包递向他。

孩子激动地接过去："谢谢校长！"他笑得那么天真，那么可爱！

看到孩子涂满色彩的"工作服"，我说："留给我行吗？校长给你买一件新的。"孩子爽快地答应了。这件"七彩小马夹"我至今珍藏着，我觉得我留下的不仅是一件"文物"，更是附小孩子的一种可贵的精神。

后来，我听老师说，孩子当天一直没有舍得吃那个面包，而是小心翼翼地装进书包，带回了家。

第二天，王老师告诉我："校长，你知道吗，听家长说孩子回家特别兴奋，问妈妈，今天晚上吃什么饭啊？妈妈说，你想吃什么啊？孩子说我想吃面包。妈妈说面包留着早饭吃吧。孩子说不行，从书包里拿出面包，掰开来让爸爸、妈妈、奶奶每个人都尝了尝，每人必须吃一口。然后问大家，你们吃出今天这个面包有什么味道吗？大家说，面包就是面包的味呗，还能有什么味啊？孩子说，这个面包有一种光荣的味道！因为这是校长奖励我的面包。听了孩子的一番话，家长非常感动！就把这个事告诉我了。"可能孩子不知道，他以我送他面包为荣，我更以他的吃苦精神和可爱童心为傲啊！

在 2009 年 5 月 5 日游泳馆揭幕暨建校五十五周年的启动仪式上，我把这个光荣面包的故事讲给了全场的领导、嘉宾、家长、老师及孩子们听，感动了在场所有的人。我请这个孩子到台上来，奖励了他第一个附小吉祥物小水娃。

这就是我们可爱的附小孩子，这个散发着"光荣味道"的面包让我一直感动于心，久久难忘！

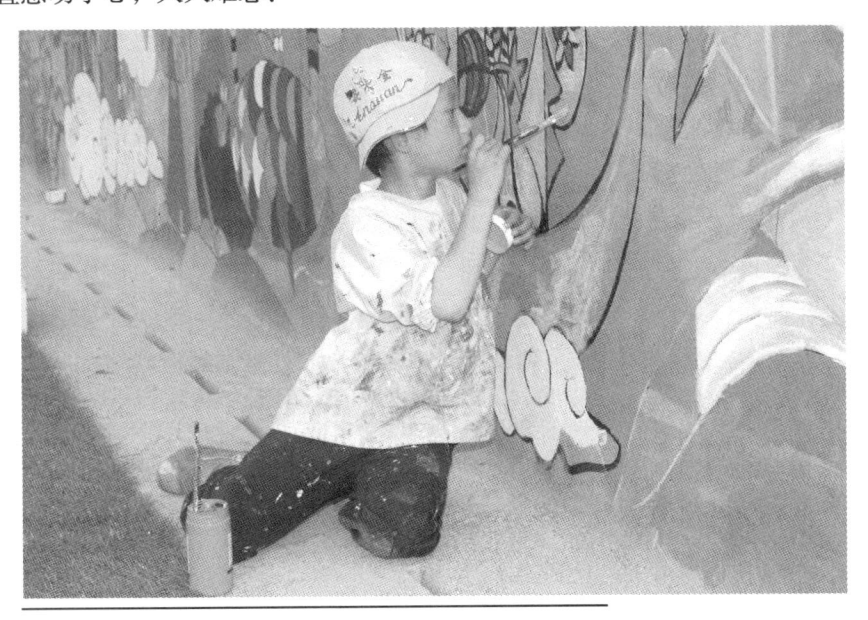

附小双节的魅力

在 2009 年这一年，我们人大附小走过了半个世纪的寒暑春秋，来到了第 55 个年头。学校的发展越来越好，老师们的幸福感也越来越强。在"三八节"前夕，为了创造校庆年不同的节日，我就在心里寻思：要给全体女老师们过一个与众不同的"三八节"，该怎么过呢？

"'三八节'马上就到了，我认为今年的节日一定要有新意，让老师们有惊喜！"我对工会主席提出我的想法，和工会委员们一起悄悄地、紧锣密鼓地酝酿着，期待在节日当天能给全体女同胞们营造一个与以往不一样的"三八节"。

初升的旭日冉冉升起，这一天，人大附小的全体男教师，一早就开始行动了。那是让女老师们记忆深刻的一天，当她们走进彩虹门时，会发现一边三个，一边八个分列两侧打扮得西装革履的小伙子们，以非常洪亮的声音向她们问候："三八节"快乐！也同时引来过往行人惊喜、艳羡的目光。

女老师们满怀着愉悦的心情走进餐厅。刚走上台阶，门帘就被恭敬地掀起来了："哈哈，祝您节日快乐！"几个打扮得"花枝招展"的男老师，将女老师迎了进来。女老师们一看如此装扮的"迎宾员"，活脱脱就是小沈阳的翻版，真是先"惊"后喜啊。这些"小沈阳们"的白上衣是跟食堂大师傅借的，裙子是学校老师演出留下的，围巾都是自家老婆的，实在太有意思了！

"我啪啪地就来了，请问您点什么？鲍鱼，没有！龙虾，也没有！"要说装扮得最传神的当属宋超老师，幽默、形象的肢体动作，在场所有人都笑得前仰后合。

在这个温馨的日子里，男教师对我们可爱的女教师们体贴到位、服务到家。老师们刚一落座，一袭西装的帅小伙子们就端上了丰盛的早餐。早餐既丰盛又别出心裁，既然是"三八妇女节"，就要将这个寓意"嵌入"到美食中，经过我与工会的精心设计，两套"三八大餐"出炉了：一个美味的三鲜馅儿饺子配上一碗热腾腾的八宝粥；三颗小巧的鹌鹑蛋，八颗爽口的小西红柿装点在切开的半份木瓜中。整个餐厅都弥漫着幸福的味道，乐到极致。人人脸上笑容绽放，流淌着感动的眼泪、笑翻的眼泪、温馨的眼泪……

别致的早餐过后，每一位女老师都得到一个浓情厚谊的红信封，拆开信封，男教师们诙谐、关爱的语言跃然纸上：各位亲爱的附小女同胞们：眼一闭一睁，"三八节"又到了，今天下午你们放假，俺们替您看班……

学校还为女老师们配发了一个旅行箱，寓意着有时间就要与家人一起出去旅行，不要忘记创造家庭的温馨与幸福。

这次感人的"三八妇女节"，竟然牵动了家长的心。一位家长在当晚的短信中说道：我的孩子告诉我，他们老师走进教室就一直笑容满面，后来老师告诉孩子们学校为女教师过的这次独特的妇女节。回到家里，孩子竟然出人意料地提议："爸爸，咱们也给妈妈过一个这样的节日吧！"在后来全体会上我问道："在我们过节的当天，你眼中的每一个孩子，即便是犯了错，没完成作业，没遵守纪律，在你眼里是不是都觉得他们是那么可爱？"看到老师们饱含感动的眼睛，我知道：幸福的教师才能成就幸福的孩子！

在这一天我们的男老师不惜牺牲"形象"，为女同胞们导演的这出精彩的喜剧，感动了所有人。我在会上征求女领导们的意见："咱们的男同胞们为我们女同胞们准备了一次又一次那么贴心的'三八节'，咱们是不是也为附小的男老师们营造一个'男士节'？"提议一出，女领导们纷纷响应，于是乎2010年11月8日首届男士节亮相了。

这天，我早早来到学校，在彩虹门拥抱每一个到校的男老师。

为了让他们体验到不逊于妇女节待遇的"男士节"，学校发给每一个已婚的男老师1 180元，装在一个写有"老婆说啥就是啥！"的布钱包里；未婚的小伙子们减半，装在一个写有"钱不是问题，问题是没有钱！"的布袋子里。当男老师们接过我亲手递来的钱包时，真是幸福死啦！

在首届"男士节"上，还由全体女老师们公选出附小"魅力男教师"，奖品是标志着"附小纯爷们儿"的绿色围裙，围裙上还画着大拇指。男老师们的起哄声、欢呼声响成一片。

我和几位女领导合计，给男老师们发奖金的同时，还要促进家庭和睦，于是心生一计，暗地里给已婚男教师的妻子发出这样一则短信：

人大附小重要通知：

今天是人大附小首届"男士节"。您爱人得到一笔意外之财。我们悄悄告诉您。沉住气，收到钱后请回复。我们将根据回复的时间进行评奖。

短信发出后，各种回复就接踵而至，翻阅每一条洋溢着幸福的信息，我感受到了老师和家属们传递而来的幸福：

"×××同志一回到家就主动上交了全部所得。感谢附小培养的忠诚的男士，我也将做好贤内助，积极配合。争做附小好家属！"

"校长，最大的'惊喜'就是回家被老婆'搜身'。我刚一进门，就被'洗劫'了。哈哈哈哈，您这招儿厉害，小金库都甭想留。虽然不情愿，但是我还是自豪地把钱袋子一掏：'拿着，宝贝儿，爱买什么就买什么！'那叫一个洒脱。谢谢校长，让我老有面子了。附小男教师，必须的！"

"报告校长，缴获一堆肉骨头，还有一个装满钱的口袋！感谢您第一时间通报，哈哈哈！这个活动太好玩了，谢谢校长策划！"

"校长，附小的纯爷们给您叩首了！今天是我们的节日，世界首届男教师节，因为我们有开明的校长，她爱兵如子，钱、物我们收下了，我们爷们一定加倍努力，体力活、脑力活都过硬，回报校长！回报附小！感谢'村姑'的服务，享受！感谢全体美丽的女教师带给我们的祝福。最后感谢大当家的您，做附小男教师真棒！祝您晚安！"

"我们曾羡慕过母亲节、妇女节等系列女性节日，今天在您的倡议下，享受了做男老师的优越，做男人的自信，做男子汉被同行羡慕，更有作为附小人的骄傲！荣耀学校我们责无旁贷，督导做贡献。必须的……！感谢所有领导给予我们的关心与爱护！"

我常说："一个校长再聪明、再能干，离开老师们的支持和帮助也不行，所以我们做校长的要善待每一位老师，像家人一样去关心他们。"因为教师不单有成长心理需求，更需要生活的温馨和幸福。我们创造每一个令老师难忘的节日，不时营造一些小浪漫，为老师们带来惊喜和感动，回报给你的一定是更努力地工作。

圣诞节的西餐

2010年12月1日，我随"海淀区校长中英合作项目研修班"赴英国进行为期一个月的培训，我沉浸在英伦独特的教育管理理念中。培训学习结束了，承载着满满的收获，我准备踏上归国之途。不料，即将启程的那一刻，英国52年不遇的大雪，阻断了我归国的脚步。

站在窗前，雪静静地从天空中飘落，远远望去温布利球场银装素裹，还有三天就是西方传统的圣诞节了，我可没心思在这儿过圣诞，没有丝毫的惬意和兴奋，我的心早已飞回了人大附小，因为29日学校要迎接区教育督导，还有我已经有一个月没见到我的老师和孩子们了。我归心似箭，但怎奈大雪漫漫，无可奈何。

既来之则安之，我一边修改着督导报告一边在想，大雪阻挡住我回国的脚步，但挡不住我的一颗心，我虽然回不去，怎么让我的老师们也感受到这浓浓的节日氛围？我沉思着。忽然灵机一动，西餐？对，就是西餐！我兴奋地拿起电话，打给食堂负责人黎主任："给老师们过个圣诞节吧，好好庆祝一下！"

"好啊，好啊，您这些天不在，老师们都很想您呢！您说怎么过？"

"我在这儿每天早饭都是西餐，咱食堂也给老师们做顿西餐吃，怎么样？""没问题，您瞧好吧！"

电话和邮件越过大洋在传递着。

坐在电脑前，我仔细端详着黎主任带领食堂师傅传过来的西餐样品的照片，尽管很精致，但和这些日子我在英国吃的早餐比起来，异国的情调似乎少了些。百闻不如一见，何不把我每天吃的西餐的图片发给他们！

第二天早晨，我便起了个大早来到西餐厅，在服务员和其他客人好奇的目光注视下，拿起相机，拍了一张又一张：每张照片都加以说明，传回了国内。

北京时间12月24日……

6点，洁白的桌布铺上了，银色的餐具摆好了，欢快的音乐响起来了，一种浪漫的气氛越过大洋迎面扑来。

7点，所有领导班子成员列队等候，为老师们服务。

第一位老师到了，刚进彩虹门，就被绅士般的小伙子迎进餐厅，被引导到座位上后，"服务生"递上一盘精致的西餐，送上一杯甜甜的果汁……老师们将餐巾轻放膝上，左手持叉，右手持刀，频频举杯，优雅迷人，这简直就是一幅动人的油画！切东西时左手拿叉按住食物，右手执刀将其锯切成小块，然后用叉子送入口中。使用刀时，刀刃向内。进餐中放下刀叉时，摆成"八"字形，分别放在餐盘边上。刀刃朝向自身，表示还要继续吃。每吃完一道菜，将刀叉并拢放在盘中。吃水果时，不整个去咬，先用水果刀切成4瓣或6瓣，再用刀去掉皮、核，用叉子叉着吃。精致的盘子、高脚酒杯。温馨浪漫，简直是人大附小情调。

8点，教职员工，带着一个惊喜，一脸微笑，一份满足，一股热情，走上了各自的岗位，在满心欢喜中开始了一天的教学工作。

老师们说这一番异国情调让他们仿佛置身于西方，感受到了别样的美妙。虽然工会主席并未直接告诉老师们，但是他们早已猜出这一定是校长的主意，一条条短信飞到我的手机上："校长，您远在异国他乡还惦记着我们全体老师，怎能让我们不感动啊，这一顿正宗的圣诞节西餐，让我们过得很快乐！""校长，早点回来，想死我们了！""校长，英国大雪您要注意安全啊！"无数句"谢谢校长，我们太幸福了……"我仿佛看到老师们一张张灿烂的笑脸，能让我的老师们开心、快乐，我比他们更高兴。我的幸福早已和附小师生的幸福紧紧相连，惦记老师与被老师惦记的感觉真好！

当我回到校园的那一刻，老师们七嘴八舌地向我诉说起感谢之情以及欢度圣诞节的美妙。他们说第一次吃学校食堂做的西餐，味道好极了，心情妙极了，令他们久久难忘。

想来，还要感谢英国这场大雪哟！

Do You Learn English Today?

我上学的时候，初中才开设英语课。1978 年我考入北京第三师范学校，师范三年没有再开英语课，我的英语就初中水平。工作后为了学好英语，也曾三进三出培训班，可还是没学好英语。因此，我特别羡慕那些能说一口流利英语的人，同时我也很重视孩子们的语言学习，把一切机会留给孩子。我们学校是国内外教育交流的窗口，每年都有很多的来访者，迁入世纪城校舍以来已有近万人来过我校，所以我规定凡是外国友人来校参观时，我们就用学校的小小导游团，由孩子们负责引导介绍，还省了翻译。看着孩子们用流利的英语对答如流，我很感动，觉得孩子们特别了不起。记得一次，美国教育先锋校校长及 40 多位老师来访时，我的孩子给我做翻译，我直言道："*我的孩子英语水平比他的校长强，我要向孩子学习。*"在座的人鼓起了掌，我想这掌声既是送给我的，更是送给我的孩子们的。的确，教学相长，我们老师也要向学生学习。

2004 年开始我校就确定每周三为"英语日"，那时是为了让孩子们爱学英语，要求每节课每个学科的老师必须用英语问好，不会的老师向家里人学，让班里的孩子当小老师，这个活动一直坚持到今天。魅力语言中心的老师还与信息资源中心老师合作拍摄了校长说英语、老师说英语、学生们说英语的短片，每周三在一进门的大屏幕上播放，告诉大家"今天是英语日啦！"这一天的课间操是孩子们喜欢的自由奔放的街舞，中午电视播放英文短片等。总之，这一天，孩子们置身于英语的海洋里。

为了不让我的老师们像我一样，也为了附小成为国际化学校，在我的号召下，学校掀起了轰轰烈烈的"学英语热"。

我要求 40 岁以上教师每人每天记一个英语单词。每天记一个词，一年就是 365 个词，积少成多。40 岁以下教师每人每天记一条英语句子。无论是体育、数学，还是语文、品社，我希望每一科老师都能掌握一定的英语知识，说一口流利的英语，这不仅是增强自身素养的需要，更是要走出国门、开阔视野、扩展交流的必然趋势。

为了提高老师们学习英语的积极性和实效性，工会以组为单位进行英语学习并验收。全校老师学习英语的热情被充分调动起来，校园中随处可见大家学英语的情景。课堂上，实现了双语教学，在教中学，在学中教。大家还制订计划，每人每天记多少个单词，背多少个句子。老师们沉浸其中，享受着学习的乐趣，连早上见面的第一句话都是："今天学习什么单词啊？"

为了提高英语水平，老师们真是"无所不用其极"，八仙过海各显神通：有的采用"分散学习法"。喝水时，马上就会想一想英语"水"怎么读，并及时记住单词。为了怕遗忘甚至在杯子上贴上了"水"的单词标签。如果有英语标记出现的地方，只要你问那个单词或短语，不管你熟悉不熟悉的老师，总会有人回答你，大家学习的兴趣极高；有的采用"勤奋学习法"，一遍一遍地读、一遍一遍地写。有的老师写了不下二十遍，不厌其烦，不怕困难，克服遗忘；有的采用"交流学习法"，你说我记，我背你查，直至熟记于心；有的老师采用"虚心请教法"，不耻下问，请学生帮忙。学生很乐于做这项工作，角色的对换，增强了孩子的自信心，提高了老师学习英语的兴趣，拉近了师生的情感，真是一举多得呀。下班后，大家经常会不自觉地聚在一起，你一言，我一语，你呼我应大声地说着英语，虽然说得不是很标准，但没有人耻笑，没有人讥讽。我们附小有一句人尽皆知的话，那就是：即使说错了也要理直气壮！因为只有敢于说，才能知道错与否，也才能不断改进。就这样，当你走过老师的办公室，你会听到大家相互讨论英语的声音；当你走在校园里，你会看到老师们边走边聊英语的情景。这是属于人大附小教师独有的学习氛围与景观。

老师对我说："早上来了，大家先互相说个单词记一记，然后就去班里上课，中午休息时间去游泳……您不知道现在这一天可充实了！"

就要进行小组验收了，教室里、办公室里，到处都是老师们忙碌的身影，此刻的他们就像一个个小孩子，经过认真努力的练习，做着最后的冲刺，等待着"老师"的检测。

终于到了验收英语的日子，老师们胸有成竹地走进教室，还没等英语老师布置完黑板，老师们已经熟练地答完了英语试卷，满带笑容地离开了考场……

而一个月后，我们将迎来第二次英语验收。老师们又开始了第二轮的"猛烈进攻"。

头脑风暴中心老师还在自己组内设立了"English time"，这个固定的时间大家都在说英语，没有人难为情，没有人不好意思，主任带头自费报班学习，科学课上尝试双语教学。全校教师的誓师会、交流会上，科学老师们带头用英语汇报,连老师们都惊呼:科学老师要抢英语老师的饭碗啦!老师们开大会时常常要冒出英语,也将了我一军,校长也要挖空心思带头啊,好在我有日本留学经历,我就中日英三国语言一起说,新年好!Happy New year! 新年おめでとうございます。逗得老师们哈哈大笑,一派其乐融融的景象。

看到老师们积极学习英语的热情和冲劲,我感到特别欣慰。但我知道,不是所有的老师都能学会英语,其实督促老师学英语最终想达到三个目的:一是让校园生活变得更有趣,让老师们工作之余更为充实;二是强化成年人的记忆力,我曾在《参考消息》上看到一篇文章,讲到人的大脑长寿的秘诀之一就是学习一门语言,既可以增强记忆力,还可以预防老年痴呆;三是我希望老师在学习英语的同时增强一种自信心,调动老师学习新知、接纳新事物的欲望,让生命永远充满活力,让进取之树常青。

我相信,终有一日,当外国友人来校参观时,我的任何一位老师都可以与他们自信、熟练地用英语交谈,这将是我这个校长无比的骄傲。我更相信,这将为培养国际化人才、打造国际型的学校打下坚实基础。人大附小的知名度已然不言而喻,但求知和发展永无止境,国际化是我们需要努力发展的一个方向,学好英语只是其中的小小一步。

□ 2003 年赴美教育考察

教师的"温馨之家"

一看题目，您可能会想到"工会之家"，我现在要说的是附小老师人性化的办公室。

2005年附小从人民大学迁入世纪城新校址后，学生人数迅速增加，办学空间逐年紧张，不得已只能挤占办公空间，当时20位老师挤在40平方米的办公室里办公，一人要出去，一排人都要起立让道。出去的人很不好意思，让道的人也无可奈何。

2008年，一个学生对我说："校长，这可不是名校老师的办公室啊！"一句话说中我心里的伤痛，我决心想尽一切办法，改善老师的办公环境，创设出一流的名校老师的办公室，创设出一个教师的"温馨之家"。

2009年附小建校五十五周年之际，在考察日本、新加坡及国内十一学校的教师办公环境后，我把自己对教师办公室的设计理念及设计要求讲给了设计公司及施工单位。我希望营造"家"的氛围，为减轻教师的工作压力，创设一流的体现以人为本的教师办公室。此后，学校对一层多功能厅进行了加层改造，为每个教师创造了设施齐全的3平方米独立办公空间，大办公室内设有教师茶歇的休闲区，有教学交流资料丰富的教学资源区及教师阅览区。

教师休闲区就像家里一样，课余时间老师们在茶歇间小憩，学校免费提供茶叶、菊花、枸杞子、冰糖及独立包装的小零食，课间操后送水果或小糕点。老师们可以坐在精致的彩色吧台前，吃着可口的小吃，喝着自己喜欢的饮品放松心境，聊一聊轻松的话题，忙里偷闲的愉悦不言而喻。工作的压力在这里得到释放，压抑的心情在这里尽情放松，这是一种享受，一种建立在知识与休闲之上的精神享受。同时我还让特别添置了冰箱及微波炉，我想如果老师早起临时不舒服没有吃早饭，可以留一点放冰箱里保存，什么时候想吃了微波炉可以随时加热。

在教学资源室，中间的小型教研区域里桌椅、电视、放录机等一应俱全，几组书架上有国内各版本的教材，大学、中学的一些教材，还有一些国外的小学教材。有的是我们老师出访带回来的，有的是来访者赠送的，我希望老师在备课时可以汲取国内外教材之精华。这里还有可通过校园网络调用的资源库。丰富的教学资源为老师们备课、为年级组、小型课题组在此开展教学研究活动提供了理论和素材支撑。

教师阅览区里，主要是当天的报纸和近期的期纸杂志。如果老师批改完作业后，还有一些时间，就可以足不出户地坐在舒适的沙发上使用按摩器（预防老师长时间站立腿部的静脉曲张）。将脚放在电动按摩器上，一边轻松地享受按摩，一边徜徉在阅读几十种报纸杂志的乐趣中，真是无比惬意。复印机就在旁边，看到自己喜欢的文章随时可以复印下来，作为资料保存，不用找任何人签字报批。

为了避免过去办公室处理问题的弊端——一位老师与学生或家长谈话，全屋老师都跟着听着，改造后的办公室特别安置了学生送作业、取作业不用进办公室的隔断小箱子；办公室外专门有一处开放式的谈话区，像火车里的高背靠椅，谈话相对隐私，墙上有所有老师办公桌上的电话号码，家长、学生有事情找老师，就给老师打电话，老师在谈话区接待。

用老师们自己的话来形容这先进时尚的办公环境，那就是——"比家还要温馨的办公室！"老师说："校长，您创造这么温馨舒适的办公室，是不是不想让我们回家啦？""校长，今天我在办公室批改了15本作文，您知道，原来在学校一本也批改不下去，现在可好了。"

在教学上，我要给我的教师们最好的教学资源；在物质上，我要为我的教师们提供最先进的教学设施；在精神上，我要为我的教师们创造最丰厚的幸福感。看着老师们幸福洋溢的神情，我开心极了。

老师们特别爱这个温馨的家。他们一针一线亲手绣出精美的十字绣挂在墙上。除此之外，墙上还挂着用各种废旧物品创意设计的画板——静谧的江南水乡，温情的鸡妈妈孵蛋，婉约的黎族少女，淡雅精致的布贴画，即使是几张废旧报纸，也三撕两贴，做成了可爱的米老鼠，向人们诉说着心中的"HAPPY"！

老师的"全家福"摆上了办公桌，在精美的小鱼缸里养几尾小金鱼，大盆的、小罐的绿色植物充满盎然生机，花瓶中更是不缺康乃馨、玫瑰、百合这样的鲜花，一年四季花香四溢，真是让人赏心悦目。还有老师发表课上得到的奖励——一串串火红的"冰糖葫芦"，见证了老师们的团体协作……

2009年9月28日，蓝天阁落成的那一天，老师们怀着欣喜和激动的心情迁进新办公区的情景仿佛发生在昨天。老师们的脸上洋溢着的都是幸福满足的笑靥，老师们把学校的人文关怀化为前进的动力，置身于这样的办公环境，还有什么不奋进的理由，每个人都"不用扬鞭自奋蹄"，自觉地为学校奉献着，在先进时尚的环境中感受着工作的幸福，享受着"家"的温馨与舒适。

作为校长，我所努力追求的就是让师生都能幸福成长，我们强调孩子是祖国的花朵，需要精心呵护，我们更注重培育园丁，因为只有幸福的园丁才能培育出美丽的花朵。十年校长路，从来如是，我也将一如既往，想教师所想，感教师所感，急老师所急，为教师们铺设一条通往职业幸福的教育之路。

办公室是老师在学校的"家"，"家"的环境与氛围直接影响着老师的工作质量，也影响着老师的幸福感。

如今的办公室，又多了一个功能，那就是成为教育同行参观必不可少的"景点"，啧啧称赞，羡慕不已，俨然成为附小教师的幸福"传染源"。

让穿衣成为一种文化

在我留学期间，发现日本的老师几乎每天换一身衣服，连着两天绝不会穿相同的衣服。我很疑惑，找了个机会进行询问，她们给我的回答是：这是对周围人的一种尊重，像出门要化个淡妆一样。随后又幽默地补充说，同时表示你昨晚是在自己家过夜的。我恍然大悟，原来如此。她们的话也许有调侃的意味，但是的确让我对穿衣有了新的认识。

1997年3月回国后，9月开学典礼，我要求老师一律穿正装，衬衫、裙子或制服裤，不许穿牛仔裤，那是旅游、休闲时穿的，当时还有老师不理解，在下面发牢骚："就她事儿多，这是在中国，又不是在日本。"

2004年，我刚当校长半年，学校便面临整体搬迁，面对强烈的反对声，为了学校更好的发展，必须顶住这重重压力。作为一校之长，我知道自己是老师们的主心骨，我要带给老师们信心，于是我要求领导班子里的每一位成员必须每天用我们的笑脸带给老师信心。我自己每天换一件衣服，衣服不一定天天洗，过几天再穿，但一定每天换一件，主要是给自己提提精气神儿，让老师看到校长阳光灿烂每一天心里踏实。虽然衣服大都是购自官园、金五星这样的批发市场，一百块钱能买好几件，但是它们却收到了我预期的效果。

搬迁顺利进行，学校发展日新月异。一次在区里开会，我特意穿上一件姐姐送我的正装。外校一位校长看着我当天穿的衣服便问："一看你今天穿的衣服这款式，肯定是藤氏的吧？""什么氏？"要知道，我对衣服的品牌可是全然不知，她站起来翻开我的衣领看商标，随后说："看看，我说对了吧？我就说嘛，名校的校长就该穿这样的衣服！"听了她的话，我似乎一下子被点醒了，第一次将自己的形象与学校的形象联系起来，是啊，一所学校的校长就是这所学校的代言人。我虽然从不在意衣服是不是名牌，但是这位校长的话却让我明白了：我的形象＝学校的形象，我代表学校！

从此以后，我开始注意自己的着装，让穿衣成为附小的一种文化。例如，当学校有师生外出参赛、参加活动，我都要选择红色的衣服去送别，因为红色在传统上代表吉祥、平安、胜利。让我最不能忘记的就是2011年的5

月，五年级的学生参加海淀区学科质量监测。监测当天，我依然穿上鲜艳喜气的红衣服到各班和孩子们打招呼，鼓励孩子们好好发挥，脸上笑着，但是我却心如刀绞，因为此刻，与我相濡以沫23年的爱人因为意外受伤，还躺在ICU里，生命垂危……但我是一校之长，我不能无视我的责任，我心里默默对自己说：希望这红色的衣服，给我的孩子们以及我的爱人带来好运、带去祝福！

2011年，我代表学校连续在市、区大会上做了七次发言，老师们欢欣鼓舞，学校的发展受到社会上越来越多的关注，用其他校长的话说：你们学校红了！出镜率真高！在学校当年的期末总结会上，我特意穿上一件紫颜色的毛衣，我问我的老师我选择这件毛衣的原因，老师们很聪明，一下就悟到了：只要我们团结一心、众志成城，2012年，我们更要大红大紫！

又一个新的学期，我要讲学校的"十二五规划"，当天我穿上了一件红蓝条相间的帽衫，没等我开口，我的老师们就明白了：校长，您这是要给我们描绘未来的"宏伟蓝图"啊？我可爱的老师们，已经能从衣服上读到我内心的想法了！没过多久，我到区里开会，刚进会场，我就有些后悔，因为我发现参会的领导，均是西服革履，正装在身，只有我穿着这样一件红蓝条相间的帽衫就来了。轮到我发言时，我说道："十一五"工作已经结束，今天我特意穿了一件这样的衣服，祝愿我们实现"十二五"教师培训的"宏伟蓝图"！我的话音刚落，一直沉闷的会场立即响起轻松的笑声，我的调侃既为自己解了围，又活跃了气氛，一举两得！

我还一直想在衣服上让我的老师们穿出特色，人大附小独有的特色。每周三是教师自己的艺术俱乐部、体育俱乐部，于是一直想给老师们置办一身夏季运动服。总务主任在看过样品之后回来说，运动服颜色太多，没法定夺，我听了倒是挺高兴，我再去看看。看过样品，我问服装厂的人：这种运动服能凑够十二种颜色吗？回去我们给你报数。在回来的路上，主任问我：校长，是不是老师们想选什么颜色就选什么颜色啊？我将想法一说，主任大呼：这主意太好了！

在发运动服的时候，学校要求大家只能换大小号，不许换颜色。第二天要求大家穿好服装到多功能厅照相。我让属老鼠的老师到前面来，于是穿着淡蓝色衣服的老师走到了一起，此时老师们才恍然大悟：哦，这衣服是按属相分的颜色啊！老师们立刻情绪高涨起来，纷纷找和自己同属相的老师。我要求每个属相给自己编一句名言，配好插图，画在作为背景的后黑板上，于是一幅幅生动有趣的生肖合影诞生了：淡蓝衣服属鼠——老鼠怕猫，这是谣传！？橙色衣服属马——宝马！黄色属龙、绿色属蛇……

最逗的是属猪的老师，穿的是紫色，他们问我，校长，为什么给我们挑紫色？我说猪胖呗，穿深色显瘦。他们说不对，您的意思一定是：紫猪不怕开水烫！属相校服成了校园中时时存在的移动彩虹，成了附小独有的风景！（照片见彩插）

平时，我也很重视每一次和老师在全体会上见面的着装，我的老师们会即时"点评"的哦："今天在下面一见您，觉得很白，很漂亮，衣服颜色也很衬您，很高雅。开学后也要注意劳逸结合，继续漂亮下去哟！有感而发哟！"

随后撒娇一样的管我要，校长，也给我们买一件呗！

不经意间，穿衣成了附小的一种文化，现在老师们也很注意自己的着装，特别是开家长会、重大活动时都主动问需要穿什么。我希望附小的每一个老师既会工作，更会生活。其实穿衣不在于它的价格与品牌，而是在于合适、得体，那样就会靓丽我们的生活，更靓丽我们的心灵！

生活就是美

建设生态校园，自然环保为先。这是我一直都很注重的。2011年学校经过抗震加固以后，校园环境需要重新布置。我主张少花钱多办事，学校是我们师生共同的家。我号召老师假期里自愿制作废物利用的"环保艺术"作品。开学后，老师们上交了173幅废旧物品的创意妙作。

汤老师的《瓶花》由几根废旧电线和一块旧泡沫板组合而成：几枝不同色彩和姿态的花由电线弯曲造型，花瓶的形状则由一块泡沫的边角料裁切而得，并巧妙地将花朵插在瓶中。

张老师在平时爱收集废旧笔帽，这些废笔帽还真的派上了大用场。他用纯黑色笔帽试着粘出一只大熊猫，用绿色的废彩笔做出两棵竹子，再加上几片竹叶。这件完整的"大熊猫"作品被很多老师所欣赏。

还有一部分老师，利用不同的素材，创作出与众不同的龙元素。信息中心董老师独具匠心地以旧键盘创作了龙的形象；数学组宋老师，幽默地以瓜子绘出龙的字体；语文组王老师，以小药品盖和吸管，制作出一幅令人想不到的腾飞的龙……

身为一校之长，我以身作则，要求老师做的，自己也努力做到。我和女儿合作亲手制作出以生锈的大头针扎出的一朵娇艳欲滴的牡丹花，取名为《幸福像花儿一样》。几位行政女领导犯愁，还没有作品呢。那就一起来吧！

记得那是一个周末，我和几位老师参加完李老师的婚礼后回到学校，我拿出一块吹塑板，上面请李老师帮助画了一位金发美女的轮廓。我不无兴奋地说："我又找了一些生锈的大头针，咱们一起让它变废为宝，生锈大头针的黄色恰似金发美女的头发，今天，我们就来合作创作这幅美女图吧。"听了我的创意，大家连声说妙。

在大家的合作与努力下，我们用了两天时间创作出了这幅画：远远望去，在黑色的背景下，欧洲少女金色长发披肩，头戴系有蝴蝶结的礼帽，侧身站立，好似深情地望着远方。她高高的鼻梁，深陷的眼窝，厚厚的嘴唇，构成了脸部优美的轮廓，李老师还找来几个男衬衫领子上的珠子大头针，装饰在衣服上，充满了高贵、典雅的气质。从楼道里走过的人都会不由自主地停下脚步，走上前去细细端详，慢慢欣赏《生活就是美》这幅作品。

我们的男领导们抢先把办公桌搬到了画下面，养眼啊！不知谁布置的时候在右边同样的位置上贴了张老虎剪纸，得，连起来就是一首歌名《女人是老虎》啊。

我们之所以把这幅画起名为《生活就是美》，是因为画中美丽的少女，预示着美好的生活，寄托着美妙的未来。

如今老师们的这些妙作，分别挂在行政及老师们办公室的墙壁上，每次有客人来访，经过这里都要驻足品味一番，惊叹作品的巧妙，也赞叹附小教师的创意。附小老师们说："这一切归功于我们的郑校长，是她激发出我们的创作火花。"其实，你不知道，这也是我对老师们的一种"隐性"培训，因为我一直认为"没有创新意识的老师培养不出具有创新精神的学生"。

▢ 你相信吗？这是结婚20周年的纪念照。老师们风趣地说：还能再谈一次恋爱。

幸福和快乐靠自己来创造

建设游泳馆的初衷

如果在游览祖国的山与水之间选择，我一定会选择有水的地方，因为我喜欢有水的环境，所以家也选择了有水系的小区。这么一个乐水、好水的人，却是只旱鸭子，让人不可思议。女儿小的时候，我没有逼她上过任何兴趣班，唯独强迫她学会了游泳。因为我觉得不学唱歌、跳舞等技能，不会危及生命，*游泳不仅是健身的项目，更是一个人的生存本领。*

当了校长，我把人大附小的学生当成自己的孩子，把对女儿的教育思想运用到了学生身上。于是，在旧校舍利用附中的游泳馆开设了游泳课。当我看到孩子们学五六次就脱漂脱板时，心里真是高兴！一学期后，大学通知我们搬迁，借此机会，跟领导讲了个"条件"——到新校舍后，建设自己的游泳馆，得到了领导的支持，也成了搬迁时的一个承诺，这就是建设游泳馆的初衷。

让游泳成为人生的"财富"

历经周折，2009年5月5日，附小人永远铭记的这一天，师生盼望已久的一座集体育馆、游泳馆为一体的"水艺芳"落成了，同时也成为附小的标志性建筑。我们的目标就是让走出彩虹门的孩子人人学会游泳。我欣赏着教练们精彩的游泳课，看着孩子们像小鸭子一样快乐地在水里扑腾，*我感悟到让孩子学游泳的第三个益处：培养孩子阳光的心理。*同时感叹：这游泳馆真没白建，一定要让人大附小的孩子享受最幸福的教育。

统计了当时91位班主任，只有15位老师会游泳。如何调动老师学游泳的积极性呢？全体会上我把自己听来的、看到的有关信息传递给老师，就像告诉自己的家人一样。如：70多岁的退休教师刘老师因为腿有病行动不便，医生说：治好腿的唯一办法就是去游泳；我们的老校长68岁学会游泳；亲水人长寿；仁者乐山，智者乐水等。为了给老师学习游泳更大的动力，我提议给予一年内学会游泳的老师每人1000元奖励，领导班子一致通过，引起了老师们强烈的反响，随后学校掀起了学习游泳的热潮。至今，已有162位老师得到了此项大奖。它的含金量不仅在于学会了游泳的技能，更重要的是奖励一种不怕困难、排除万难的精神；一种世上无难事只要肯登攀的决心；一种坚持不懈、争取胜利的意志；一种学无止境、永不言败的态度；一种敢于挑战自我、战胜自我的品质；一种我也行、我能行的自信心理；一种享受成功、自我欣赏的快乐……可以说，这千元大奖价值连城，意义非凡。

"我再也不是旱鸭子了！"

我和老师们的学游泳之路正式开始了。

一切准备活动之后，教练在岸上教我们动作：收、翻、蹬、夹。看似简单的动作，做起来还是有些别扭。

带着岸上的"记忆"，我们下了水。同样的动作在岸上做还不准呢，更别说在水里了。

最艰难的是要把头扎进水里憋气，这对于我们可是个挑战。当头扎进水里的一刹那，我们看到了蓝色的水底，看到了水的流动，感觉似乎也不那么害怕了。

回到家里，还要在床上复习"收"、"翻"、"蹬"、"夹"。

终于可以带上"方块面包"在水里游了，只是要到深水区还是有心理障碍。在教练的鼓励中，我们勇敢地突破心理防线，向深水区游去。当我们第一次游到深水池边时，心里的高兴劲就别提了。下一步，我们就该摘掉辅助游泳的"漂"了。

摘"漂"的时候可有趣了，我们一起学游泳的老师都风趣地说："见证奇迹的时刻到了！"这时，我们自己组成保护小组依次排开（其实没有用，但求心理上的安全感吧），然后大家轮流体验。虽然游不了多远，但我们毕竟会游了。大家兴奋地交流着，不断地实践着。兴趣盎然，乐此不疲！

每每说起这件事，我们真的很自豪！

老师们真的奇迹般地学会了游泳，激动的心情无法形容，有的老师开玩笑地跟我说："校长，等您发了奖金，我们一定请您吃饭……"

让我们为自己喝彩！

真是没想到，48年前的这天离开了妈妈温暖的羊水，48年后生日的这天竟然又回到水里度过。这天，全体领导齐聚水艺芳，共同见证鄙人本命年里的巨大成就——蛙泳展示。水池里大家把斟满红酒的杯子高高举起，在声声祝愿中一饮而尽。接着开始畅游，电教梁老师记录下了这一珍贵的时刻。感谢我的兄弟姐妹们真情陪伴，这是我送给自己最大的生日礼物。

吃水不忘挖井人，回想起学习游泳的过程我心中充满无限感激，涌起感恩的涟漪：

感谢我的首席教练刘儿，从一招一式讲起，从一点一滴教起，细致入微，精益求精，从心理到肢体的调整、训练，让我终身受益，从怕水到活了四十多岁第一次知道水其实真的不可怕；从不会漂浮到一口气平稳地潜水五米；从不会换气到呼吸自如；从不向前进到连游五十米；从指挥千百人到听一人指挥；从背两个四层漂到没有一层漂……这成长全是刘儿的功劳。一句话：没有刘儿，就没有今天游泳池里的我。学游泳的动力就像"二校长"葛雪的台词：我当然不是为那1 000块钱了，我得给老师们做榜样啊，身教重于言传。

感谢我的临时教练们，他们给予我的精神鼓励和技术指导，让我更加充满战斗的勇气和力量。

感谢我的"贴身保镖"，每次我下水，他们总是眼不离水，杆不离手，永远是时刻准备着，那神情比我还紧张，成为我心理的"定海神针"。

42岁学会开车，48岁学会游泳，觉得自己真的挺了不起的，还真是活到老，学到老。

其实我最高兴的还是智囊团老师们，我为你们战胜自我而骄傲，为你们成为青年人的榜样而自豪。看见你们学会了游泳比我自己学会了还高兴，你们的行动证明——真正的敌人是我们自己。之所以被大家称为"笑"长，就是因为我不仅仅总是面带笑容地对待我的师生，还总是笑呵呵地面对任何困难，我相信只要我们充满信心和努力，胜利的曙光就会照耀到我们身上。

我们学了那么多的科学知识，却很少重视生存技能。在学游泳的过程中，我们更多的是享受快乐。我们常常为自己的点滴进步而兴奋不已、欢天喜地，使我们亲身体验到幸福和快乐其实很简单，尤其是靠我们自己来创造的，更加充满了成就感。

千言万语汇成一句话：祝贺所有学会游泳的老师们，你们是了不起的附小人，让我们为自己的成长喝彩！为自己的精神喝彩！为我们能战胜自我而喝彩！

学校编辑印刷了《嬉游记》这本书，发给每位老师留作纪念，这里面汇集了老师们学会游泳的幸福和快乐，一篇篇散文、诗歌表达了"我运动、我快乐"的感悟，快乐健康永驻附小教师的心田。教师是学校的财富，教师的身心健康决定着教师的幸福感。

浪漫校园

2013年教师节来到了，今年的教师节怎么过呢？每一次教师节我都想给老师们带来不一样的惊喜，我希望老师不仅会工作，同时还要享受浪漫的生活。

那时不少教师还没有走进过附小的东校区，只是从视频上看到了一年级孩子们在中国"巴学园"快乐生活的片段，都很希望有机会亲眼看一看。我自己也很陶醉于这个人与自然和谐的环境，三棵几近楼顶的百年古树，确实为校园增添了古韵与浓厚的书香氛围。我建议今年的教师节就在东校区的校园里举办一场盛大的Party吧，工会主席和委员们积极筹备起来。

围着茂盛大树而建的孩子们的圆盘滑梯，成为了老师们一展歌喉的舞台。

老师们围坐在草地上，品尝着学校食堂自制的"美食佳肴"，相映成趣的是耳边飘扬的优美歌声与动感的旋律，再加上四位评委幽默、独特的调侃，这就是"附小好声音"热闹的现场了。各组的老师们竞相开嗓助兴，使这个节日氛围显得轻快而又愉悦。虽然夜幕开始降临了，但老师们依然兴致盎然。

这时，游泳教研室李老师走到我面前，冲动地说：

"校长，我想唱首歌，这首歌只有一个人能听懂……"话语中掩饰不住小伙子对幸福的憧憬。

"可以啊，没问题，校长支持你！"听到这个年轻小伙子的要求，我马上心领神会，早就有老师跟我说过，李老师和张老师在谈恋爱，但也没得到肯定的答案，绝大部分老师也都不知道，因为两人平日里工作很努力，性格沉稳，从不张扬，没露任何痕迹。我何不借此机会让大家共同分享两人的幸福呢？其实从我的内心特别赞成老师们成双成对，这几年也调来几对夫妻，一家人都为人大附小奋斗，同心同德，夫唱妇随，其乐融融，还不用做家属思想工作，多好啊，还有现在这汽油钱也不便宜，同来同往的上班还省车油钱，一举两得的好事。

想到这儿，我对小伙子说："光唱歌啊？何不借此机会，求婚吧！一定能给她带来惊喜！"李老师急促地说："校长，我什么都没带，戒指也没有，怎么求婚啊？""这不满地都是鲜花吗？百年好合啊！她一定不在乎你的礼物，而在乎你的浪漫情意，信不信？一定会给她带来感动。""好，谢谢校长，就这么办，到时您得过来帮我。""没问题，去吧。"于是，我嘱咐安排相关老师去准备、配合。

在老师们毫不知情的情况下，从话筒里传出了这样令人激动的表白：

"老师们，今天我没有报名，所以我不求四位评委为我转身，但如果能有一位特殊的人为我转身，就足够了……"

在老师们的期待中，年轻的小伙子唱出对爱的表白，当充满力量又不失温柔的歌声在老师们当中响起时，所有人都在猜测这个浪漫的人到底是谁？只有我注意到了，这条求爱之路的另一端——年轻的张老师确实一直在左顾右盼地找心上人。体育组老师拿出玩具节没放的礼花炮，"砰……砰"从礼花筒中喷薄出的缤纷花瓣，顿时弥漫在这浪漫夜色里，老师们簇拥在两旁，见证着幸福而又难得的一刻。顺着老师们的目光，这个被突如其来的幸福所围绕的女孩儿，被眼前的他感动得不知所措。我走上前来，拉着相亲相爱的两个人的手，缓缓地走上了"附小好声音大舞台"中央，激动地对全校老师说："亲爱的老师们，在这特别的日子里，在这欢乐的时刻，我告诉大家一个好消息，我们学校的一对有情人的爱情将从地下转入地上，让我们共同来祝福他们，并分享他们的幸福吧！"

体育组的老师们起哄道："跪下，求婚！"

小伙子还真是不含糊，双手捧着大束的百合花单膝跪地："小敏，嫁给我吧！"腼腆的姑娘顿时泪流满面，我们知道：这是此时此刻激动的泪水！这是意外惊喜时幸福的泪水……我站在旁边见证着这无比浪漫的一刻，忽然想到花总有谢的时候，拿什么留作永久的纪念呢？灵机一动，摘下我脖子上的七彩丝巾，拿它作信物吧，递给小伙子，他把这幸福围在了姑娘的脖子上，温暖耀人，无与伦比。满场老师响起了震耳欲聋的欢呼声，祝福声！爱的海洋，让人羡慕啊！"太幸福了，我也想结婚了……"这成了当晚年轻的老师们重复频率最高的话。幸福弥漫在整个校园，浸润在每一个附小人的心间，传递给所有的家庭，历久弥新……

晚上，我陆续收到老师们发来的短信，所表达的意思大多是这样说的："校长节日快乐！您辛苦了！此时我最想表达的是在附小工作的日子里，真的是在奉献爱与被爱中成长。今天真的很感动，很幸福！我喜欢这样的庆祝方式。我喜欢在附小工作，那种感觉很温暖，很舒服！谢谢您！！！希望您永远这样年轻！！"

爱是能传染的，爱也需要创造。我希望为附小的每一位老师创造这样幸福的感受，永远徜徉在幸福的爱河中。

晚上九点多，我收到了李老师的短信："亲爱的校长妈妈：您好！感谢您给予我表白的舞台，我现在的心情还像歌词一样一直无法平静，太激动了！感谢您的七彩围巾，我要把所有的感动化作动力，为我校的七彩梦做贡献！在附小工作太幸福了，我爱您校长妈妈！最后诚邀您到时做我俩的证婚人！校长您平时多注意身体，多喝水，谢谢您我敬爱的校长。"

我回复说："宝贝儿：我今天真为你高兴！为你的勇气喝彩！为你们的幸福祝愿！一对好孩子，校长一定为你们的幸福见证！还要特别谢谢你，让大家分享你的幸福，让活动大放异彩。走进属于自己的幸福，好好珍惜！"

今年国庆节我又接到李老师的短信："亲爱的郑妈妈，我和晓敏已于9月30日成为了合法夫妻。家里人看过附小好声音视频后特别感动，都纷纷感谢您对我俩的关心与呵护，远在齐齐哈尔的我们恭祝您国庆节快乐！！！我们爱您！！！"

我亲爱的大宝贝儿们，祝你们永远幸福！我爱你们！！！

第六章 在感恩他人中回味幸福

百年校庆时我一定回来看您！

2003年年底做校长后，从2004年的毕业生开始，我都亲自为每一位毕业生颁发毕业证书。直到学校迁入世纪城新校舍，举行首届15个班的毕业典礼时，为了照顾我，也为了节省孩子们等待的时间，安排了两位副校长一同颁发毕业证。2010年，我对沿用了13年的毕业典礼内容进行了改进，不仅颁发毕业证，还增加了三项内容。一是投递心愿卡，我请孩子们把人大附小百年校庆时你将成为什么样的人写下来，也就是让孩子们走出小学后有人生的目标，把自己的承诺写下来，投在心愿箱里，学校进行封存，待到百年校庆时一齐来打开；二是在班旗上签名，原来是将班旗传递给一年级，现在是封存在校史馆，相信这对孩子们也是一种激励；三是我写的一段人大附小百年校庆邀请函，内容如下：

亲爱的孩子：

六年的小学生活，你徜徉在附小独有的七彩教育的天地里。今天你带着附小人的特质，成为走出彩虹门的阳光少年，相信你未来一定能实现"心愿卡"上的远大理想，兑现自己的庄严承诺。

2054年是人大附小建校一百周年，届时希望你作为2011届毕业生关注母校网站上百年庆典的信息，回到梦开始的地方，共庆附小百年华诞。到那时，相信你一定会成为国家和社会的杰出人才。

感谢我的骄傲！祝福我的自豪！

典礼上，我看着孩子们一个个先将自己的心愿卡投入心愿箱中，然后郑重地接过我手中的证书，眼中饱含感动与不舍，不少孩子在接过证书后会主动拥抱我，说着感谢、感恩的话，甚至有的孩子说："谢谢校长妈妈！"每听到这一句"校长妈妈"，我都会热泪盈眶，心中充满了感动与骄傲，会又一次沉浸在幸福之中。

轮到六（15）班的孩子们领毕业证了，这是在新校舍毕业的第一个寄宿班级，我坚持自己亲自为每一个同学颁发毕业证，把这份特别的爱送给这个特别的班。此时一个壮壮的男孩子昂首挺胸地走了过来，他伸出双手接过证书，双眼注视着我，充满真情地说了一句："校长，百年校庆时我一定回来看您！"看着孩子亮亮的眼睛，虽然声音不大，但字字清晰，我听得出，这绝对是发自孩子内心最真实、质朴的表达，或者说，更是他的承诺吧！我禁不住潸然泪下，立刻点着头同样发自内心地说："好，谢谢宝贝儿！"我把孩子拥抱在怀里。还有什么比这更幸福的吗？

多么可爱的孩子啊！百年校庆——2054年，算一算，那时如果我还健在，我也是一位92岁高龄的白发老人啦，而在孩子眼里，仿佛时间会永远定格，我会永远是现在的这个我，永远在人大附小，在他们心中的蓝天下最美丽的学校等着他们。在他们心中，今天的校长不会老、不会离开，校长的年龄不会随着时间而增长，学校的校长也不会随着时间的变迁而更替，我会永远是那个愿意听他们谈想法、提建议、喊他们"宝贝儿"、给他们拥抱，包容他们一切的校长妈妈！

之后几年的毕业典礼上，孩子们知道了这句话后，都纷纷对我说："百年校庆我也会回来看校长。""校长妈妈，百年校庆时，您也一定要来啊！""校长，祝您永远年轻，百年校庆时您一定还要记得我！"……每一句话都像一串串美妙的音符，总会在我耳边弹奏起一首首悦耳的曲子，让我偶感疲惫的心重新充满斗志与力量。

我曾很多次地告诉附小的年轻老师，百年校庆时，无论怎样，一定要记得这些孩子们！爱是相互的，是需要传递的，每当想起孩子们说的这些话，我就倍感欣慰，这说明孩子们在人大附小这六年，感受到了爱，他们会带着一份感恩的心扬帆远航，终有一天会带着这份爱回到母校、回报母校！我只想说："宝贝儿，校长一定努力不失约，百年校庆时我一定等着你回来！"

期待我的孩子们带着这份承诺，长大成才；期待人大附小走过百年的历史沧桑，能为国家培养出杰出的创新人才，这才是我作为校长所期待的，也是我所追求的。

独特的早餐

一天早上，我要去人民大学开会，临出门前，又看到了放在桌子上的那一大袋绿色的菜，不禁要笑出声来。这个学期自从有了七彩小菜地，孩子们简直是欣喜若狂，小菜地种上了各种绿叶菜、西红柿、草莓、芦荟……随着各种蔬果的成熟，这些可爱的孩子们纷纷将本班的第一次收获送来给校长，我已经记不清自己连着多少天在吃各种绿色的菜了，连爱人都说，我快被学生给喂成一只大兔子了！

看着师哥师姐们的热火朝天，四年级的孩子们眼馋了，强烈要求负责校园中的鸡舍，于是

□ 学生们的杰作

鸡舍中有了六只鸡，一只鸭，还有三只兔子，成了名副其实的现实版的"鸡兔同笼"！四年级的孩子们以班级为单位排好了值班的顺序，每天鸡舍中都有孩子们定时喂食、打扫的身影，忙得满头大汗。连家长们都感慨，孩子们真是长大了！

中午回到学校，刚开门进到办公室，对面档案室宋老师就拎着一个塑料袋走进来，欣喜地说："校长，这是早上四年级的学生给您送过来的。我帮您收下来了。"打开袋子一看，里面装着一个干干净净的鸡蛋，还有一个小巧的瓶子，瓶子里装着半瓶酱红色液体，我正在疑惑，宋老师说："孩子们说了，这是咱们学校鸡舍里的鸡下的第一个蛋，特别感谢校长接受他们的请求，为他们建了这个鸡舍，所以这第一个鸡蛋一定要送给校长。

而且早晨还把这个鸡蛋煮熟了，让家长给调好了汁，让您蘸着吃，增加营养……"

我的眼前模糊了，宋老师后面还说了什么我记不得了，幸福感再一次溢满内心，我觉得自己手中握着的不仅仅是一个鸡蛋，是孩子们懂得感恩的心啊！真好！我看到了我的孩子们纯净的心灵。他们懂得爱与被爱，懂得付出爱、回报爱，这些对于现在的孩子们来说是多么重要啊！我始终坚信，真正的教育不是只靠令人骄傲的分数支撑的，学生的茁壮成长需要丰盈心灵、滋养灵魂，教会孩子懂得爱与被爱，懂得付出与收获，懂得感恩，远比那些纸上的分数更重要！

拿出手机，我将孩子们的一片心意照了下来，这，值得我永远珍藏……

一根"特别"的萝卜

每当看到这张照片,我就会感动不已……这个萝卜个头不小,青绿青绿的外皮,透着水灵,根部还带着潮湿的泥土,可是萝卜缨却已经有些发蔫了。这是怎么回事呢?

学校各班管理的七彩小菜地又到了收获的季节,中午休息的时候,经常可以看到孩子们在小菜地里忙活着,采摘西红柿、收割白菜、拔萝卜……一个个都忙得不亦乐乎。

一天,我在食堂吃过午饭,正和两位老师经过操场的时候,一群孩子一边欢叫着"校长!校长!"一边呼啦一下子围了过来。几个个子不高的男孩子争先恐后,兴奋地说:"校长,我们可找到您了,昨天我们去您办公室给您送萝卜,您不在,听班主任老师说,您去外面开会了。""校长,这是我们种的萝卜,请您先尝一尝。"我笑吟吟地看着这几个可爱的孩子,听他们诉说着收获的喜悦。我询问了孩子们是哪个班级的,和他们攀谈了一会儿,孩子们便欢呼雀跃地跑开了。

回到办公室,我仔细欣赏着孩子们的劳动成果,哎,我发现了一点小问题,这个萝卜上泥土很新鲜,可萝卜缨子有点蔫,我请周围的老师们猜猜是怎么回事?大家七嘴八舌,答案不一。正说着,送萝卜那几个孩子的班主任乔老师来了,她告诉我,孩子们为了给我送萝卜已经惦记好几天了。她说:"昨天中午,几个孩子垂头丧气地告诉我:'老师,我们中午到小菜园挑了一个最大的萝卜拔出来想送给校长,可是校长不在。'我问:'那你们拔的萝卜呢?'孩子们非常认真地说:'我们又把萝卜栽回去了,等校长回来再送给她。'"听了乔老师的讲述,我和在场的老师都忍不住笑起来。难怪那个萝卜的缨子已经蔫了呢,欢笑之余,我心中充满了感动,多么可爱的懂得感恩的孩子呀!作为校长,还有什么比得到孩子们这份特别的爱更幸福的呢?这幸福也是我毕生所求啊!我的眼眶不由得湿润了……

了解了这个萝卜的来历后,我告诉班主任乔老师,下午放学前一定再让那几个孩子到我这儿来一趟,校长要感谢他们!

放学前,几个孩子果真来了,我和他们,还有这个特别的萝卜照了一张合影，并且奖励每个孩子一张校长币。我想让孩子们知道这不仅是奖励，也是校长对他们的感恩回报！看到孩子们如获至宝的激动与兴奋劲儿，我也发自心底的高兴！孩子们在种植、收获的过程中，得到的不仅是一个个美妙的萝卜，更有为之付出努力的快乐。

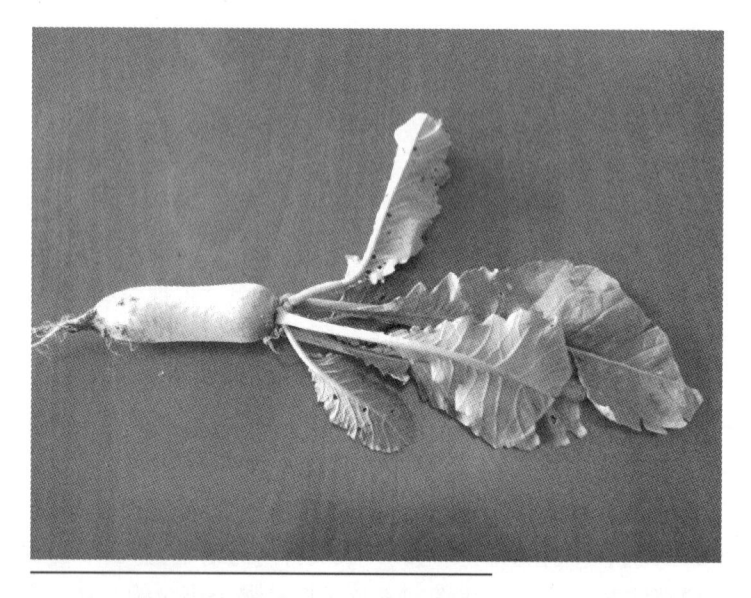

如今，每当看到这张照片，看到这根带着泥土、青绿青绿的、缨子已经蔫了的萝卜，想到孩子们开心的笑容，我的心头就会涌起温暖与感动……

我们还没吃过呢

学生们的"七彩小菜地"收获的这几天，我的办公室里常常有小菜园管理员出入的身影，不少小菜园的蔬菜长大了，油绿的小青菜，经过食堂师傅的清炒更加翠绿油嫩……每一个孩子都认真地递过盘子来，急切地请求着："校长，校长，请您尝尝我们班小菜园的菜吧，绝对无农药，绝对绿色环保，一准儿好吃！"孩子们的笑脸灿烂得如同朝阳。盛情难却，这是孩子们劳动的成果，更是附小人爱心的传递。我一一接过来，逐一品尝，满口清爽，唇齿留香，那沁入心脾的不仅是蔬果的香甜，更感觉到咱们自己孩子有生以来第一次种出的劳动果实里着实别有一番鲜香深刻的滋味。我啧啧地称赞着。

看到我翘起的大拇指，孩子们兴奋地说着、笑着，在回忆中又一次体验着生命从一粒深埋泥土的种子到萌芽，到长大，到开花结果，再到收获的惊喜和激动。这一刻，空气里弥漫着幸福的味道，这一刻，孩子们似乎一下子长大了，一下子真正明白了劳动与付出的意义，一下子深刻领悟了生活与生命的真谛！

让我特别难忘的是，六年级九班的孩子们奔跑着送来了小草莓，经过悉心清洗后装在盘子里的小草莓愈发鲜红，颗颗透亮，散发着幽幽的果香。孩子们抢着说："校长，我们种的草莓熟了，

□ "千金难买"的草莓

您尝尝！"看着孩子们期待的眼光，看着盘子里大小不一的小草莓，我问："好吃吗？甜吗？"孩子们喃喃地说："我们还没吃过呢，第一个给您送来了，您先吃。"听了孩子们的话，我的眼眶一热，真不知说什么好，内心的感动让我伸出双手捧捧每个孩子的笑脸，一边说："孩子们，我们一人吃一颗好吗？校长谢谢你们。"那情景让我永远不能忘记。说实话，每天的忙碌工作和多年的倾心尽力，我也会偶尔感到疲惫，但是当我听到孩子们的这些话时，我觉得我所有的努力和付出都是值得的，一颗心的付出得到了这么多颗心的温暖，我感到幸福满满。

苏霍姆林斯基说："我们应该使每一个学生在毕业时，带走的不仅仅是一些知识和技能，最重要的是要带走渴求知识的火花，并使它终生不熄地燃烧下去。"小学毕业是孩子跨上的第一个人生阶梯，一定要给即将小学毕业的孩子们留下些什么。七彩的小菜地或许会在他们的心灵中刻下难以磨灭的印记。

记得郭沫若先生说过："教学的目的是'培养学生自己学习，自己研究，用自己的头脑来想，用自己的眼睛来看，用自己的手来做'的这种精神。"

通过种植菜园，我的孩子们在"乐中做"，在"做中学"，更加懂得了分工、合作、交流、分享的意义，对于种植管理充满了探究的兴趣。"增强孩子对社会、对生活、对他人的责任感，提高孩子的精神境界"绝不是教科书上的说辞，而是附小的孩子亲身经历的真实的教育体验和见证。

令人刮目相看的"项目主席"

每一年的毕业，最令六年级孩子们心驰神往的非毕业旅行莫属了，因为这是第一次在没有父母的照顾下背起行囊，随着一起生活六年的同学走进一个陌生的城市磨炼自己、体验生活，有哪个孩子能够抑制心中的激动呢？

清晨五点，我站在校门口，为即将赴上海毕业旅行的十个班的孩子送别，当一辆辆大巴车陆续离开校园驶向北京西站时，我注意到一个同是六年级毕业生的小姑娘，一边观察今天参加毕业旅行的各班，一边若有所思地在笔记本上记录着什么。

我忍不住走过去问道："宝贝儿，你怎么不走啊？"

因为2012届毕业生有二十个班级，学校安排1~10班先走，11~20班第二天出发。

"校长，我是15班的项目主席，我们明天早晨出发。我今天就想调查一下出发的注意事项，等到下一批我们出发时，就能够避免出现问题了！"小姑娘解释道。

孩子的回答实在让我感到吃惊，没想到小小年纪思考问题竟能如此周详，而且一大早就来到学校实地观察。身为项目主席，在制订好毕业旅行项目策划之余，还不忘弄清楚出发前的准备工作，多么有责任感、多么细心的孩子啊！一颗责任的种子已在她年幼的心灵里生根发芽，而这份面对工作、对待身边人的态度，将会开启她精彩的人生之旅。

小姑娘身上强烈的责任感深深地打动了我，也使我记住了她的名字——雅淇。

然而这次人人向往的毕业旅行，却有一个孩子因故未能如愿前往。

后来我得知，在毕业旅行策划中，欧阳很荣幸地担任了班级的策划主席，可他却接到了参加海淀区篮球队比赛的通知，比赛时间恰与毕业旅行的时间冲突了。如果选择毕业旅行就不能参加在母校期间的最后一次比赛，就会失去为校争光的机会！

到底该如何选择呢？妈妈对他说，六年才有一次毕业旅行，和同学们在一起，是件很有意义的事；你是篮球队队长，带领同学参加比赛，最后一次为校争光，这也是一份责任，所以说一个肩膀是意义，一个肩膀是责任，还是你自己选择吧。欧阳的妈妈告诉我，"听了我的话，他毫不犹豫地说，'我选择责任'，就放弃了毕业旅行。"听到这儿，我真的很感动！多么了不起的孩子啊！毕业旅行，这绝无仅有的一次机会，对于他的人生意义非凡，可是身为篮球队队长，他为给学校争光，还是毅然决然地选择了比赛。小小年纪，便深知"责任重于泰山"，在"自我"与"集体"之间，断然选择了后者，他让我心中充满了敬佩和感动！

这些年，我一直致力于打造七彩教育，创造适合每一个孩子发展的教育模式，致力于培养阳光、感恩、有责任心、有特质的附小孩子，雅淇与欧阳就是这样可爱的、了不起的、有特质的附小人啊。

责任心是孩子健全人格的基础，是能力发展的催化剂。我相信这些有担当负责任的孩子们，一定会成为家庭乃至国家的栋梁。

梁启超说："少年强则国强。"附小的少年从小就明白了什么是责任，什么是感恩和回报，这是真正的"强"，相信他们有能力有信心挑起未来和希望。

最漂亮的校长

一天，我的办公室里来了一群二年级的学生，一进门，还没等我开口，孩子们已经七嘴八舌地说起来。

原来，孩子们是给我送奖状来了。

学校爱心节系列活动之一是"爱在三八节"。老师们组织一年级的小孩子在这一天给妈妈写上一首诗、送上

□ 两个小柿子成为我拍照的道具

一杯茶，孩子们用自己的画笔尽情地表达着对妈妈的爱。而二年级的孩子们则在"三八节"开展了"我给妈妈发奖状"的活动。孩子们在班里评选"最美妈妈"、"我的妈妈是最温柔的妈妈！"、"我的妈妈是最勤劳的妈妈！"……每一个孩子的脸上都洋溢着幸福，争相夸赞着自己的妈妈。这时，一个小姑娘提议："我想给姥姥发奖状，感谢她为我生了一个好妈妈！"一语掀起千层浪，由此孩子们不禁想起了给奶奶发奖状，更多的孩子还想到了给校长和老师们发奖状。

"我们的校长是最爱我们的校长！"、"我们的校长是最关心我们的校长！"、"我们的校长是最美的校长！"就这样，我收到了孩子们送来的这张奖状，我被孩子们评为"最漂亮的校长！"我笑吟吟地接过孩子们手中的奖状，一时间幸福感溢满心间。当了这么多年的校长，我给不计其数的孩子们颁发过各种奖状，如今第一次收到孩子们颁发给我的奖状，一句"喜出望外"已不足以表达我此刻的心情。看着孩子们送来的奖状,感动、欣慰、喜悦……我找不到更贴切的词来形容我的感受。作为校长，我早已习惯了每日的忙碌工作，习惯了为孩子们付出和奉献，从来没有期盼过要从孩子那里得到什么，可是现在，看到孩子们这份最美、最真挚的情怀，就会觉得一切的辛苦都是值得的，千言万语也都汇成了一句：当校长好幸福！

我越来越感受到，爱是一种传递和循环，老师们精心组织"三八节"感恩活动，把爱传递给孩子，孩子们把爱传递给妈妈、传递给老师、传递给校长，校长又把爱传递给老师、孩子……我为拥有这样的老师和孩子们而骄傲。我想心中有爱的孩子一生都会是幸福的！

看到这个天下所有女人都喜欢的溢美之词，我不由得想起1985年我做大队辅导员时，鼓号队里有个胖胖的大鼓手，他妈妈是第三师范学校的老师。有一次，他妈妈告诉我，孩子回家说："我们学校的老师属郑老师最漂亮。"在孩子眼中漂亮的标准是什么？我觉得一定是喜欢，俗话说：情人眼里出西施。当你在天真无邪的孩子眼里成为他喜欢的人时，你也成为了孩子眼中的"西施"。

2011届六年级四班韩书俊在给我的信中这样说道：

小时候，以为校长很厉害，权力大，想干什么就可以干什么，甚至可以给学生留好多好多作业作为惩罚；长大一点，觉得校长好遥远，只能高高地仰望她在领操台上讲话。可现在，校长竟会为了让李老师安心准备比赛给我们代课……突然觉得校长也没那么高大，就是一个长辈，会讲自己的经历给我们听，有事可以找她倾诉的长辈……

我是您的亲生孩子！

十年校长路，三千多个日日夜夜，我倾注了所有的热血和精力，用心爱着我的孩子们，既为校长，每一个孩子都是我的心头肉，他们早已与我的人生相连。我用大爱耕耘教育园地，收获的也是满园芬芳，沁人心脾。读着六年级的孩子们在毕业之时写下了一句句肺腑之言，怎能让我不感动？不幸福呢？

六（1）班高雅萱：男孩节时挑礼物，让我懂得试着去理解他们、尊重他们。开展综合实践周，颠覆了应试教育的理念，让我明白了一件大事是不可能一个人做成功的，要团结、要坚持、要负责任。

六（1）班殷炜炜：这六年可能是这生过得最快乐的六年。不管将来在哪儿，都不会忘记附小这个培育我的地方。

六（2）班朱保怡：我们常常开玩笑：如果我们不参加毕业考试了，不得分，就可以再在蓝天下最美丽的校园里再待上一年了。您是我们这辈子最亲最亲的校长，因为，我们是一家人。

六（2）班金茜：您把每一个人当做每一个不同的珍宝在珍惜。长大以后一定回附小工作成为像您一样的"笑"长。您是我心中永远的"笑"长。

六（2）班封清扬：舍不得离开，走多远也永远是您的孩子，无论相距多远，心永远紧贴在一起。

六（3）班于瀛泽——您的儿子：郑妈妈，我时刻都会铭记，我是一名有特质的附小人。我为我是一名附小人而感到自豪和骄傲！

六（4）班周惠宣：作为最高年级的学生，看到校园里学弟学妹不小心摔倒的时候，一定会主动把他们扶起来，因为我总会想起三年前您扶我的情形，所以毫不犹豫地向他们伸出友爱的手！因为您，我懂得了传递爱。

六（6）班刘子非：您是最可爱、最可爱、最可爱、最可爱的校长。

六（7）班蔡启元：附小已经不是一个学校了，附小更像家，一个温馨、欢乐无穷的家。真是情未了舍不得，我真想在附小再待一年，可是没有七年级，不是可是，是可惜。

六（7）班段雨辰：想要对您说的话，我永远也说不完，最后想对您说，百年校庆的时候，您一定要来呀！

六（8）班郭钰雯：我怕再也遇不到像您这么爱学生、这么亲切的校长了。

六（10）班沐阳：校长你每每对我们嫣然一笑我们都永生保存。以"爱心"扬帆远行，以"责任"永远存在。您留给我们的七彩童年在我心中永不褪色。

六（12）班周泽宇：校长，我对附小的感情十分微妙，对您的感情也是只可意会，不可言传。因为是您，让我度过了一个快乐的童年，让我不会在成年之后，回忆起童年就只有作业、作业、还是作业，我的童年一定像您的教育理念一样，是七彩的，是美好的。校长您是我第二个妈妈。将来一定不会忘记您！

六（14）班陈雨渡：我想告诉您，您是万中挑一的好校长，您这样的好校长，我以后还会遇到吗？

六（14）班张钟月：亲爱的校长，您好吗？说实话，每当看到您，都觉得您特别像我的妈妈。尤其是您的笑容，那么慈祥，那么和蔼。没错，附小是我的家，而您，就是我们所有附小人的妈妈！

六（17）班马靖宇：七彩的校门、七彩的教育、七彩的设施，还有这七彩的毕业课程，相信有了这些，我们必定会比别人更早拥有七彩的人生。

六（17）班刘淏楠：人生中第一位校长，记住笑容、爱、责任、感恩。

六（19）班陈梦缘：或许，我在百年校庆时会回来，那时，我已是花甲老人，时间在我脸上刻下了沧桑的痕迹，但我的苍老容颜下，仍然保留着童年那颗火热赤诚的心！希望到那时，您在鲐背之年还能抱抱我，摸摸我的头。

六（20）班您的亲生孩子张心宇！

前人栽树，前人也应乘凉

2009年是人大附小建校55周年。这几年附小教师的凝聚力越来越强，学校的名声越来越大，成绩也越来越辉煌，"为山九仞,岂一日之功"，我心里清楚，这是附小几代人长期奋斗和共同努力的结果，从1989年任慧莹校长提出的"创造适合于儿童发展的教育环境"，小学生评价手册改革，再到运秉志校长提出的四个发展，使附小得以稳步前进。每一步，都是历任校长和老师们辛苦经营的经验积累，是卓越的文化理念在岁月中的沉淀。可以说，没有前辈们的努力付出，就没有附小今日的辉煌成就。

记得1981年刚来附小时，我最年轻，每一位老师都在辛勤工作，走过数十年的风风雨雨，他们把全部的爱和最美好的青春都献给了附小。我们总说"吃水不忘挖井人"，永远不能忘记他们的功绩。现在，学校有条件了，我们有能力有理由让前辈们享受附小发展的成果，于是我提出"前人栽树，前人也应乘凉"的观点。想到很多老教师如果儿女不在国外，很难有出国的机会，甚至有的老师一辈子都没有坐过飞机。经领导班子研究决定，十月份，我做了一个大胆的举动，为他们创造出国的机会。我们拉了一笔赞助，带领附小55位退休老师和家属走出国门去了日本，让他们感受异国风情，增添人生乐趣。既圆了退休老师们的出国梦，也圆了我回报附小老教师的心愿。

"尽孝不能等"，老教师们的年岁一年比一年大，越晚出去越困难。说办就办，我先让老师们报名，看着名单，我有点小后悔，年龄最小的55岁，最大的80岁，好多老师还都有高血压、心脏病、糖尿病等。我的心里直打鼓，这就好比带着定时炸弹出国啊，风险性太大。于是，为规避风险，在学校法律顾问的帮助下，我们起草了一份协议，要求必须是家属、子女亲自签字才可去。从出发的那一刻起，我表面上和老师们有说有笑，为他们安排好吃的、好看的、好住的、最省力的行程，但是我的一颗心始终上上下下，紧张不安。此时此刻，我身上肩负着生命的重担，容不得半点差错。在飞机起飞和降落时，我的心都提到了嗓子眼，不是为我自己，而是担心这些上岁数的老人们，当飞机在首都国际机场安全着陆停稳的一刹那，我们一起鼓起掌来,这掌声既送给国航的乘务员,也送给我们这些高龄的团员,同时也送给我自己。我们平安而归,我心中充满了喜悦和激动。

在临回国的前一天上午,老教师们自发地组织了一次告别总结会。会上,退休支部代表宣读了给我的感谢信,老师们纷纷表达对这次活动的满意和感谢,很多老师们说到动情处都流下了激动的泪水,说得最多的是"小郑,谢谢你,谢谢你为我们的安排,谢谢你的心意。"有的老师对我说,"小郑,你圆了我的出国梦,没想到,都退休了,你还能组织我们出国,这太不容易了。"有一位家属还特意编辑了短信给我:"郑和第一个带队下西洋,郑瑞芳第一个带退休教师走出国门。"

还有的老师说:"我以前出过国,可是我们老两口一起出国这是第一次,可能也是最后一次。"有的老师的儿女说:"郑校长,你替我们尽孝了,我让他们报旅游团出国,他们不愿意,说没有认识的人,跟陌生人没话说。让我们一起去我们又没时间,您这次组织他们出国旅游,真是做了一件大好事,感谢您,郑校长!"

听了这些话,我心里很不是滋味,我只是做了我该做的,就得到老师和家属们的肯定和赞扬。有人也跟我说,"退休老教师已经离开学校了,没必要那么大费周章地组织他们出国去,这不是你的责任。"没错,老教师们的确已经离开学校了,可他们的辛勤付出早已化成一砖一瓦,铺设成了附小如今的辉煌之路。我知道,即使我不组织大家也不会有非议,可我的良心过不去,就像对待父母一样,父母穷其一生为儿女奔波劳累,等儿女有出息了,父母老了,难道不应该好好孝敬父母吗?

听着老师们的浓情谢意,我感到十分欣慰,能让他们享受乐趣,这才是我最大的心愿。他们能平安归来,我觉得自己做了一件了不起的事!

2010年1月,回国后,约三个月,程雅琴老师因癌症去世,当我赶到时,她从美国赶回来的大儿子告诉我:"当我问她,您现在在哪儿呢?她说,我在日本呢。就再也没说过一句话。"可见,那次日本旅行深深留在她的脑海里。儿子一再感谢学校,我也特别感动。程老师,多么坚强的老人啊。我相信在日本时她应该已经不舒服了,可所有老师都没有提出任何问题,她们总说,小郑带我们出来已经很不容易了,我们不能给她添麻烦。

这件事,感动了在职老师们,大家说:"我们一定好好干到退休,等校长带我们去日本。"

我希望当每一位附小的老师老了的时候,坐在阳光下,闻着花香,回忆着自己的职业生涯,嘴角流露出最美的笑容,能为自己曾是附小的一名教师而感到幸福和自豪时,这将是时光赠与我的最美好的礼物。

爱的抱抱

"班主任"是一个可亲可敬之词。对于孩子来说,"班主任"在自己的一生中至关重要。班主任工作中的一个细节可能会影响孩子的一生,他是孩子行为习惯的奠基者,是孩子人生之路的引导者……如果你没有当过班主任,你可能无法体会"班主任是学校工作中受苦受累受气最多的"这句话的含义。

为了体现班主任的价值,创造班主任的幸福,我提议设立附小班主任节。"5·20"的谐音是"我爱你",这个寓意特别好,所以就把每年的这天作为了附小班主任节。因为2012年的首届班主任节这天是个星期天,因此在5月22日(我爱爱)这天,我们迎来了人大附小首届"班主任节"。

一大早,我就来到了学校,想亲自问候每一名班主任老师。少先队大队已经做好了充分的准备,校门口热闹非凡,孩子们手拿大红花站成两排,迎接自己的班主任老师。这时,大队辅导员宋超老师念叨了一句:要是能让老师们走红地毯就好了。听到这句话,我马上接了一句:没问题。立刻打电话通知后勤,把平时铺楼道里防滑镂空的红垫子拿来。瞬间,一条长长的"红地毯"就铺在了孩子们夹道欢迎的中间,我们感慨:**没有做不到的,只有想不到的。**

当天,每一位班主任老师走进彩虹门时都流露出惊喜的表情,他们走在红地毯上,孩子们争相为自己亲爱的老师佩戴上大红花,"祝老师节日快乐!"的欢呼声响彻在彩虹门上空,像一串串激昂的音符滑入老师们的耳中,萦绕在他们心头。我笑盈盈地站在红地毯的另一头,和老师们一一握手,相互拥抱,送去一句句感谢的话语,道出一声声问候:"辛苦了!节日快乐!"

上操的时候,全校师生在大操场举行了隆重的庆祝活动。几个精彩的小节目表演完毕,94位班主任老师被请到了主席台前,此时此刻,我情不自禁地走上前去,当着全校学生的面与94位班主任紧紧拥抱。这是爱的抱抱,一个个温暖的拥抱,镶嵌着我们彼此的爱意。我感受到每一位老师都是那么动容,我希望这一抱,能传递出我深深的问候、传递出我真切的关爱、传递出我无尽的感谢！老师们的脸上自然地流露出作为班主任的幸福与感动。我耳旁听到了一句句幸福的呼唤："校长，谢谢您！""校长，爱死您了！""太幸福了！""这个美呦！""校长，我爱您！""校长，抱抱！"……

身教胜于言教，校长的一言一行，就是对孩子们最好的教育和感染。我希望三千多孩子也能像我一样，用这样的方式拥抱自己的老师，给老师这份特殊的爱。果不其然，孩子们亲眼看到校长是如此的爱老师，也都不由自主地拥到他们的班主任老师身边，后来六年级的赵老师跟我说，他们班的大男孩说长这么大还没拥抱过妈妈，今天却主动上来拥抱老师，真是太让人感动了！拥抱是一种爱的语言，它已经浸润在孩子们的心里。

我相信在这一刻，那颗为班级事务操碎的心，那缕为"小捣蛋们"忧思成白色的发，那双为一个个小精灵们奔波的脚……所有的辛劳都化成浓浓的蜂蜜，甜甜地流淌在心里。这一刻班主任默默无闻的奉献在平凡中显现伟大，这一刻他们成为了附小最至高无上的人。

"5·20"，"我爱你！"，让彩虹门内的班主任老师都感受到作为一名班主任的骄傲和幸福就是我最大的满足！这一创举还感动了很多青年科任老师，他们羡慕不已，激发了他们做班主任的欲望。家长们主动帮老师看班，让老师放假休息，并笑谈：你们校长太智慧了，让班主任辛苦并快乐着！

班主任节，老师们在这一天享受爱意与祝福，孩子们在这一天感悟师恩、回报爱，而我，在这一天，分享着师生们的快乐与幸福，也表达了我对班主任老师们深深的情和浓浓的爱！

信息中心的老师们把活动编辑成视频，优美的音乐，感人的画面，一遍遍触动人的心弦，泪花闪现，泪流满面，那种情感永远绵绵流淌……

爱感动的人不易得痴呆

以往的组内期末总结会都是每位老师写好自己一学期的工作总结稿，干巴巴地在前面读给全组老师听，无外乎这学期哪儿做得好，哪些地方做得不好。长此以往，索然无趣，流于形式走过场。千篇一律，人云亦云，再充沛的激情也会被燃烧完，审美疲劳是每个人都会产生的本能！

人生需要阳光，教育需要感动。2010年1月学期末总结会来临之际，经过认真思考，我在领导班子会上提出建议，并尝试着做出了一个调整：将以往的期末总结会改成讲在这学期你看到的、听到的及你身上发生的感动的人或事，哪怕只是一句话。我想，发自内心的畅所欲言，总好过例行公事的上台读稿吧，让老师们说出自己的感动，既可以释放自己的感情，又能向别人表达谢意，温暖彼此的心窝，岂不是两全其美。

我的建议得到了领导们的一致赞成。没想到我抛出的这一块砖竟引出了无数块美玉！老师们的激情被点燃了，他们由被动地念稿变为积极、主动地参与。老师们以组为单位精心布置会场，有的搬桌子，由原来的插秧式改成了圆桌会议式；有的在桌上摆放水果和糖；有的布置黑板报，神情专注得像个孩子，在黑板上写下充满诗意的主题"今天与明天"、"感动、感恩、感谢"等，还配上了精美的插图……摄影师、摄像师早早就位，总结会在热烈、融洽、和谐、轻松的气氛中开始进行。

老师们记忆的闸门瞬间被打开了，犹如滔滔江水一发而不可收。有的老师谈到同事对自己工作生活上的无私帮助；有的老师谈到同事家中有人生病依然坚守岗位；有的老师注意到同事一心扑在教学工作上都顾不上自己的孩子；有的说到团队为了打磨一节好课甚至研究到凌晨一点……激动之处掌声四起，动情之处潸然泪下，言语之间溢满感激、感恩之情。谈着谈着，大家发现原来榜样就在身边！说着说着，大家发现原来自己的举手之劳竟被别人牢记于心。原来，我们的身边就有那么多可歌可泣的事迹，不需要多么伟大、多么轰轰烈烈，也许只是一件细微的小事就能让我们感动于心，温暖满满。几个小时过去了，大家哭后接着说，笑过接着谈，希望时间过得再慢些，因为还有好多的话没有说完，还有好多的人没有来得及感谢……一时间，总结会变成了大家互相学习的生动课堂，拉近了同事之间心与心的距离，每一份感谢和感动，都像一阵阵沁人心脾的花香，飘入彼此的心中，久久不散。

　　我清楚地记得，这种形式的总结会第一次散会后，临近退休的李老师冲进我的办公室，激动地说："小郑，这种会开得真好，大家彼此感恩特别感动。下学期千万别再换年级组了，我们组在一起大家都没待够，都舍不得分开了。"还有老师陆续发来短信："校长，今天上午组里畅谈感动的事，大家被温暖包围，禁不住流泪，您是了不起的领袖，您真知道我们每个人的心！在心与心的碰撞里融化了多少陌生，拉近了多少距离！回首2009年我最大的感动和收获就是'做人比做课重要'，您的这句教导一针见血地指明了我的弱点和努力方向。藏龙卧虎的附小，我像微尘一般，可您是豁达的，您给每一个附小人合适的平台，您从不吝啬温情的微笑和真诚的赞美！我们在您的大拇指里欣喜地成长着！今天在您创建的附小的感恩节里，我第一个应该感谢您，我们伟大的校长，感谢您！"

　　没想到，第一次尝试用人性化的总结会的形式代替学期末冷冰冰的总结就取得了意想不到的效果，于是我决定不断改进完善，坚持走下去。

　　您读到这儿，可能会有这样的问题：难道问题就不说了吗？不是的，其实这里边也蕴涵着评价与导向。举一个例子：有一个组十位教师中八位老师都得到了别人这样或那样感动的表达，只有两位老师没有人提，也就是说她们这个学期没有关心别人，帮助大家。开学后这个组老师兴奋地告诉我："校长，×××老师上班路上遇到我，主动停靠在路边，让我上车，我真的很感动，以前她从没有顾及过别人。"这是多么大的进步啊。这位老师就是上述两位老师中的一位。这种评价就是无形的评价，教师在育人的同时也需要自育。个人期末总结不写了吗？我们的个人工作总结永远是这个题目"我的成长"，我希望每个老师在一学期工作中都有成长，回忆成长、记录成长是一件美好的事、幸福的事。

　　如今，这种形式的总结会我们已经坚持了四年八个学期，已经成为我们附小期末工作总结会的常规模式。因为，它是充满人性光辉的展示，是及时充电更好前行的平台，是人与人之间爱心与感动的传递，也成了学校的一种幸福文化。有老师告诉我："校长，有一篇文章说爱感动的人老了不易得老年痴呆症。"太好了！借此吉言。做校长这些年我发现，附小的老师特别单纯、善良、特别容易感动，我相信我的老师们以后一定都会是健康老人！

相见恨晚的感触

多年来，我有个习惯，一学期结束后，我会邀请本学期新调入的老师开座谈会，主要想请老师们谈一谈进入附小半年的感受，特别是给学校提建议。

晚上，我邮箱里收到一封信。

亲爱的郑校长：您好！

我是今年新调入的数学教师×××。刚刚短信输入了一半，发现自己要说的话实在有点多，于是转而以邮件的形式跟您交流。呵呵。

还想从您的办公室谈起。这大概是我见过的最特别的校长办公室了，没有过多现代化的气息，也没有威严气派的装修，只是几张简单的沙发围坐在一起，对面摆着一台电视机。这布局让每一个进门的人心中都暖暖的，它总能让人想起一家人老老小小依偎在一起的情景：或者各自手执书卷品味书香，或者集体对着电视评古论今……

走进这间朴素却极具人情味儿的办公室，我仿佛更进一步地了解和认识了您，更是从另一侧面体会到了您所怀有的教育理想与办学思想。难怪从走进附小工作的第一天，我就总感觉这里与众不同！这里仿佛有一种无形的气场，我暂且称它为"幸福的气场"，这气场是如此强大，令每一个身处其中的老师和孩子都能快乐地做着自己的事情。

众所周知，人大附小是名校，但比起其他名校来，我总感觉我们人大附小是一所有灵魂的学校。这灵魂便是指附小人特有的接纳与包容，附小人特有的创新与钻研，附小人特有的使命感……所有这一切，我想与校长您的思想引领与文化导航是分不开的。作为一名刚刚加入附小的教师，今天能和校长您如此近距离地聊天谈心，我是那么的激动和感动——从来没有想过，作为一名普通教师的我能有机会跟自己的领导如此放松而愉快地交谈，像朋友，更像亲人。我被您的魅力深深地折服了，真想大声喊出来："我爱这样的校长！"

有时候，一个人的人格魅力，便是一群人的工作动力。在附小正是这样。虽然来附小时间不长，但经历过的每件事、交流过的每个人，于我来说都是一次洗礼，让我慢慢地融入进来，让我渐渐地找到了归属感。从开学第一周的领导集体听课，到接下来的"彩虹杯"基本功大赛，再到五年级数学目录课，最后到上周的亮相课，经历了这一系列"课"的磨砺与锤炼，我发觉自己已经在不知不觉中从一个外来者真正地转变为一名附小人——附小的主人。理念的更新必然带来课堂教学行为的改变。有了在附小一个学期的学习与积累，我早早地就憋足了劲儿，要把亮相课上好。功夫不负有心人，我的课得到了您很高的评价。校长，您知道吗？您就是我的工作动力。您对附小的付出，对工作的热情，对周围人无私的爱，以及您时不时流露出来的真性情，让我摆脱了以往对"领导"一词的认知，您赋予了"领导"这个词以全新的诠释。跟着这样的领导干，再苦再累，我心甘情愿！还是那句话：后悔自己没有早点儿来！……

从今天起，做一个幸福的人。且不说三十年、五十年，我只愿跟着我敬佩的人，在这片沃土上播种附小更加灿烂的明天！

读了老师的信，我很感动！"后悔自己没有早点儿来！"这几年调入附小的人都有这种相见恨晚的说法，这好像是共同的心声。我暗下决心，一定不能辜负他们，要带着他们一起做一件幸福的事。

第七章 在包容理解中感悟幸福

把韩国队拍在沙滩上

　　看到这个题目你肯定会吓一跳，怎么回事？别急，听我慢慢说来。
　　那是我们学校第一次参加全国的头脑创新大赛，科学组的老师邀请我去参加上海的全国总决赛。考虑到要支持学校的科技工作，我放下手头的工作欣然前往。在火车上，老师们向我介绍了这项活动，原来这项竞赛是美国为了培养学生的创新精神和团队合作意识而举办的科技竞赛，这时我才知道，我们学校这是第一次参加。班子领导们知道后，发来短信：校长挂帅，不赢才怪。哇，心里面压力骤增，但还是安慰老师们：重在参与。和可爱的老师和孩子们说说笑笑，一宿的火车没觉得怎么着就到了上海。
　　到了赛场，可真是不轻松了。二月份的上海，下着雨，刮着风，天气阴冷。去赛场的汽车上才知道这个项目要求一切都是孩子们动手，老师不能有任何参与。所以，每个孩子都在忙碌着，他们搬着各式各样的道具，一个人要来回好几趟从汽车上搬下来带到比赛场地，没有一个孩子抱怨。他们互相帮助给队友化妆，互相提醒着各自的任务。我看到了这个比赛的可贵之处，孩子们在比赛中获得的是成长。两位老师也在积极地准备着，告诉我什么都别管，看着就行了。那可不行，我主动当起了摄像师，举着录像机，把珍贵的资料留下来。多年的指导制作学校视频的工作经验，使我有很好的采集角度，对现场的把握很是有感觉。两支比赛队伍安排在上下不同的楼层比赛，比赛时间恰巧相错。我一会儿跑到楼下拍承重队的学生，一会儿跑到楼上拍表演队的学生，要早知道这么跑就穿运动鞋了，我边跑边想。一边录着杠铃片一片一片往称重台上放，一边紧张地看着我的学生和老师的表现。孩子们真争气，表演到位，吸引了全场的注意力。当我的镜头对准我校老师时，只见他屏住呼吸一动不动地在场外关注着，大冷天，周围人都穿着厚厚的羽绒衣，他却把外衣脱了，看起来比孩子们还紧张。珍贵的资料就这样记录下来了，我真的很庆幸自己能陪他们来。
　　激动人心的颁奖典礼开始了，因为是第一次参赛，我们心里都没有谱，200多个参赛队中，每个项目只宣布前三名上台领奖。当主持人宣布：中国人民大学附属小学一等奖第二名时，我和孩子们欢呼起来。第一次参赛，就取得了第二名的好成绩，我激动的心情难以言喻。

欢呼后我们得知，我们是这个项目的一等奖第二名。韩国队得了第一名，第一名可以代表中国去美国参加全球的决赛。学生们不服气了，有的还掉下小眼泪，我急忙安慰："第一次参加比赛就得了第二名，相当了不起了！应该高兴啊！"孩子们七嘴八舌地嚷嚷："校长，您说韩国队不能代表咱中国，我们是中国第一，我们应该代表中国去参加世界决赛，您去帮我们说说吧……"听到孩子们这些发自肺腑的话语，我感受到他们不是只知关注名次的"小学生"，而是怀揣祖国荣誉的有特质的附小人。强烈的国家荣誉感是我们这次来参赛的最大收获。没等我说话，孩子们齐刷刷地排到我面前，边把手伸到一起边喊道："长江后浪推前浪，把韩国队拍在沙滩上。"哈哈哈，我和孩子们笑成一团。经与组委会协商争取，同意我校代表中国赴美参赛，孩子们如愿以偿。

作为校长能为师生创造促进他们成长的机会，为他们撑起一片广阔的天空，看着他们在自由的空气里欢呼、成长，是我的幸福。

第一次跟老师要成绩

做校长以来，我从没跟老师们要过成绩，相对于结果，我更注重过程，我经常跟我的老师们说："只要你们努力了，就是好样的！"但是，这一次不同，我向老师们施了压，我必须看到好成绩。

自从学校搬迁到世纪城后，规模变大，学生人数猛增，可师资却相对缺乏，部分骨干教师因为学校离家远而调离了人大附小，家长对学校的发展信心动摇，社会对学校的能力有所质疑……一系列问题接踵而来，人大附小的教学水平怎样才能保持并稳步提升？教师队伍还能不能经受住考验？怎样才能让人民大学和世纪城业主放心？压力像一座大山，压得我几乎喘不过气来。内心的焦灼和不安让我迫切需要一场战役，我要用事实来证明附小的实力丝毫未减，附小的教育教学质量不变。

终于，我们迎来了搬到新校舍后的第一次海淀区"世纪杯"评优课，这是一场及时雨，我们必须全力以赴。我心里清楚，首战是关键，我们必须胜利。几经斟酌，学校精选出了五位老师参加"世纪杯"评优课。

战斗的号角吹响了，我和老师们都开始了艰苦的拼搏。一个老师备课，三四个老师帮忙，上班时间和业余时间早已混淆不清，一次次演练，一次次修改。精益求精，在这种时候被体现得淋漓尽致。我也时刻没闲着，有时利用上班路途中的时间和比赛选手说课，有时利用中午吃饭的时间和比赛选手交流教学设计……办公室里的一桶水一个月才饮用了五分之一。终于，在各方面的压力下，我病了，但是没有倒。连续一个星期的低烧，并没有让我停下忙碌的脚步。白天我坚持上班，处理各种事务，晚上去医院打点滴，回家已是深夜。家人都劝我休息几天吧，其实，我也知道累，也知道生病的滋味很难受，但是在这个关键时刻，我身为校长，怎能停下？

为了给比赛选手壮胆，我亲自陪着他们去参赛，并坚持跟着每位参赛老师到比赛现场。记得到最后一位老师梁葛妹比赛当天，我发着高烧，整个比赛现场，我是唯一一个亲自来到现场为老师加油鼓劲的校长，看着老师们在台上激情四射地讲解，我很欣慰，全然感觉不到自己还在发烧。

课结束了，我忽然觉得不行了，挺不过去了，必须上医院。一去，立刻查出肺炎而且是双肺感染。由于有传染性，我不得不在家打点滴。29次点滴让两只手都布满了针眼，但是，我一点也不后悔。听着参赛老师们在我旁边的絮叨："校长，您看，都说了不让您跟着我们去了，您偏去，这下好了，都成肺炎了……"看着他们眼中闪动的泪光，我安慰他们："这有啥啊，打几天点滴就好啦，再说了，我不跟着你们去谁跟着啊，只要你们能够好好发挥，我受这点儿苦算什么！"这期间，新来的老师问老教师："咱校长是不是身体不好啊？"老师说："哪儿啊？我来附小30多年了，校长除了年轻时生孩子住过医院，就没见她病过，真是铁人累倒了！"全校老师中有131位发来短信问候和祝福，我特别感动。

  我是校长，学校的荣誉就是校长的生命，老师的发展就是校长的责任，学生的成长就是校长的一切……在关键的时刻，我更不能退缩，无论怎样，在我心中，学校永远排在第一位，因为我知道，在学校的背后有着老师们的辛勤付出，家长们的殷殷期盼，孩子们的渴望眼神，社会的舆论监督，我没有任何退缩的理由。

  功夫不负有心人，最终，搬入新校舍后的第一次海淀区"世纪杯"评优课，我们取得了四个一等奖、一个二等奖的好成绩，为评选教学管理先进校打响了第一炮，打赢了第一仗。

附小的荣誉是我们一生的牵挂

　　2012年4月的毕业课程改革，第一次尝试了体验中学生活——走进十一学校。孩子们的成长是巨大的，体验是深刻的，特别是在自主学习能力、自主管理能力方面的提高是空前的。

　　在2013届学生实施此课程之前，结合去年孩子的表现与需求，老师们想再放手，让孩子们多管理，没想到，出现了新的问题。那时，我正带着七彩教育同盟校的校长们在美国考察，晚上我经常要打开邮箱，与学校领导联系，了解学校情况、处理学校工作。一天，有两封邮件跃入我的眼帘。

　　校长您好，我是咱们人大附小毕业的一名学生××，有件事情我不得不跟您说一下。

　　据说这次去北京十一学校的2013届学生对十一学校的学生造成了很大的干扰，有随地扔垃圾的，有说脏话的，有对他人指指点点的，还有在人家考试的时候大声喧哗的，虽然这只是个别学生的行为，但已经严重影响了我们附小给人的印象。人大附小的荣誉会是我们一生的牵挂，希望您能好好批评一下2013届学生，并让他们当众在十一学校全体师生面前道歉。虽然已经离开了附小，但它是我的母校，是我一生为之骄傲的母校，我不希望人大附小在别人眼里变成一个没素质的学校。

　　谢谢。

郑校长您好！

　　我是人大附小上届毕业的学生×××。

　　今天晚上，我看到了一些十分令我生气的事情。

　　在十一学校的贴吧上，有很多人在说我们人大附小今年来十一学校参观体验的学生十分没素质。

　　学弟学妹的一些不文明做法，给别人造成了很大困扰，也给附小的荣誉造成了不良影响。虽然在××的带头下，有很多我们这届的附小同学已经代替他们道过歉了，可是我们的荣誉还是受损了。个别人没素质的行为，别人不会去说他的名字，而是会说我们人大附小的学生没有素质。

我也曾经是附小的学生，看到别人对我们附小的责备，我真的是十分气愤。我宁肯他们骂的是我，也不愿让人大附小的名誉受损！

请您关注此事。我们也不想让附小的荣誉就毁在这极个别没有素质的学生身上。附小是我们的家，我们真的很爱它！

谢谢您！

读了孩子们的信，我心头为之一震，事情本身看似不是件好事情，但换个角度看，你会有意想不到的收获——多么让人感动的孩子啊！我看到了七彩教育在孩子们身上留下的烙印，带走的是对母校永远的责任与爱护。虽然事情的起因我还没有具体了解，但是透过这个现象我看到了一个更加可贵的本质——附小的孩子把学校的荣誉当作自己一生的牵挂。固然，那些行为举止有失分寸的学生应该受到批评，但是那些已经毕业离校却时刻牵挂着附小荣誉的孩子们更让我感到欣慰和幸福啊。一个孩子爱自己所在的学校，这很平常，可我没想到他们即使在离校后对附小的感情也依然如故，这怎能让我不感动？

他们已经毕业离校了，错不是他们犯的，没有人会牵连责备他们，可他们还是积极、主动地扛起责任替学弟学妹们道歉，还向我发来信件求助，怎能让我不动容？

孩子们常跟我说，"'笑'长，谢谢您，我为自己是人大附小的小学生而感到骄傲。"现在，我想大声告诉他们："宝贝儿们，能成为你们的'笑'长我更骄傲啊！"谢谢你们的牵挂与关心，你们以母校为荣，母校更以你们为傲啊！

常常有中学的领导老师及家长问我这样的问题：你们人大附小是怎么培养学生爱校的？有什么秘诀吗？我想首先应该是爱，校长的爱，老师的爱，小伙伴的爱，人大附小是一个充满爱的幸福的大家庭，每个人在这里都很快乐。而丰富的校园生活是孩子们最喜欢、最引以为傲的。

拥有这样的孩子，我又怎能不幸福呢？

理解胜过千言万语

在工作中，任何人都会有隐衷，都可能有难以克服的困难。老师们热爱附小这个大家庭，为了学校的工作，为了学生们，我的老师们日复一日、年复一年地辛勤耕耘在自己岗位上，孩子高考、亲人生病或是自己生病，都会因为学校的工作繁忙而坚守岗位，让我看在眼里，疼在心里，我希望每个老师都不忽略他们心中的"小家庭"。有的时候我需要深入了解老师，做出更理解老师、更符合老师需求的决定。从王老师写的一篇随笔中，我感受到个性化的呵护对于我的老师们是多么的重要。

去年参加校级学科带头人展评活动，我因错把小课时的铃声当成了四十分钟大课时的铃声，听到铃声就宣布下课，发现错了后，又笑道："和大家一起上课真是享受，要不我们再享受会儿？"当时没觉得怎样，因为校长亲和力极强，从没有因为她听课紧张过，也没当回事。

等到像老黄牛一样慢慢"反刍"后才觉得太不应该了，毕竟自己是一名骨干教师，怎么能没有一点时间观念呢？是否会让听课者觉得自己没把学生放在心上？是否也会给人一种漫不经心、态度不端正的感觉？

忐忑了两天，在楼道中，竟然遇到了校长。当我连忙表达愧疚之情时，郑校长却说："没关系！正是从你的表现之中，我看出你的课感极好，与学生融合得好，感受到一种真正的平等。我想学校得继续打造你，咱再冲击一下市级骨干教师。"听完校长的话，我顿时一扫几日来的不安。更没想到连时间都没把握好的课堂居然还能被校长认可。

于是，我踌躇满志，准备参加区级赛课。可就在这阶段，婆婆报病危，我把这情况告诉了主抓教学的朱老师。校长不仅在大会上允许我不参加七彩同盟活动，而且连赛课活动也推迟了。当我坐在去往医院的大巴上，不禁感慨万千：校长总能敏锐地察觉到别人的内心需求，不仅从每件小事上给予无微不至的关怀，而且总能给人以安慰、信任、激励、鼓舞……

就在校长准我假的那天，我的婆婆去世了！如果没有校长人性化的管理，我的婆婆看不见他的孙子和儿媳妇，可能会满怀遗憾地离开。

我还没来得及感谢校长，校长又发来短信慰问："想开些，上课机会还有，尽孝只有这一次！……"

多么善解人意的校长，她总能从人的情感、需要、发展的角度来理解来管理。不同的人有不同的情感，有不同的发展需求。要做到因人而异是多么不易，所以我们的校长是多么可亲、可敬，可以毫无顾忌地永远追随……

如果说学校是一个人梦想的舞台，那么家庭就是他的避风港，太多次我们总会因为工作而忽略家庭。我们努力工作是为了家庭能够更幸福，不能让我们每个人的"小家庭"都为工作而牺牲。

也因此，我会在老师最难的时候理解他，我也会在老师最需要我的时候伸出援助之手。

有时理解不需要太多的言语，我看到了，我想到了，我就会这么做，善待"大家庭"中的每一个成员。

让我骄傲的"千里马"

世有伯乐，然后有千里马。千里马常有，而伯乐不常有。老师们常跟我说，我就是他们的伯乐，能够发现他们每一个人身上的闪光点，挖掘出每一个人的潜能，成就一匹又一匹的"千里马"。其实，我还想跟他们感慨，人大附小的"千里马"真的是太多啦！作为校长，我一边要善于用人，一边要慧眼识人，虽然忙碌，但是每一匹"千里马"带给我的惊喜和震撼都让我感到由衷的自豪。

每学期我都会抽出大把时间去听老师的课，为的是发现我的"千里马"。李老师刚来学校，我去听她的课，没想到，她竟有倒背《琵琶行》的本领。我和一起听课的老师当时都惊住了，我心想，看来倒背如流还真不只是个成语啊，还真有人能做到，而这个人才就在我们人大附小。常人按正常顺序背古文都会感觉有些吃力，更何况倒着背呢？这种记忆力真是惊人啊。看着李老师面带微笑，气定神闲，毫不费力的样子，我心中突然冒出一个念头：何不开选修课让学生学习这种记忆术呢？对于小学生来说，记忆大量的知识是很有必要的，但是，需要记住和背诵的知识太多，并不是所有学生都能够顺利记住所有知识的，学生们为此苦恼，我一直在思索和寻找各种记忆方法以求改善这种困境。李老师的倒背方法，让我眼前一亮，如果让学生掌握了这种本领，将会受益颇多。

课下我认真请教了这种记忆方法后，便将我的想法告诉了李老师："李老师，我很欣赏你的这种记忆方法，这种记忆方法能很好地激发大脑潜能，如果孩子们能够学会这种记忆方法，以后学习起来岂不是得心应手很多？""我们开设选修课怎么样，这种全新的教学方法一定会取得很好的效果！"李老师赞同地点了点头。但她又似乎有些顾虑，在我的询问下，李老师担忧地问，"可是，校长，我之前对这个记忆方法只学习了两天，准备得不充分啊！"很多时候，老师们就像是个孩子，也会在前进的道路上缺乏勇气，这时就需要校长的鼓励与肯定，给予他们前行的力量。

我笑了，经常会遇到老师们有各种担心，原因是以前没有被发现或尝试更多的应用自己能力和特长的机会，于是我说，"没关系，学校鼓励创新，我给你充分的准备时间，给你提供最好的平台，这个试点要是成功了，对孩子们是一种财富呀，话说回来，即便不能成功，我们也能在这个过程中学到东西啊，以后我们会再发现别的方法……"听了我的话，李老师一改愁容，用力地点点头。

经过一个学期的梳理，李老师的记忆术选修课开放了，受到了校领导的一致好评。孩子们对这一课程感兴趣极了，学习兴趣更加浓厚了，甚至在课下都在比赛看谁的记忆力最好呢！两个月之后李老师带了三个一年级的孩子参加了学校吉尼斯比赛，取得了好成绩。李老师激动地对我说："校长，您真是我的伯乐呀，如果没有您的提议，没有选修课这个平台，我所学的方法就会无处施展，遇到您真是我一生的荣幸！"我拍了拍李老师的肩膀，"你这匹'千里马'才是我的骄傲啊，看着你和孩子们每天一点点进步，不就是我这个校长的幸福吗？"感谢附小有那么多的"千里马"，让我对我的教育事业更加充满信心。

牛顿曾说过："如果我看得比别人更远些，那是因为我站在巨人的肩膀上。"每个老师身上都有值得我们挖掘的闪光点。给老师一份信任，你就能收获一份惊喜。给老师一个平台，他们就会创造出奇迹。我所在乎的不是那些虚有的荣誉，而是在教育的这方净土上，我的老师们都能各展所长。我能做的就是给他们提供最好的平台，为他们的梦想插上翅膀，让他们在教育的天空下自由翱翔。

一个艰难的抉择

开着车走在回家的路上，晚上的路比白天好走多了，没有堵车，只是偶尔的一两辆车急驶而过，这样的路况可以让我放松地思考。头脑中闪现着我的老师们流泪的面孔，回响着学生们失控的哭声和家长们期盼的话语，白天的一切在脑海中像放电影一样，历历在目。

我已经从白天的热血沸腾中慢慢平静下来了。想到我的科学组的老师们，他们真的太可爱了，自从准备去美国参加全球的头脑创新大赛，他们就放弃了所有的业余时间，带领学生训练，我知道他们真的是把工作当做事业在做啊，全身心地投入，为了学校的荣誉而战，怎不让人动容呢！

经过几个月的辛苦努力，就在所有的准备都已完成，师生们已全力以赴，就要出发时，一场突如其来的病疫打乱了所有的安排，海淀区教委考虑到学生的安全，已决定区属的四所学校禁止赴美参赛。我知道，教委这样的决定是考虑大局的安排。我还知道，我们是附属小学，大学已经批准我们去美国参赛，如果我做决定，我们学校是可以去参赛的。我们去不去？

我知道自己情感丰富，是个感性的人。我是不是在感情用事？我需要让自己冷静下来，如果是我个人的事，我可以按我的性格去做决定，但是，这次参赛牵扯的是七名学生五位教师的安康及学校的声誉，作为校长，我不得不慎重考虑、谨慎抉择。

是的，我可以按部就班严格执行教委的决定，这样的决定是最稳妥的也是最容易做到的，我甚至可以堂而皇之地说，这是上级的指令，我也无可奈何。因为一旦出现问题，我是校长，是法人，是要负责任的，要对我的老师、学生、家长负责啊！事情就是这样，没事一切都好，出了问题，就是校长的责任。决定权在我手中，责任也在我肩上，去或不去，要如何权衡？

"该死的甲流！"我不禁冲口而出。

孩子们听说可能去不了了，哭成一团，家长们个个信誓旦旦，有的拿来了达菲药，并说："生病是自己的，荣誉是学校的。"我知道，本来争取到美国参赛的机会不容易，师生、家长大半年里艰苦付出，都憋足了一股劲，一定要走上世界的舞台，不想就这样让努力白白流走，我太理解他们了。但是学校荣誉重要还是师生的安康重要，答案是显而易见的。这些思考掺杂在一起，让我的心七上八下，左右思量，实难抉择。

我让家长及孩子在会议室稍加休息，让我再考虑考虑。我把这半年来和孩子们朝夕相处的三位科学老师请到我办公室，坐下来，我对他们说："老师们，家长和孩子的意见我都知道了，现在校长很想听听你们的意见，*别把我当校长，把我当朋友，说心里最真实的话*。"三位老师流着泪对我说的话又在我的耳边响起："校长，如果把您当朋友，我们想去，为了这个比赛，我们已经付出了大半年的艰辛准备……让两百多个日日夜夜的辛苦努力付诸东流，我们不甘心啊……我们太想站到世界一流水平的赛场上检验一下自己的实力，我们太想证明我们中国的小学生、我们人大附小的水平了。您放心，我们一定会保证孩子的健康，安安全全地把孩子们带回来，请您相信我们！如果把您当校长，我们就一句话——服从。"三位老师流着泪，站在我的面前拉着我的手，恳求的眼神像一道亮光射进了我的心里，让我不得不为他们开出一道前行的路。我的老师已将事业融进了自己的生命，让我为之骄傲，更为之感动。

走出办公室，孩子们也围到了我的身边，一句一个"校长，您就让我们去吧，求您了！"看着孩子们仰起的小脑袋，那挂满泪花的小脸蛋和乞求的眼神，让我再也不能不为之动容。我的老师和孩子们，不过是想用自己的智慧和能力，为人大附小赢来一份荣誉。

一直以来我都要求我的老师们要敢于创新、敢于实践，他们就是在践行我的理念啊。有这样的老师和孩子，我还有什么好犹豫的呢。老师和孩子们都能勇敢冒险，作为校长，我又怎么能畏首畏尾呢！想到这里，我豁然开朗，去他的校长，不就是一顶乌纱帽吗？大不了，不做校长了，也要成全我的老师和孩子们，他们这个时候需要我的支持和鼓励。*满足老师和孩子成长的需求，是我始终坚守不渝的信念。如果不能做到，我当校长还有什么意义呢*？我所应做的，就是帮老师和孩子们做好安全措施，保障他们的健康安全。如果真的出现什么问题，责任我来担！

老师、孩子及家长听到这个决定都欢呼起来。

不知不觉中汽车已经驶入小区，我坚定地走出汽车，晚风轻轻地吹拂着面颊，我迈着轻快的步子向家里走去。因为，我相信人大附小一定会给师生带来好运，我的老师和孩子们一定会平安归来。

在美国的赛场上，出现了戏剧性的变化，即兴题比赛结束后，我们排在第一位，古典题的比赛中由于超时15秒，最后取得了世界第四名的成绩。首次出国用英语比赛能取得这样的成绩，实在是了不起！但老师和同学们都觉得对不住校长。

七天后，从首都机场发来了平安着陆的信息，我立刻回复："我最亲爱的老师，我凯旋的战士们：辛苦了！请原谅这非常的决定这非常的时期，我不能亲自到机场去接你们，向你们献上我深深的敬意，我的心一刻也没有放下你们，你们不顾自己的生命为学校去夺取荣誉，敢于与世界强队拼搏，这种精神深深地感动着我，你们是附小的骄傲，是校长的自豪，附小人永远感谢你们，附小会永远留存这历史的瞬间，你们健康平安地回到我身边是我最大的祈盼，这比什么都重要！在家好好休息、放松，胜利属于永不言败的你们！你们是我心目中永远的冠军，七天后（隔离一周）我为你们接风！"（2009年6月2日21:59）

"刚刚看到您的短信，谢谢您！我们和学生深深地知道这次我们可以去美国比赛，您帮我们承受了巨大的压力。能有这样的校长，我们真的是太幸运了。所以没有能给您拿回一个世界第一让我们感到很遗憾。希望下次您可以和我们一同出现在赛场上，见证附小的名字刻在第一名的金杯上的情景。只要有您的支持，我相信这一天不会离我们太远了。我们永远爱您。"（6月2日23:36）

因为我是校长

在管理学中有这样一个说法：管理者和被管理者永远是一对矛盾。

我曾在《青年文摘》上看到过这样一则耐人寻味的故事：说一个团队的所有成员正在一起全身心投入地搭积木。即将大功告成之时，出现了一头"驴子"，它只要踏上一只脚，团队的共同成果会立刻坍塌。说的是在一个团队中，只要有人消极说怪话，这个团队就很难凝聚。这个说怪话的人就像那只"驴子"，破坏性很大，所以要想办法拴住这头驴子。

这个办法是什么呢？如何才能妥善解决在我们的工作环境中屡见不鲜的"驴子"现象？这个问题一直困扰着初当校长的我。我是一个感性的人，有什么说什么，说完就忘，从不记恨人，也不会给谁"穿小鞋"。用老师们的话说就是：我们校长城府不深。刚刚走上行政岗位，总想解决好每一件事儿，满足每一个人的要求，可是竭尽全力，却也不时听到反对的声音，让我很困惑。看着眉头紧锁的我，爱人打趣道："别对自己太苛责了，就连毛主席还三七开呢，你还跟自己较什么劲呢！"话虽如此，这却是我一直的心结。

随着学校工作的不断展开和深入，我渐渐意识到拴住驴子的办法，就是管理制度。我认识到"管理制度"是解决一切症结的关键，若再将人性化的理念融入其中，就形成了一种既有约束力又彰显人性化的管理体制。那么学校的管理制度由谁来定呢，我想应该将话语权交给老师们。于是，2008年的寒假我给老师们布置了一项作业，写出你认为的《人大附小教师的二十要二十不要》。放假回来将老师们的观点集中后再甄选，最后由教代会通过，颁布了《人大附小教师二十要二十不要》。

如今的人大附小之所以能形成"七彩管理制度"，其实应该感谢那些有"驴子"脾气的人，正因为这样我才能在工作中不断完善学校的管理制度，使自己的工作少出现问题，使学校各项工作朝着规范、有序的方向发展。

作为校长，你会有支持和赞扬你的老师，也会有对你有意见，甚至反对你的老师，特别是初做校长时，你该怎么对待他们呢？

2009年4月底，正值我参加人大附中校长刘彭芝举办的"北京市先锋校长培训会"，忽然接到学校办公室主任打来的电话。从电话里我了解到学校已退休的L老师被汽车撞了，正在医院急救，他的爱人到学校财务室来借钱。听到这飞来横祸，我顿时没有了参会的心思，马上和刘校长请了假，驱车返回学校，吩咐财务主任去买水果和营养品，准备赶往北京积水潭医院看望L老师。当时有人说，"校长，您干嘛看她呀？""校长，她对您那么不好，您真不该去。"……老师们一说，往日的事浮现在我眼前，这位老师原来是学校部门领导，这次换届，她主动提出年龄大，又不会开车，就不再连任了，并且和大学领导也说了。在校长的民意测验后，她曾对我说："小郑，你要是当了校长，让我扫厕所我都支持你。"没想到，我做校长后，她对我不满意，告过我的状，还当着众人面指责我……其实，L老师无论做什么工作，都不惜力，舍得花时间，真的挺能干的。我们之间配合得也不错。我爱人在日本学习时，她还帮我照顾孩子，我搬家她帮我找朋友借车……她性格直爽，没有坏心眼儿。我做校长后我们还深谈过几次。哎，不知道从什么时候开始，却……路遥知马力，日久见人心，我相信时间，生气归生气，但我从来没有恨过她。

想到这儿，我说："不管过去怎么样，我必须去医院。因为我是校长，她是学校的老师。"带上营养品和一个大果篮就上了车。

走进病房，我看到L老师满头裹满绷带，一只打着石膏的脚悬挂着，腹部插着抽取淤血的管子。我来到病床边，关切地问道："怎么伤成这样了，感觉好受点了吗？"此时在我眼前，仿佛看到了过去充满热情与活力的L老师，往日的不愉快早已烟消云散。

"校长，您怎么来了？"其实就是这样几句简短的对话，挡在我和L老师之间那堵无形的墙，就被温情击穿了。

随即我向L老师的爱人了解情况，才知道L老师竟被撞折了七根肋骨。我特别将如何到人大校医院取支票和医疗报销的流程解释清楚，并再三嘱咐如果手术时需要用车或是需要学校来人帮忙照顾，就给我打电话。这位老师及家人都很感动。手术当天我和L老师的爱人还通了电话，得知手术成功，我很高兴。

经过半年的调养，L老师康复得非常好。有一天，居然一瘸一拐地爬上三楼的办公室来看我。我一个劲儿地埋怨：你应该在传达室打电话，我下去就行了。L老师说，不行，我一定要亲自到办公室感谢你。我与L老师之间的故事不仅感动了L老师和她的家人，更感动了所有在职与退休的教师，我也和L老师重新成为了朋友。

在我十年的管理体验中，我把矛盾与问题看做是管理中的家常便饭，把挫折与磨难当成一种人生的财富，所以我永远乐观地面对一切。

其实，我很感谢像 L 老师这样的老师，他们让我学会了反思，每当出现问题，我都会反思我在管理方面哪里出现了问题，直到现在我依然有反思自身问题的习惯。他们让我不断完善学习，使我对政策的把握更加准确有力；他们让我不断积累工作的经验，增加工作的策略；他们让我转变了工作重心，加强了人文关怀。现在附小欣欣向荣的蓬勃发展，有他们的功劳！

我总跟老师们说："不要拿别人的错误惩罚自己。"做校长更要大肚能容天下难容之事，学会包容人，理解人，善待人。用自己的人格魅力感染人、亲和人、带动人，这样你才能做大事，人与人之间的关系才会简单，老师才会有幸福感。

我该怎么对你说，我的老师们

周六的早晨，我照例打开自己的邮箱，一封家长来信刺痛着我的心。

信中讲述了这位家长苦于自己的孩子每日为语文梳理作业所累，没有属于自己童年的闲暇时光，更少了许多和父母欢笑嬉戏的亲情体验。字里行间充满了对这种现象的不满与批判。诚然，这位明理的母亲也知道老师的初衷是为了孩子好，只是希望校长能在家庭作业和亲子时光中帮她找到一个平衡点，让更多的孩子高效优质地学习，让更多的家庭共享天伦之乐……全文言辞恳切，字字千钧。同为人母，我感同身受，一个不满十岁的孩子连篇累牍、笔耕不辍的画面仿佛就在眼前。而与此同时，一个案牍劳形、秉烛尽瘁的教师身影也在我脑海中浮现。我心疼背负"重压"的孩子们，也心疼夜以继日忙碌的老师们啊！我感到纠结万分。

从2008年起，我校的"可爱作业"就在减负增效的浪潮中粉墨登场了，为什么现在还有教师有这样的做法，让减负问题以这样一封"投诉信"的方式摆在我面前？其实，我完全可以把这件事情交给教学校长处理，直接找出"当事教师"，予以惩戒。可是我转而又想，哪一位老师不是为了自己的学生取得好成绩，如果以这样贸然的形式处理，会不会伤了老师的心？

思前想后，我决定这样做。首先，尽管事务繁忙，我也在第一时间对这封家长信予以回复。我先是代表该班语文老师向家长及孩子道歉，在孩子成长发展的过程中，因为作业量多给孩子平添了许多的负担，给家长带来如此大的困扰，作为校长我深感内疚。此外，我也对家长表示了衷心的感谢，感谢她能够在遇到问题时及时向学校反映，这既对学校的教育教学管理工作起到了很好的监督作用，也是寻求及时有效解决问题的沟通途径。我既站在一位家长的立场上，理解家长，尊重家长，又站在一个校长的角度，反思学校工作，并承诺会尽快改变这种现状，还给孩子快乐的童年。我在百忙之中的积极回应，超然平和的态度，令家长感觉到自己的诉求得到了重视，感情得到了慰藉，家校沟通渠道的畅通为接下来事情的顺利解决奠定了基础。

接着，当天中午我将该年级语文老师召集到了开放会议室，我如往日一般，微笑着问大家是否吃过午饭，然后开始娓娓道出叫大家前来的原因：首先大家不用去猜是谁，而且学校也不会追究是哪班的哪位教师，不仅如此，我还要感谢这位老师，因为我看到了她的责任心，老师的初衷是为了提高孩子们的成绩。但是我们也要反思，为什么从2008年起就开始实施的"可爱作业"到现在还没有被彻底理解和贯彻？咱们组的新老师比较多，作为校长，理念宣讲得不到位，这也难怪新教师不理解，做不到位。之所以召集大家前来，只是希望大家都能听听家长的心声，能用更广阔的视野反思自己的工作，当然也听听我的反思。以身示例，我向大家讲述了我当语文老师时的做法：比如学习生字新词，当堂学完当堂听写，全对的同学就取消写词的作业，有错字的同学只写错了的字，让孩子自己决定写几遍能记住就写几遍，记住即可。这种机械性作业不复存在，就能减轻学生负担，腾出时间多读书。最后我建议教研组长带领大家针对作业减负问题进行探讨，找出好方法。

面对这封突如其来的"投诉信"，我不仅没有大发雷霆，反而是先肯定老师的工作态度，再用推心置腹的方式，以朋友的身份带头反思，站在家长及教师的双重角度思考问题、分析问题，因为我相信响鼓不用重锤敲。这让老师们倍感温暖，内心充满了感动，达到了不用扬鞭自奋蹄的效果。行政组长和教研组长当即表示把作业减负作为他们组的研究课题，同时改变梳理方式，以实现学校"负担不重质量高"的教学理念。老师们也纷纷表示一定认真反思，认真研读教材，做到真正的减负。此举不但使学生受益，更惠泽教师。

一个星期后，第二封家长信又"飞"进了我的信箱。

尊敬的郑校长：您好！

来信收到。

您的回复是如此快速，出乎我的意料。您的工作非常繁重，我本以为校长邮箱的邮件一般不会由您亲自处理。又猜想校方在收到邮件后，可能会做一番调查核实，然后商议一番，最后才给出一份四平八稳的回复。我猜错了。因为没想到您周末会处理邮件，我甚至周六日都没有查看邮箱。今天（周一）上午抱着试试看的想法打开邮箱时，才惊喜地发现您居然在周六（我发信的第二天）已经详细地回复了邮件。

感动感动！郑校长您平时多么忙！您也有家人需要陪伴！您却首先急

家长所急。仔细浏览了两遍您的回信，我感受到了认真和魄力，这封回信不敷衍！

"让课堂有效起来，让课程丰富起来，让作业可爱起来，让考试轻松起来。""我们让学校成为好玩的地方，学习成为好玩的事情！附小孩子阳光快乐、乐学自信。"我在您的回信中，读到人大附小的这些办学理念，深深地赞同。理念对了，方向就对了。这个大问题解决了，不管途中有多少风浪和险阻，人大附小这艘希望之船在您的掌舵下，终会载着众师生驶达理想之地。

看到您为理念的践行着急甚至生气，我放心了！在郑校长心里这些理念没有停留在口号上，是落地的，是必做的！

幸运幸运！应该说，受应试教育体制困扰的孩子们是不幸的，但能够在人大附小学习成长的孩子们又是幸运的。因为人大附小有阳光健康的办学理念，有爱孩子的郑校长笃信和践行这理念。

您在回信中写道，"一是今年该年级新进入教师比较多，来校时间短，对学校的办学理念理解不够，我们要加强培训；二是下星期我及教学干部重点听该年级语文课，从根本上查找原因，引领教师创造高效课堂，减轻课业负担；三是加强作业监控，落实到人，给予青年教师具体指导。"在很短的时间里，您的分析全面、专业，大多内容是我想不到的。举措果断有力，雷厉风行。钦佩钦佩！

…………

致以最诚挚的敬意！

一位充满希望的家长
2012 年 4 月 16 日

我把这封信的内容又转给了该年级的语文老师。这个做法虽然没有指导教学那样来得直接，但更可以让教师感受教育博大精深的内涵，在这样的认识与心态中产生的自我成长，追寻教育真谛的内驱力也才会强大而持久，教师的教育人生也才更加大气而辉煌。

在附小的墙上，有一句我写给师生的共同名言：*好孩子不是不犯错误，而是尽量避免犯重复性错误。*

在这件事情的处理上，我给予老师们的是理解，是关爱，是引领，更是激活。遇到问题校长不推诿，首先带头反思问题、承担责任，带领老师站在家长和孩子的角度想问题，问题就会迎刃而解，家校合作也会更顺畅。

从此我心中有个你

2012年5月11日下午四点接到通知，我来到了银燕小学，海淀区教委张彦祥副主任宣布了《海淀区教委关于人大附小承办银燕小学的决定》。我明白承办银燕小学，是海淀区教委对我们附小的信任和肯定，也是我们为实现义务教育均衡发展义不容辞的责任。

当时，我和领导们坐在前面，只见下面银燕小学的很多老师都在抹眼泪。我知道这是一种不舍和眷恋。一直以来，不管遇到多大的困难，我都毫不畏惧，勇往直前。但是，唯独害怕泪水。此时，看着那么多流着泪的银燕小学老师，我的心里酸楚起来，甚至觉得自己似乎犯下了不可饶恕的错误，让我满怀愧疚和不安。但我清楚，这不是横刀夺爱，而是一种包容和发展。

领导们逐一发言，轮到我了，看到台下这个阵势，我真不知道从何说起，面对挂满泪痕的老师们，我很认真并且真诚地说："老师们，今天，我是第一次走进银燕小学，看到老师们此时此刻的眼泪，我心里很难受，我很理解大家此时此刻的心情……大家的泪水可能是在无声地诉说——银燕小学没了。其实不是，'银燕'这个名字会一直存在，只不过开始续写新的历史！"我提高语调坚定地告诉每一位老师。"人大附小的老师们有非常好的传统，从来不欺生，每一位老师都会以最饱满的热情和真诚来接待你们！作为校长，我一定会像卓校长一样善待和爱护每一位老师、每一个孩子！"

老师们渐渐抬起头望着我，我继续说道："我想大家可能还有一个担心，人大附小是否会全部接纳我们，会不会选择我们？我向大家保证，人大附小绝不放弃任何一个人。相逢是缘，能够成为同一所学校的老师，共同成长，这就是缘分。"银燕小学的老师们都坐直了身体，不再默默落泪了，每一位老师都听得格外认真。

"人大附小有240位老师，但我不能保证每一位老师都比你们强。人大附小这个集体有个优秀的传统，那就是'努力'，只要你'努力'，学校就不会放弃你。等下个学期走进这个集体，你们会感受到这个集体是传递幸福的集体,是洋溢着爱和温暖的集体。"这时我看到老师们都抬起了头,没有掉眼泪的了,有的老师还牵动嘴角有了微笑。我知道,这是发自肺腑的信任和接受。最后,我坚定地说:"今天大家流的是难过的眼泪,半年以后,我一定要让你们流下感动的眼泪、幸福的眼泪。"老师们的掌声响起来。

临别前,我微笑着告诉大家:"今天初次见面,应该有见面礼。来这儿前,我特意去书店给大家每人买了一本书,在书的扉页上盖上了我的印章。为了方便大家和我联系,我还写上了我的手机号码和邮箱地址,这是我在人大附小从来没有做过的哟。从今天起,我们就是一家人了,一家人就要坦诚相待,以真情换真情。"

我亲自给每一位老师发了书,和流泪最多的两位老师热情地拥抱。今天发的书,是我精心挑选的养生专家洪昭光教授的《健康快乐100岁》,"让我们健康快乐地一起走到人大附小百年校庆的那一天。这本书也传递出一个信息——校长关注的是每一个老师的身心健康。所以希望老师们从今天开始快乐起来!"老师和领导们再一次热烈地鼓起掌来。是的,我们就应该站在对方的角度思考问题。这不仅是平等的方式,更是尊重的表达。将心比心,才能换来真心。

其实,承办银燕校区也是海淀区"区域大教育观"的体现,为的是让优质资源辐射,让教育均衡发展。很多老师跟我说过:"校长,我们有这么新、这么好的教育理念,应该让更多的孩子受到好的教育!"是啊,哪儿的孩子都是中国的孩子,好的教育有责任和义务被更广泛地实践,孩子有权利受到优质的教育,学校有责任给予孩子最好的教育。在推进义务教育均衡发展的过程中,附小会竭尽全力为这个目标而努力,奉献出自己的力量。我相信缘分的美好,我相信附小老师也会珍惜这种缘分。

回到人大附小,我在全体教师会上,传达了教委的精神,得到了大家的理解和支持。老师们达成共识:张开双臂,敞开胸怀,热情拥抱新的兄弟姐妹。

宣布承办后的周五下午,以各中心负责人以及年级组长为代表,大家身着人大附小七彩校服,举着提前做好的欢迎牌,欢迎银燕小学老师第一次走进人大附小的校园。"五年级组欢迎你们"、"彩虹艺术共谱七彩乐章"、"一年级组是你新的家"、"阳光体育,携手奋进"……诚恳的笑容、真诚的眼神是最好的沟通方式,没有过多的寒暄,两校老师的肩就自然地并到了一起,手就紧紧地牵在了一起,相聚在人大附小那道彩虹门下。

学校精心组织了一台精彩的联欢会。"这辈子注定与你在一起,大声喊出我爱你，时刻把你放心底……"附小10个阳光帅气的小伙子，身着一身白西服，以激情四射的舞蹈，向银燕小学老师大声表白："从此我心中有个你！"道出了全体附小老师的心声，把联欢会推向了高潮。两校音乐老师合奏葫芦丝《月光下的凤尾竹》，人大附小，银燕小学，相知相恋，乐曲悠扬，娓娓诉说美好的未来。全校男教师一曲《鸿雁》："酒喝干再斟满，今夜不醉不还……"预示银燕小学就像蓝天中翱翔的大雁款款飞来。大家唱着、跳着、笑着，心与心融在了一起。

联欢会后，我们又以年级组为单位进行包饺子比赛。一声令下，擀皮的擀皮，拌馅的拌馅，包的包，摆的摆，好不默契。此时此刻，两校老师已经分不出彼此，所有人都拥有了一个共同的名字——人大附小人。所有人都编织着一个美丽的梦——凝心聚力，共创辉煌！

最后，两校区近300名教职员工相聚在四层教学楼楼顶，举行了一次特殊的聚餐。楼顶当桌，盘腿而坐，餐桌布上有刚包好煮出来的饺子，有各种小菜和饮料，还有老师们从家中带来的拿手好菜。你给我夹一块肉，我给你倒一杯酒，几个人合吃一盘饺子，有的竟跨过楼顶的矮墙，开展组与组之间的交流。

夕阳西下，望着满天绚丽的晚霞，听着大家的欢声笑语，想到两校老师这么快就融为一体，亲如一家，我松了口气。站在人大附小的制高点，望着脚下霓虹闪烁，竞相媲美。看着老师们彼此之间的关怀传递和盈盈笑意，我感到非常欣慰。

人们常说，蓝天包容每一片云彩，无论其俊丑，故天广无比；大海包容每一朵浪花，无论其清浊，故海角无涯；高山包容每一块岩石，无论其大小，故山高挺拔。跨出公平教育、资源均衡的第一步应该是全部接纳。海纳百川，有容乃大，只有全部接纳，才有融合提升。

《尚书》云：有容，德乃大。《周易》云：君子以厚德载物。包容，自古以来就是人们立身处世的大智慧。包容更是一种无声的大爱，爱别人，也爱自己。"宰相肚里能撑船"，是因为他有包容万人之心。一个人的心胸有多广，他的舞台就有多大；包容有多少，他拥有的就有多少。

我常常在想，真正的大教育观就是全部接纳。真正实现公平教育更需要智慧，待之以大爱方能成就未来。作为校长，我有义务和责任。我深知未来的路充满坎坷，但为了我热爱的教育事业，为了我亲爱的老师和可爱的孩子，我有信心坚定地走下去！

留存的永远是幸福

承办银燕小学一年后，海淀区教委对银燕校区进行了教育督导，我做了这样的汇报：

用爱创造七彩教育　用情绽放公平教育

2012年5月11日，张彦祥主任代表教委宣布人大附小承办银燕小学之后，我看到的是银燕小学的老师们难过的眼泪，当时我在表态时说了这样一句话：今天大家流的是难过的泪，未来我会让老师们流幸福的泪、感动的泪。一年来，我们满怀憧憬，怀揣梦想，历经风波，带着依然不改的教育信念，追寻美丽教育之梦，成为牵手走到一起的一家人，共同生活在蓝天下最美丽的校园里，为了共同的理想，创造七彩教育，描绘天边那道绚烂的彩虹！

赤：《从此心中有个你》——一次别开生面的欢迎会

自承办银燕小学之日起我们就在思考：好的开始是成功的一半。怎么欢迎第一次走进七彩校园的银燕小学教师呢？怎么让他们有家的感觉呢？于是我们精心策划了5月18日的一个别开生面的欢迎会：附小劳模表彰——与银燕小学的教师分享奉献的快乐，榜样的力量；教师表演节目——附小10位青年男教师精心准备的舞蹈《从此心中有个你》，道出了附小人的心声；两校音乐教师的葫芦丝表演，宛如两校教师开始相亲相恋；两校教师一起包饺子——按中国传统文化，吃饺子代表着家人的团圆；楼顶烧烤——象征红红火火，一家人在轻松的氛围里相知熟识，欢聚一堂，其乐融融。

如何让退休教师找到家的感觉？2012年教师节，学校组织两校78位退休教师到平谷教工疗养院休养；2012年8月我亲自到身患癌症、卧床在家的李老师家看望；10月李老师去世时与银燕小学其他领导一起前往家中慰问；2013年元旦组织两校退休教师聚餐；2013年春节到银燕小学离退休八位教师家中拜年，所有这一切，令老教师非常感动。

橙：《相亲相爱一家人》——一对携手成长的开心伙伴

西方有句教育谚语：教师就是面带笑容的知识。可见教师多么需要面对学生时有灿烂的笑容，而这笑容是一个人舒心、开心的外在流露。如何让银燕小学教师很快消除陌生感，适应新的校园生活、新的工作环境呢？附小教师要随时主动地在业务、生活、思想等方面给予银燕小学教师以心贴心的关怀与帮助。于是，我们创立了"开心伙伴结对"活动。教师们"自由恋爱"，一位附小干部、教师与银燕小学的一位干部、教师结为一对开心伙伴，随时随地、不厌其烦地解答诸如学校的规章制度、作业本的使用等大小问题。有难处有人帮忙，有苦恼有人倾诉，有快乐有人分享，共同携手成长。附小春晚上，党政工团第一个节目表演的就是《相亲相爱一家人》，两校教师在一起开心地跳、快乐地笑，分不出你我。教委孙鹏主任看后说："你们融合得真好，把银燕分校的牌子摘了吧，就叫人大附小。"

黄：《特别的爱给特别的你》——一种不可或缺的培训福利

换位思考，银燕老师对银燕小学充满了感情，这是人之常情。人大附小承办银燕小学，来得突然，教师们首先产生的是担心——附小如何对待我们？5月14日下午，我亲自到银燕校区主持第一次培训，就是给全体教师介绍人大附小的办学理念、教师队伍的管理等，回答了教师所关心或疑虑的问题，使教师消除了顾虑，对未来充满期待。我听到了教师们的掌声，看到了教师们的笑容。

学校委派校长助理白老师进驻银燕校区，与老师们沟通，了解教师方方面面的需求。白老师以身示范，用附小人的形象潜移默化地影响着教师们，这同样是一种"隐性"的培训。银燕老师都感到附小的领导平易近人、和蔼可亲。

九月开学前，教学、德育、信息及食堂各部门领导分别就学校相关工作对银燕小学教师进行培训；参与全校教师传统的外出"为学、为道、为师、为人"七彩名家讲堂主题培训。学校邀请对外经贸大学张建平教授主讲《教育与道》、人民大学吴洋教授主讲《国学概论》、中国教师研修网总监周卫教授主讲《以课例为载体的校本研修》、首都师范大学张同印教授主讲《汉字的艺术素质》、校长主讲《践行附小精神，共赢明天的成长——新学期工作计划》。教师们开阔了视野，提升了品位。一年来，原银燕小学师生都得到不同的成长，自身综合素质得以不断提升。

学校举行的"美丽中国，美丽附小"两校教师首届春晚，围绕弘扬"附小精神"创编丰富多彩的节目。为迎接蛇年的到来，教职工利用废旧物品制作多姿多彩的"蛇"以及教师承重比赛。这些，都是对教师创新意识、艺术素养的"隐性"培训。

绿：《真心英雄》——一位非他莫属的附小劳模

2012年暑假，我校后勤服务中心的领导放弃全部休假，对银燕校区进行装修改造。主要项目有：学校内外墙、校门粉刷；教学楼地面铺设自流平；教学楼楼梯踏步贴PVC塑胶地板；卫生间更换七彩隔板、安装镜子；院墙改造成橱窗；多功能厅整体改造；操场主席台雨篷安装；安全疏散演习加装北墙月亮门；教学楼顶安装校名。这些改造能顺利完工离不开原银燕小学后勤主任刘智斌老师的具体负责与付出。他每天坚守在校园，不敢有一丝懈怠，他要尽快把附小的七彩校园文化融入银燕校区。8月29日，全校教师到银燕校区义务劳动，打扫卫生、搬桌椅、办公家具。

刘智斌老师师范毕业后就在银燕小学工作，已经19年了，他深爱着银燕小学。正因为他对银燕小学这份难以割舍的情感，如今他更寄情于人大附小。做了附小的安保主任后，虽然家住永丰地区，他仍起早贪黑，无怨无悔。他深知自己肩负的责任与义务，要为校长担当，为4 500名师生负责。他珍惜与人大附小的这份缘分，他是名副其实的附小安全守护神！新年聚餐，为了让保安们能吃一顿年夜饭，他和于副校长每人在一个校区替保安值班。一年来，他用自己的智慧与才能解决了好几起会给学校安全带来隐患的棘手问题。他是银燕小学教师的代表，今年"五一"劳动节，他高票当选附小劳动模范。

青：《想说爱你不容易》——一次课程创新的成长历练

附小的文化注重培养教师团队，更注重培养教师的创新意识。

我校独有的发表课极大地激发了教师的创新意识与热情，更成为一条促进教师专业发展的有效途径。科学张老师说："我作为一名普通老师，怀着不安的心情，走进彩虹门。十月初，校长应邀参加河南教育年会，并带领附小教师展示四节课。我没想到校长没选用附小最优秀的科学老师，而是给了我一次历练的机会，这使我压力非常大。但备课过程中我得到校长、领导和组里老师悉心的指导，尤其是郑校长从七彩教育理念的高度指导我，在她的微笑中我得到莫大的鼓舞。深夜我们还在为了课上的一个小环节反复斟酌。我们的课成功了，我体验到创新的乐趣，校长拥抱我，我的眼眶湿润了，相伴共成长的感觉真好！"

四季青学区的教学基本功比赛，我校在选派的18位选手中特别选择了银燕校区的四位教师参赛，她们都取得一等奖的好成绩。在赛后感言中，常老师说：过去参赛磨课是痛苦的，而在人大附小更多的是感动。我的一等奖属于郑校长、属于我们三年级组、属于郑校长率领下的人大附小这个积极奋进、充满阳光、充满活力的集体。我爱这个团结友爱的大家庭！李老师说：从选课、解读教材、教学设计、试讲……时时处处都有老师相伴。他们看待问题的角度、高度、视野，敬业精神……无不让我折服！

韦老师说：这个温暖的大家庭，给我这个"新附小人"带来前所未有的洗礼，在这个学校集体备课能到深夜，他们说为了孩子不能有丝毫懈怠。

蓝：《附小精神之歌》——一种附小人包容的无私大爱

走进彩虹门，就是一家人。在待遇上一视同仁，同岗同酬，上学期末附小拿出70多万元，使银燕校区老师的工资待遇与附小教师等同。

银燕校区师生走进附小校园，成为了真正的一家人。为了凝心聚力，共谋发展，创造共同的精神力量，我们把教代会通过的七彩附小精神改编成歌词，由我校彩虹艺术中心吴刚老师谱曲，谱写出了《附小精神之歌》。这首歌荡气回肠，感人至深。每当全校师生唱起这首歌，心中就充满着无比的坚韧、热爱、积极、向上的激情，歌声起到了积极心理疏导的作用。

特别难忘的是，在风波后，国庆节前的升旗仪式上，我指挥全校师生合唱《附小精神之歌》，三四年级几十名学生自发地跑到台上拥抱了我，场面异常感人。歌声充满着力量，充满着感动，充满着温暖，充满着幸福，更创造了两校师生空前的凝聚。如今，每天清晨《附小精神之歌》回荡在蓝天下最美丽的校园上空，这歌声让孩子们凝聚在附小七彩精神的感召之下，健康快乐地学习和成长，七彩阳光温暖着附小大家庭中每个人的心房。

紫：《春暖花开》——一份承载均衡的爱与责任

实现真正意义上的均衡发展与教育公平是一种境界、一种理想。我们做到了，银燕小学全部师生走进附小七彩校园，成为了真正的一家人。在这里，没有人格的高低，没有身份的差异，所有孩子都是平等的，都享受着优质教育的阳光雨露。因为在我们的心中，永远凝结着无尽的情与爱，都是中国的孩子，都有享受优质资源的权利。要实现教育公平这个理想，需要全社会各阶层人士的共识，路还很长，但我们会坚定地走下去。用坚强的意志力，用大爱与大包容去坚持，用教育智慧去克服办学中的各种困难。虽然我们承担了巨大的压力，但看到银燕老师、孩子们在七彩校园中的幸福成长，我们无怨无悔！

带着"三八妇女节"的幸福，带着班主任节的拥抱，带着评优课团队作战的激情，带着七彩课堂的分享，带着迎接督导的温度，一路走来，七彩教育成就了银燕师生的多元成长！

感谢海淀区教委对附小的信任！

感谢附小教师的善良与大爱！

感谢原银燕小学教师的勤勉与进取！

感谢风波加速我们的融合与凝聚！

感谢附小孩子的大气与包容！

感谢原银燕孩子的成长与努力！

人大附小教师在用爱创造七彩教育，用情绽放均衡教育。让最美的七彩校园创生出了最美的七彩教育，让成长在这片乐园和沃土中的每一个附小人都充满着积极的正能量，去实现自己的七彩梦、教育梦、中国梦！

我有个习惯，无论是迎接各级各类工作检查，只要有校长汇报，前一天我都会召开全体教师会，把我汇报的内容先向大家汇报一遍，请大家监督有没有不属实的地方，请大家提醒有没有遗漏的地方，因为我汇报的工作是集体的结晶，是领导、教师们共同努力的结果，我只是这个团队的代表。

那天，当我把这份用心、用爱、用情写出的督导报告读给全校教师听的时候，我一度哽咽了，千头万绪涌上心头，台下的教师们先是出奇的安静，继而报以热烈的掌声，我明白这掌声包含的意义。

晚上张老师给我发来这样的短信："亲爱的校长：您的报告充满了浪漫的情怀，一首首歌曲串联在一起让我们由衷地赞叹！听到校长汇报中的哽咽，心里有许多话想和校长说。我儿子是二年级来附小的，原来任性得很。两年的附小生活使他的转变让人震惊。一次和寄宿班五年级的孩子一起洗澡时，受了欺负，回来哭了。我和他聊天时，四年级的他能这样说：'校长多好啊，不讲理的人欺负她，她都能包容，我也能！'您给孩子们的是一种人格的感召，潜移默化的感染。他是发自内心地崇拜您、爱您。他爸说：'你们学校的人和别人的精气神都不一样。'小豆包绽放时，我看到家长群里的评价：'孩子们和校长的拥抱是排练不出来的，是真喜欢。'他们感觉到校长在家长见面会上说的话都实现了！您用行动给我们、给我们的孩子提供了一个有理想去追，有梦坚持去做，有爱真情奉献的榜样！现在社会上很多人变得没有人性、没有灵魂，但我觉得附小的孩子有'精神'支持，有坚韧不屈、包容凝聚的附小精神！这是未来家庭和社会都需要的。人活着要是失去了灵魂，民族不就亡了吗？您在做的是造福民族的事，现在直接受益的就是我们！校长，爱您，浪漫的校长，感性的校长，不屈的'笑'长，我们附小的脊梁！'笑'长咱不哭啊。"

王老师的短信："亲爱的'笑'长，懂得您为何流泪，您为银燕付出了太多的心血，经历了那么大的磨难，这些真不是一般人能做到的，况且取得了如此成绩！由衷地敬佩您！甘愿听您调遣，不考虑个人得失！"

来自原银燕小学教师的短信："亲爱的郑校长：时间过得真快，从刚宣布合并银燕时我们因为命运的多变而泪流满面，到您今天真情流露时我们和您同泣，已经一年了。这一年，我深深地感到，来到附小是幸运并幸福的。遇到一位好'笑'长不容易，您像妈妈一样关怀爱护我们，我们每个人的事情不管大小您都记在心中，处处为我们着想。附小的老师们也像兄弟姐妹一样热心帮助我们，这个温暖的大家庭里时刻洋溢着爱。'笑'长，您和附小让我理解了什么叫做'大爱'。校长，谢谢您！永远爱您！……"

读了老师们的短信，我非常感动！也无比欣慰！这种大爱得到了老师们的理解与支持，让所有附小人能享受这份大爱，是我无尽的幸福！

区领导告诉我，从银燕小学教师和孩子的座谈、问卷中流淌得最多的词汇是：感动、自豪、幸福！此时，所有的辛苦与委屈烟消云散，留存的永远是幸福。

"神曲"的诞生

  2012年9月，在我天命之年留下了刻骨铭心的记忆，也正是有了这样一次经历，使全校教师紧紧凝聚在一起。

  当彩虹门外家长们不理解的喧嚣逐渐平复后，我开始思索一个问题：如何才能使所有人都从这次磨难中振作起来？如何创造两校师生共同的精神力量？我想起了暑期教代会刚刚通过的七彩附小精神，对！创编一首歌曲一定能鼓舞人心。

  "红色是爱校，精神的领航；

  橙色是阳光，自信的飞扬；

  黄色是厚德，承载着梦想；

  绿色是坚韧，挺拔的脊梁；

  青色是创新，发展的希望；

  蓝色是包容，宽阔的胸膛；

  紫色是凝聚，相伴共成长……"

  彩虹艺术中心的小伙子们起草了一首歌词，我不太满意，于是亲自操刀改编歌词，这首贯穿附小七彩精神的词曲，在我的心中激荡了许久之后，终于迸发出它动人心魄的力量。

  "吴刚老师，你能为这首词谱出鼓舞人心的曲子，制作成一首附小的七彩精神之歌吗？"我对学校年轻的音乐才子提出了这个要求。

  "校长，我试试……"

  第一次试听觉得旋律有点难，不易上口。第二次试听好多了，但我觉得缺少主旋律。在一次次磨合中，吴刚老师明白了我想要的风格，既要旋律简单，朗朗上口，又要突出主旋律，给人以振奋和激情。

  年轻的小伙子一遍遍创作修改，直到自己满意为止。拉开窗帘，天已完全大亮，清晨五点了一宿没合眼啊。"校长，你再听听，现在怎么样？"听着这给人以温暖又充满力量的旋律，看着吴老师布满血丝的眼睛，我无比感动！"就是它了！"这首歌首次在教师节庆祝会上亮相，深受老师喜爱，接着在全校音乐课上学唱，出现了这样感人的场景：入学仅有两周的一年级小同学在学唱时问："老师，怎么这么感动啊？"吴刚老师在银燕班级的音乐课上，教孩子学唱这首歌时，他发现一个小男孩儿眼泪流淌到脸颊。

"宝贝儿，你为什么哭了？"吴刚老师想知道孩子的心理感受，故意问道。

"人大附小对我们太好了……"孩子喃喃地说。

在国庆节前的升旗仪式上，我迎着秋风站在台上，亲自指挥着全校4 000多名师生唱《附小精神之歌》，整个校园回荡着气势恢弘的旋律，所有人的声音凝聚在一起冲上云霄，这歌声唱出了附小人的坚毅品质，附小人的凝聚情怀，附小人的昂扬状态。歌曲唱到尾声，三四年级几十个学生自发地冲向主席台，最先跑上来三个孩子，其中一个孩子说道："校长，您受委屈了！"当这些话从孩子们口中说出时，我再也抑制不住内心的狂澜，和孩子们紧紧地拥抱在一起。因为台子太小了，我唯恐出事故，赶紧让老师阻止孩子们上来。

吴刚老师激动地说："校长，我写的歌能被4 000多人演唱，我太激动了！"

《附小精神之歌》不仅在附小校园里传唱，孩子们还在家里唱，坐在公共汽车上唱，老师唱、学生唱、家长唱……后来被誉为"附小的神曲"。

▫ 这个感人的画面永远定格在我的内心深处。

我常常对我的教师们说："遇事要从正反两个方面去看待，有不好的一面也会有好的一面，换个角度思考问题，磨难就是财富。如果没有这次风波，就不会诞生这么经典的歌曲，就不会让我们附小、银燕两校师生融合得这么快，就不会有中国的'巴学园'式的东校区，就不会有越来越多的家长理解你，懂得你。在这点上，我们还应该感谢这场风波，让我们学会不能只低头办教育，还要抬眼看社会。这是我五十岁最好的礼物。"

在附小的老师们中间流传着这样一句话："前进的姿势，永远是附小人最美丽的姿势。"如今的附小人携手并肩凝聚在一起，在这个有梦的地方追求新的梦想。

在爱与包容中与老师同行

平时工作忙起来,很难每天见到每位老师,特别是学校规模日渐扩大,这种心愿就更难满足了。我喜欢和老师们的各种形式的交流,其中短信应该是最快捷的方式了,从2008年开始,我保留了与老师们的各种值得回忆的短信,我想将来退休了,这是一笔幸福的财富。

在45 000多字的短信中,除了感动的话语、亲切的问候、活动的感言、真挚的祝福外,还有很多工作中的沟通和交流,仿佛它是我和老师们的心灵驿站。

2009年6月28日上午,我们在人民大会堂举行了庆祝建校55周年"在灿烂阳光下"主题音乐会,特别邀请了歌唱家戴玉强领唱主题曲,全场学生、老师、嘉宾、家长及老师的家属6 000多人参加了音乐会,气势宏大,演出非常成功,感动了在场的每一个人。感动与祝福的短信如潮。下午13:00我收到了这样的一条短信:"校长,我对不起您,对不起学校,在音乐会感情最高潮的时候没有掌控好音响,我甘愿受罚。对不起。"

我的老师太追求完美了,我是这样回复的:"宝贝儿,我只记住了关键时刻我的老师对我说:'校长,我只演踢踏舞,然后去盯住音响。'让我着实感动!没有你的牺牲就没有全场的成功。校长谢谢你!"

2010年我校在海淀区小学田径运动会上首次取得第十名的成绩,令全校老师为之振奋,因这几年搬迁、校园设施建设等,操场一直没有田径训练的条件,能在118所学校里取得这样的成绩,已经让我很欣慰了。但老师们不满足,还要为校长、为学校取得更好成绩。2011年3月18日21:15我收到了这样一条短信:"尊敬的校长:非常感谢您今天亲自到体育场看望孩子们和田径组的老师们,每个人都因您的出现而感到无比的幸福和自豪,因为别人都说,你们校长亲自给你们助阵来了,真够重视你们的,真让人羡慕!但在我们心里每个人都对您感到很愧疚,我们没有实现心中既定的目标!没有完成为'家'争光的愿望!更对不起您给予我们的厚爱!不过我们会努力改变这种现状,认真总结这次运动会的得与失!来年再战!!!"

读了短信，我很感动，21:32回复说："亲爱的老师们：以后有时间我一定陪你们一天。走到今天，校长真不在乎成绩了，因为我们有曾经的辉煌就够了，没有常胜将军！我今天去，一是感谢我心中最可爱的人；二是为了解你们有什么困难，看我能为你们做点什么。今天我们又有梦了！我会一如既往地支持你们，实现你们的愿望！"

老师们工作中出差错了，也会给我发短信。

"郑校长，您好！我班监测没考好，我心里真是很内疚与自责！您不但没批评我，反而表扬我微不足道的优点，这让我更加惭愧和不安，同时也倍加感激您的鼓励和信任！我会更加努力地干好工作，不辜负您的理解和信任！真的非常非常感谢您！祝您快乐安康！"（2010年1月22日00:19）

"非常感谢校长对我这样宽容，在这件事情上，我犯了这样重大的错误，您在全体会上避开我的问题，还说了我好的地方，面对您我真的愧疚得无地自容，也真的太难为您了，我感受到了您对我的爱护和关怀，我只有努力地工作，来回报您、回报附小，请您保重身体。"（2011年1月21日12:38）

一位老师因没有按常规思路上课，大胆创新，中心评优课没有取得一等奖，给我写了一封信，晚上，我给老师发了这样一条短信："我回家认真读了好几遍你的信，无限感慨和感动，为自己有这样的老师而骄傲。还有我喜欢你这样的'失败者'，真心话，让所谓的成绩随它去，我希望我的老师们永远是创造者，你是校长心中的胜利者，为了孩子们我们愿永远走在创新的路上。我愿为你买单，大胆做，宝贝儿，我支持你！祝永远快乐！谢谢你！"（2011年3月7日22:56）

"泪谢校长的支持和理解，您就是我这个大家庭幸福的源泉，流多少泪都是幸福。同享三八节快乐！"（2011年3月8日08:35）

附小自搬迁后，教师编制始终是困扰我的问题，对待因各种情况调走的教师，我都予以理解，我和老师们说："附小是铁打的营盘流水的兵。" 2011年5月26日19:24一个已有编制的老师给我发来短信："亲爱的郑校长，您好！在期末这样繁忙的时候打扰您很过意不去，但有些心里话还是想跟您说说。这两年来我爸爸身体一直不是很好，已经多次住院，而家里就我一个孩子，妈妈又去世早。我爱附小，爱这个幸福的集体，我舍不得附小，但也放心不下爸爸，百般纠结，最终我还是想调回延庆。我不敢见您，害怕见了您会更加舍不得我深爱的附小、深深爱着的您，是您让我感受到附小这个家的温暖与幸福，我觉得没有脸见您，但还是想跟您说说，因为您像我的家人，附小就是我另一个家，只是现在我不得不选择更需要我照顾的家人。真的对不起学校，对不起您。请您允许我真诚地说一句'对不起'。爱您的×××"

"自古忠孝不能两全，校长理解也很赞成你的选择，亲人比什么都重要！感谢你对附小的贡献！祝未来的人生一路畅通！老规矩，下周请你和组里老师吃饭啊。"（2011年5月26日22:15）

刚上任不到两年的德育主任在主持全体会的时候，有点紧张，弄得全体老师哈哈大笑，我因为有会，离开了会场，年轻的主任给我发来短信："校长：丢脸了，一紧张说得语无伦次，很丢脸，很抱歉！"（2011年5月13日15:19）

"成长中的必需，成才中的经历，自己不勇敢，没人给你勇气。别放在心上，就算周末开心一刻，分享到的人应该感谢你！"（15:32）

会议结束前，小伙子坦诚地把我们之间的短信内容告诉了大家，老师们响起了热烈的掌声。晚上他发短信告诉我，我听了非常高兴，回复到："非常棒，这不但不会影响你的威信，还会令老师们对你刮目相看，这就是低头靠勇气，抬头看实力的表率。可爱！可贺！"（20:30）

我在回复老师的短信时，说过这样一句话："亲人是祖先留下的朋友，朋友是自己找到的亲人，你是校长生命中不可错过的！感谢有你！"

  相遇相知相助——皆因有缘

  感谢感念感恩——常存心间

  祝福祝愿祝家——幸福永远

为她撑起了一片温馨的天空

有一首歌曲叫做《修炼爱情》，当人过中年，当岁月流逝，幸福感也渐行渐远的时候，才慢慢发现，更应该修炼的，是幸福。

一个憨态可掬的孩子，面对喜爱的糖果会发出由衷的欢呼，幸福似乎是满地盛开的小野花，俯拾皆是。但这简单的幸福轻易而至，自然也会倏忽消逝。我所追寻的幸福应该是老坛的美酒，是暑夏的清风，是飘逸的白云，是青葱的小草……看似无形，却在不知不觉中潜滋暗长；初识无味，却在斗转星移间历久弥香。

这种幸福是需要修炼的。

记得那是在2010年10月的一个夜晚，我习惯性地打开邮箱浏览信件。其中学校一位老师的来信引起了我的注意，她是我们学校的一位女老师，自师范毕业后就一直在我校任教，工作认真踏实，教学能力强，长期担任教研组长的工作，是学校的骨干教师。但是她却在信中向我诉说了工作生活中的许多困惑和迷茫，并流露出希望请两年长假出国学习的想法。读了她的信后我的心里可以说是百感交集。首先是震惊，没有想到这样一位让我信任的骨干教师，会突然提出要离开岗位出国留学；其次是为难，在学校人员紧张的情况下，面临区教学督导，这位老师又是六年级的教研组长，她的离开势必会影响到学校的工作安排。而且，这样的事情史无先例，我该怎么处理毫无借鉴。但同时，我的心里也很理解她的感受，同是中年女性，我能够理解她处在向中年教师转型，教学工作进入高原期的困惑和焦虑。我反复权衡，虽然还没有拿出明确的处理方案，但在心里我确认了一点，就是尽全力保护好这位老师，帮助她走过这段人生中的低谷。

在最快的时间里，我约见了这位老师，听她详细介绍了她的情况和想法，明确地告诉她：校长理解她的心情，支持她的想法，希望她能处理好自己的家庭关系，会尽全力帮助她实现继续深造的愿望。还记得她听了我的一席话后，热泪盈眶，由衷地说："我觉得您不只是我的校长，您更是我的家人，我的大姐姐，您为我想到的，比我自己想到的还多！"同时，她也表示要站好最后一班岗，一定配合学校圆满完成区督导工作。望着她离开的背影，我心里的石头落了地，在理解和信任下，一切问题都是那么快就迎刃而解，这也算是一种管理的艺术吧！在那一刻，我感受到了幸福，虽然这种幸福包含了更多的担当和责任，但它也因此更加厚重，更加动人！

此事不久，我就随海淀区校长代表团赴英国培训学习。一天，我又收到了这位老师的来信。她说，她已经办好了出国学习的一切手续，订好了12月16日的机票，准备赴新加坡去教汉语，她说走前很想再见一见校长。说心里话，我的心里充满了不舍，这位老师从20岁师范毕业来到附小，我亲眼看着她逐渐成熟起来，在我的心里，她也就是我的一位小妹妹，家里人。我拿出手机，一看时间现在国内应该正是深夜吧！于是，我坐在桌前一直等到夜深，算来国内已是早晨时间才拨通了她的电话，嘱咐她做好工作的交接，安排好家人的生活，打理好出国要用的物品。我还告诉她，校长的学习还没结束，不能送她了。

我打电话给学校主管教学的朱老师，委托她召集全体六年级老师一起聚餐，为这位老师送行。12月14日晚上，临睡前我算好国内第二天中午的12点，定好了闹钟。凌晨4点，闹钟准时把我从梦乡中唤醒，为了不打扰同屋老师的休息，我拿起手机悄悄躲进了卫生间，拨通了电话。

电话那头久久没有声音，不一会儿传来了她哽咽的话语："校长，我给您添了那么多麻烦，您一点儿都不怪我，还对我这么好……"我在电话里嘱咐她一个人在国外要注意身体……最后，我拜托朱老师帮我拥抱一下这位老师，把附小大家庭的温暖和知心大姐姐的祝福传递给她。后来，朱老师告诉我，当时这位老师哭了，她说："临别时才发现自己是那么舍不得离开附小，离开校长，离开老师们！"她表示，两年的学习期满，一定还要回到附小的大家庭。

在"三八妇女节"时，收到了她的祝贺短信，我回复说："我代表附小咱全家人谢谢你的祝福。在外照顾好自己，不想干了就回来啊！家——欢迎你！"（2011年3月9日 14：58）

"郑老师：您好！读着您的信，那股亲切、熟悉、温暖的气息扑面而来，眼睛一下就湿了。这里的人好像都不知道还有这个节日，都没人提起，就更想念咱们附小啦！其实说实话，来到新加坡人生地不熟，而且这里的人际关系比较冷漠，凡事都要靠自己，常常会有孤单无依的恐慌。就会时常怀念以前在学校里，有什么心事都可以找您倾诉，总会得到您的真心帮助，老师们也都会互相帮助和关心，附小真的像个温暖的家。有好几次，我真想打退堂鼓了。可是想起这里的人听说我是北京来的老师，都会有些惊讶的表情，我告诉自己不可以给北京人丢脸。现在我不敢说我是附小的老师，因为我怕会给附小丢脸。等我做出成绩了，我会自豪地说：'我来自中国的人大附小，我还会回去！'在我心里，我一直还觉得自己依然是附小人，在梦中还常常回到了彩虹门、蓝天阁。所以，您知道吗？我读着您的信时，心里的那种激动，真想抱住您大哭一场！"（3月9日23：40）

"一个人远在异国他乡都会有一段适应期，特别特别正常。相信你一定能成功，别给自己太大的压力，你能独闯世界这已经证明了自己的实力，业余时间好好学学英语，我还盼你双语教学呢！附小永远是你的后盾。挺贵的不用回复，可用邮箱，注意锻炼身体啊！"（2011年3月9日23：53）

无线电波带着这寥寥数语，穿梭于心与心之间，传递着爱和理解。

两年后，这位老师如期回到了附小，她来看望我时表达了想重回附小的愿望。说心里话，这对我来说的确又是个难题。在校领导班子会上讨论此事时，有的领导犹豫：当初是她主动辞职离开附小的，她离开两年，回来就进编制，是不是对其他在排队等编制的老师不公平？但是我想：这位老师走前在附小兢兢业业工作了20年，年头就是贡献。她虽然是主动离开附小的，但是她的离开是为了学习进修，应该给予包容与理解。于是，我开玩笑地说："送老师公费出国留学咱还要花学校的钱，人家自费留学回来了，咱们不是还占了便宜吗？再说，四十岁的人了，别的哪个学校还能给编制啊……"这个理由得到了领导们的认可。之后，我向大学人事处领导反复汇报此事，得到领导的理解，为这位老师争取到了回附小的机会。我还让她在全校做了汇报，老师们收获很多理念，启发很大。我很得意——这是不花钱的培训。

我把附小的每一个人都当作了家人，能帮助家人解决的困难我一定会去做，孩子上学啊，家人住院啊，和爱人闹意见啊，打官司等，每帮助一个人我都觉得是那么的幸福！一次次的幸福修炼，使我得以触摸到幸福的温度，引导我重新感悟幸福的真谛。

第八章

在亲情相伴中传递幸福

"听郑校长讲话得带干粮"

在新生家长中流传着这样一句话："听郑校长讲话得带干粮。"

说来话长。从 2003 年做校长起，我就十分重视每年的新生家长会。因为我认为：这是家长第一次走进人大附小，他们跟学生一样充满好奇，充满期待，也充满顾虑。因此，利用新生家长会，向新生家长传播学校理念，使他们认识学校、了解学校，将来能更好地配合学校和老师，有助于家校合作，减少摩擦及矛盾，使孩子在家长的帮助下尽快适应附小生活，快乐健康地成长，我觉得这是我做校长的在每一个新学年开始时的重要使命，而且一做就坚持了十年，效果也越来越好！因为我特别投入，在我心里所有的孩子都是自己的孩子，我除了介绍学校理念，更多的是用自己的真情诠释我对教育的理解，对教育的感悟，对孩子的关注及培养，感动在座的家长。并且我每次讲座时喜欢站着讲，因为人多，我希望看到最后一排的家长，希望与大家有眼神的沟通。起初我只是讲两个小时、三个小时，而如今我已在不知不觉中一讲就是四个半小时，常常过中午吃饭的点。这也是因为家长们听得太认真、太专注了，每次掌声、笑声不断。

正因为如此，才有了一位"老生"家长给一位即将参加新生家长会的新生家长温馨提示：听郑校长讲话得带干粮。于是，这句话就在家长的飞信上传开了。

有位新生家长对我说："当时他们跟我说，我还纳闷：这校长四个小时都讲什么啊？听完，我真服您了！"我同时还把培养孩子的具体做法告诉家长，供大家参考，以便对孩子从头抓起。在这里我们来分享其中一个话题：*好习惯是人生的另一张通行证。*

西方有一句谚语："播下一个行动，你将收获一种习惯；播下一种习惯，你将收获一种性格；播下一种性格，你将收获一种命运。"这段话告诉我们，良好的习惯对人生的确太重要了。习惯决定命运，好的习惯是走向成功的捷径，而坏的习惯则是跌向失败的滑梯。

习惯，是一种顽强而巨大的力量，从小养成好习惯，是孩子一生中最宝贵的财富。当然，在最初的时候，改掉一个坏习惯或者养成一个好习惯，都没那么简单，需要坚强的毅力和信心。

我给家长举了这样几个案例：

今天你迟到了没？

情景一：

8点上课的铃声响过了，喧闹的校园顿时安静下来。我在校门口看到这样一幕："儿子，快点儿跑！"只见一位满脸通红的妈妈，一边从自行车把上摘书包，一边对身边的儿子叫道。儿子拎上书包在操场上奔跑，妈妈扶着车，伸着脖子，目送着远去的儿子，从那焦虑的眼神里，分明能读出母亲心中的潜台词：儿子不会摔倒吧？进教室会不会挨老师批评？小朋友会不会嘲笑他……

孩子贪睡不能按时起床，妈妈心疼孩子想让孩子多睡一分钟……就会出现上述让人担心的场景，这是我们很多家长都会遇到的普遍问题。对于刚上学的孩子，第一个养成的习惯应该是"按时起床上学不迟到"。迟到，是一个看似微小的问题，但久而久之孩子就会形成一个不好的行为习惯，甚至影响到他的一生。上学常迟到，将来走向社会，恐怕也很难树立按时到岗的时间观念，以至于影响到孩子的前途命运。从"小"做起，培养孩子良好的生活习惯很重要，家长们不妨试着这样做：

开学第一个月，制定每周的培养目标：

第一周：孩子早晨不赖床，爸爸妈妈叫醒后，马上起床；

第二周：孩子早晨不赖床，不用爸爸妈妈催促就起床；

第三周：让孩子试着学会利用小闹钟叫早，爸爸妈妈悄悄帮助；

第一个月的最后一周孩子自己起床后，还有时间叠好自己的小被子，洗漱完毕。

专家说：一个好习惯的养成需要 **21 天**。在这个过程中，家长要强化孩子生活习惯的养成，适时引导，时时提醒，在不断的强化练习中使之养成良好的生活习惯。只要我们持之以恒，好习惯的养成并不难。生活习惯要从"小"做起，所谓"小"，一方面即从小培养，就如法国学者培根说过的："习惯是一种顽强而巨大的力量，它可以主宰人的一生，因此，人从幼年起就应该通过教育培养一种良好的习惯。"儿童时期正处于人格形成、习惯养成的初期，儿童不是用规则可以教得好的，规则总是会被他们忘掉。但是习惯一旦培养成功之后，便用不着借助记忆，很容易地、很自然地就能发生作用了。

另一方面，就是从小处着眼，正所谓"致广大而尽精微"，在小的细节上下工夫，循序渐进，才能更有效地培养良好的生活习惯。作为家长，担负着培养孩子高尚的行为和生活习惯的责任，要用自己的一言一行潜移默化地影响孩子。

今天学习用具带齐了没？

情景二：

校门口又有家长跟保安在吵吵，原来家长要给孩子送早上忘带的课本，保安按照学校的要求，为保证学生安全，不让家长进校园，请家长写好班级姓名，放传达室，由保安负责送到孩子班级。家长不放心，于是争执起来。我正好赶上，走过来了解情况。原来，孩子上课后发现语文书没带，于是给妈妈打电话要求送来，妈妈跟单位领导请了假，往返一小时路程，给孩子来学校送语文书。

孩子上学丢三落四，家长常常给孩子送学习工具，这样的家长也不少见。所以说孩子上学以后第二个应该养成的好习惯就是"每天带齐学习用具"。这样的问题怎么解决？从"细"做起，培养学生良好的学习习惯。您不妨试着这样做：

第一步：爸爸妈妈带孩子看着课表一起准备好明天的学习用具，一边教孩子认了课表上的字，一边让孩子观摩了爸爸妈妈的行动；

第二步：一周后（有欲望的孩子三天后），孩子在爸妈的帮助下，一起准备好明天的学习用具。这期间及时鼓励孩子，肯定孩子；

第三步：要让孩子知道自己的事情自己做，不给爸妈、同学添麻烦。每天自己对着课表独立准备好学习用具，但此时，爸爸妈妈不能完全放手，在孩子睡着后，帮助孩子检查一下书包（切记不能让孩子知道），查漏补缺。第二天，孩子回家后要表扬他，自己能带齐学习用具，真是有能力的好孩子，树立孩子自信心。

第四步：家长就可以彻底放手了，如果真的忘带了，就要承受批评。

总之，不建议家长放弃自己的工作，每天给孩子送用具，不做孩子的"奴隶"。那会让孩子没有内疚感，也产生了依赖性，习以为常，甚至不但不承担责任，反而还埋怨父母。这些虽然只是一些小的细节，但是无规矩不成方圆，只有严格控制孩子这些小细节，才能使之成为自然之事，才能使他们在以后的学习中能够更快地适应，更好地学习。

古人云："养其习于意蒙，则作圣之基立于此。"意思是，孩子养成良好的习惯，将会为其一生的事业奠基。而学习习惯的养成在学生成长之路上起着推波助澜的作用。它是取得良好学习成绩的基础，是学习能力培养的起点，也是孩子迈向成功的奠基石。学习习惯就是在学习过程中经过反复练习形成并发展，成为一种个体需要的自动化学习行为方式。养成良好的学习习惯，有利于激发孩子学习的积极性和主动性。形成学习策略，提高学习效率，培养自主学习能力、创新精神和创造能力，使学生终身受益。

不言而喻，凡是学习成绩好且稳定的孩子，都有良好的学习习惯，而成绩不稳定的学生，并不是不聪明，而是缺乏良好的学习习惯。因此，我们就要对孩子的学习习惯的养成进行监督与促进。

今天陪伴孩子读书了没？

如果把教育看成一条贯穿人生始末的绵延的长河，那么家庭教育就是这长河的源头。如果把教育比作是一座造就人才的高楼大厦，那么家庭教育便是这座大厦的第一层基石。家庭教育中家长起着关键的作用，营造一种良好的家庭学习氛围，家长不仅要为孩子的学习提供良好的物质条件，还必须为孩子创设一个良好的家庭育人环境。家庭教育不仅是社会的基础教育，而且是影响人终身的教育，任何学校教育和社会教育都是永远代替不了的。

首先，营造乐学的家庭环境，是孩子终身学习的需要。学习不只是学生的专利，而且是人生各阶段永恒的主题。作为家长应与孩子共同学习，营造乐学的家庭环境。如何营造乐学的家庭环境呢？我认为三个坚持很重要：

坚持每天和孩子共同读书（或听孩子读书）十分钟，要鼓励和称赞孩子。养成爱读书的习惯，是孩子成功的基石。

坚持每周末用一个半天或两个小时作为家庭学习日。学习的时间里，家长也要起带头作用，注重言传身教，合理配置业余休闲时间，在家庭学习日里爸爸不看电视，妈妈不做家务，孩子认真完成作业，爸爸妈妈读书、看报，营造家庭学习氛围。您如果能坚持下去，一定会收到意想不到的效果，逐渐地，孩子不再需要家长陪同写作业，即使长大后，家长在做其他事，他也能专注地自己学习。

坚持每月带孩子去国家图书馆等，感受读书的氛围，体味书香的气息，对孩子将会产生潜移默化的熏陶，在孩子人生成长的道路上起到不可低估的作用。

其次，家长要善于发现孩子的特点，为其选择适合的书籍和刊物。要经常借阅或购买图书，订阅一些供孩子及家长阅读的报纸杂志，让家中有一定的藏书量，让孩子引以为自豪，逐步优化家庭学习环境。可以适当地看电视，但要和孩子沟通交流电视内容。

最后，要为孩子打造适合学习的环境。孟母三迁的故事便说明环境对孩子的影响是巨大的。家长为孩子打造的环境不宜豪华，要具有书香气息。让孩子可以静下心来阅读与学习。

从家做起，营造乐学的家庭学习氛围，孩子在这样的氛围熏陶中，会不自觉地产生学习的欲望，从而逐渐养成好学的习惯。

世界上第一个飞上太空的宇航员是加加林。有人会问为什么是加加林而不是别人呢？我想，通过一个习惯就可以得知：几十位宇航员参观宇宙飞船时，只有加加林自己脱了鞋子。总设计师说："把飞船交给如此爱惜飞船的人，我才放心。"乌申斯基说："习惯是教育力量的基础，是教育活动的杠杆。"叶圣陶老先生也说："什么是教育，简单一句话，就是要养成良好的习惯。"习惯即能力，有了良好的习惯，才有努力的自觉行动和顽强的毅力及严谨的作风，创造潜能才有可能充分显示出来。"行为养成习惯，习惯决定品质，品质决定命运"，孩子能否最终成才，起决定作用的是学生的非智力因素，这其中习惯是最重要的。

总之，习惯养得好，终身受其福；习惯养不好，则终身受其害。好习惯就好像在银行里存了一笔巨款，它的利息将使人终生受益；一个人的坏习惯就好像欠了别人一笔高利贷，怎么还也还不清，将使人终生受害，甚至走上歧途。一个好习惯往往可以会助一个人走向成功，可以说，好习惯就是人生的另一张身份证，你走到哪里，这张身份证就会标榜着你是怎样的人，它对人的一生都具有决定性的作用。培养孩子形成良好的习惯已是每一位家长不可推卸的责任。

在这个过程中，我们要持之以恒，坚持不懈，要努力学习科学的教育方法，再通过学校与家长的共同努力，为孩子的一生奠定基础，送给孩子一生中最珍贵的礼物，让每个孩子能够成为最好的自己。

没有说教，没有高深的理论，有的只是一些事实案例以及我在幼小衔接教育方面的一些思考，生动的视频全方位地向家长传播着人大附小的理念，为家长提供行之有效的教育方法，非常接地气，所以家长觉得很解渴，不虚此行。

每一次开会时，会场都爆满，明明要求一家只来一个家长，但是很多家庭都是父母一起慕名而来。即使是在时间长达四个半小时的讲话中，也没有手机响，没有人随便走动，甚至连去卫生间的人都很少，唯恐落下一个精彩的案例。让我也非常感动。

2013年，我的德育主任在现场统计了一下掌声和笑声共计43回。会后，德育主任不无激动和自豪地说："我想，在孩子从小学到大学的成长道路上，再没有一个校长能这样为家长站着讲四个半小时了！"

有的毕业生的家长在给我的感谢信中，仍在追忆六年前来学校参加新生家长会的情景，仍津津乐道地向我表达当时的心情，有激动，有兴奋，有信任，有满足，有自豪，甚至回忆说当时自己都想背起书包走进人大附小重上一年级。

十年的一年级新生家长会，家长受益，我也成长，达到了双赢。我从最初的只谈学校现状，学生习惯，到现在的既谈学生个性发展也谈老师专业成长，更谈学校未来发展战略，我的视野更加开阔，我的思想更加成熟，我的底蕴更加深厚，我的信心更加十足。

每一次新生家长会都拉近了我和家长的距离，拉近了家长和学校的距离，拉近了家长和老师的距离，起到了事半功倍的作用。2013年家长会后，家长感动地和我拥抱。在开学典礼时，当介绍"可爱的郑校长"时，有家长在下面说应该这样介绍："可爱的校长妈妈"。周围家长附和："对，该这么说。"我听了心里无比的感动与幸福。

▢ 开学啦！学生见到我兴奋地跳起来

不让孩子留有遗憾

2010年1月7日是一年一度的跳长绳比赛，六（3）班的A队意外地失利了。平时练习的时候，三分钟能跳390多个，今天居然只跳了198个，比C队还少了100个。裁判说今天孩子们失误了两次，可孩子们说平时训练也有失误，肯定是裁判数错了。按照体育比赛规则要服从裁判裁定。可是孩子们既不甘心，又不服气，还抱在一起大哭。他们觉得这是在小学阶段的最后一次比赛，一定要用优异的成绩来展示自己。为此，他们进行了艰苦的训练。可是，这样的结果他们难以接受。班主任老师也不知道该怎么办，不知道该怎样来安慰这些可爱的孩子们。

在开会回来的路上，我听说了这件事情，顾不上吃午饭，直奔六（3）班教室。懂事的孩子们一看是校长来了，赶紧边擦眼泪，边向我问好。我拍着那个还在哽咽的壮小伙子（A队队长）的肩膀说："宝贝儿，你们的事情我听说了，校长相信你们是最棒的。不能让你们带着遗憾毕业。这样吧，特许你们一次机会，明天重新跳一次，请两位体育老师给你们当裁判，怎么样？"孩子们起初不敢相信自己的耳朵，等明白过来后，又抱在一起大喊："校长万岁！校长万岁！"

第二天下午，我正在外边开会，15:56收到班主任周老师发来的短信："亲爱的校长，今天跳绳382个。我代表六（3）班46个可爱的孩子再次真诚地感谢您最深厚的爱，感谢学校最真切的人文关怀。爱是感染，是熏陶。我相信我的孩子们一定会牢记一生，感恩一生。谢谢亲爱的校长！也谢谢白主任、秦主任。也感谢李老师给了孩子们一次经历挫折、感悟人生的机会。通过这件事，孩子们更爱学校了！"

我也按捺不住内心的激动，为孩子们的胜利喝彩！为我能及时纠正问题，不给孩子们留下遗憾而庆幸，也为孩子们勇于面对挫折而又懂得要坚持真理而欣慰。要让每一个附小孩子在附小的每一天都成为最美好的回忆！

从此，在六年级的语文发表课上，在毕业考试的作文中，在孩子们美好的记忆里，我被称为"校长妈妈"！

爱，就是把你放在我心上

作为校长，我深深地爱着我的附小，爱着我的孩子和老师们，我努力关注到每一位老师，努力把每一位老师的事放在心上，记得有这样一件事。

清晨，校园沐浴在蒙蒙的春雨中，偶有早来的孩子在春雨中走着、跳着，或活泼嬉戏，或热烈聊天，我和孩子们一起沉浸在烟雨蒙蒙中，呼吸着香醇的清新气息，感受着春的美好与温馨。

"校长早！"迎面走来小吴老师，正怯怯地微笑着和我打招呼。看到她，我又想起昨天召开接待新老师会时，听说她的新手机被抢劫了。当时，心里很牵挂，这个年轻的女教师到底经历了怎样的抢劫事件呢，当时她一定害怕极了，受伤了吗？有没有走出阴影呢？努力地关注到每一位老师，关心他们的工作和生活，已经成为我多年的习惯，我希望我的老师们能够开心、幸福地工作和生活，我会尽我所能地帮助他们渡过难关。可是，一连三个会议赶在一个下午，总也没能抽出一丝空暇来单独找她聊一聊。

"小吴，听说，你的手机丢了？"我温和地问着。

"嗯，校长，我的手机上周末被抢了。您怎么也知道啦？"她有些惊讶又有些紧张局促地连忙回答。

"我听说了，怎么回事呢？"我和她边走边聊着。

"是这样的，校长，我傍晚从街道转弯处走过，当时那儿没有其他过路人，妈妈打来电话，我掏出电话放在耳边，刚说了句'喂，妈……'，一个黑衣人就飞快地从我耳边抢走了手机，迅速地跑开了……"她激动地说着，脸颊又紧张地红起来了。

"小吴，丢了就丢了，好在人没事，下次小心。"我连忙安慰她，"我正好有个手机，是去年元旦团拜会上抽奖得的奖品，还没拆封呢，一会儿给你拿来用吧。"

"不，不，校长，不行，那是您的奖品，您应该自己珍藏使用！我有，真的有……"小吴连连推辞，脸颊更红了。

这个年轻的孩子，到校四年了，工作一直很努力。要转弯去楼上办公室了，我安慰她记住教训，忘了可怕的经历，安下心来工作，想着得空把手机拿给她。

第二天清早，小吴恰好来校办，我把她请进了我的办公室，从抽屉里拿出了准备好的新手机递给她。

"校长，谢谢，谢谢您……"小吴连连感谢。"您那么忙，还记着我的这么件小事……校长谢谢您！"我看到小吴的眼中闪烁着泪花，激动兴奋使得这个孩子红透了脸颊，甚至有些语无伦次。

"没事儿，小吴，校长这手机啊，一直放在这儿，就请你帮校长用上它了！"

"校长……"

"你看，这个手机盒上还别着朵漂亮的礼盒花呢，这个吉祥的奖品啊，就当是你得了！"说着我把崭新的手机盒塞给小吴。

"哟，对了，给你找个手提袋子，好拿。"说着，我在办公桌底下翻找起来，找到了一个明黄色的好看的塑料手提袋，这是上次开会装材料的手提袋，用来放手机盒美观又合适。

"校长……您太细心了！……"小吴激动地接过去，眼睛里充盈着感动。"我从来没有遇到过您这样的校长，您那么忙，可是学校的每一件事……无论是哪个班级的哪个孩子，哪个年级的哪位老师，甚至是食堂的哪位师傅，门口的哪位保安，谁的事您都记得那么清楚，谁的事您都放在了心上！……"

"没啥，我啊，就是让你帮校长一个忙，让你啊，替校长用了这个手机，真没啥。"我拍了拍小吴的肩膀安慰这个因激动而声音颤抖的孩子。

"别想那么多，拿着，你就替校长把这个奖品领了。千万别想着要还校长什么礼物，不许啊！"

"嗯，"小吴使劲地点点头，"校长，我一定更加努力工作，回报您一直以来对我的关心和爱护！"

"好，这就对啦，你就好好工作，这就是对咱学校、对校长最好的回报！"

"校长，我能，我能抱抱您吗？"这个朴实的孩子深深地看着我，隔着泪花我看到她眼中的羞涩与期盼。

"好！"

此时无声胜有声。是的，我一直喜欢拥抱我的孩子、拥抱我的老师。拥抱让我感受到彼此的"爱意"与温暖。拥抱，是无声的语言，拥抱是彼此的需要，是心与心的相互交流、情与情的相互交织。我喜欢把最深的情感寄予这最真挚的拥抱中。

"校长，再次谢谢您给我的温暖！"小吴深深地鞠了一躬，不舍地走出了办公室，她的身姿更加轻盈、舒展，脚步更加笃定、坚实。这一刻，我仿佛看到她走出这个办公区就会忘我地跳起来，犹如清晨蒙蒙细雨中忘我追跑的小孩子；我仿佛看到，这个一直自信不太足的孩子，在今后的工作中更加努力投入的模样。想到这，心头忽然涌起一阵感动与温暖。

晚上，收到了小吴发来的短信："校长，回到家，我的父母都感动不已，父母说，我在人生重要的择业路口，遇到了一位好领导，遇到了一位心存大爱的人生导师……"

"爱，就是把你放在我的心上。"我全心地爱着我的附小、爱着我的团队、爱着团队中的每一个附小人！

窗外，春雨绵绵依旧，操场上已满是生机盎然的身影，有风吹来，空气里飘溢着玉兰花的芬芳，还有幸福的味道……

金牌证婚人

"十一"长假期间的第五日，清晨起床后，打开衣橱挑选了一身新套装，请爱人和女儿参谋一下，然后出门上车。因为今天我将为我校第16位小伙子做证婚人。为此我曾对我的老师们打趣道："为什么小伙子们都请我去证婚呢？因为我姓郑呗！"车子行驶在去婚礼现场的路上时，我开始整理思绪，刘老师在附小的成长经历像过电影一样，重现在脑海里。我想起了他写过这样一篇文章。

校长是"笑"长

"笑"长这个词最开始是郑校长自己开玩笑时说的，意思是"校长"只是岗位不同而已，本质上和老师们没有区别，而且自己也乐观爱笑，所以就叫"笑"长了。可其实还有一个原因让这个"笑"长更加名副其实，那就是只要一提到我们的郑校长，老师们的脸上都会不知不觉地流露出幸福的微笑，老师们因为校长而笑，校长又因为老师们而笑——长此以往，校长也就成了"笑"长。

但是有一次"笑"长却没有对我露出笑容。那是2009年10月，郑校长和行政领导们来听课，我讲的是北师版六年级上册的"比的应用"。当时的我刚参加工作一个月，内心深处特别需要和校长、领导的这种交流和提升的机会，所以认真地准备了每一个环节。课讲完后郑校长居然要亲自来给我评课，我当时特别高兴，希望郑校长听完我的课能给我一点儿肯定或者给我一个笑容。但是这些却都没有出现，出现的是郑校长用很严厉的语言指出了我这节课存在的问题，特别是其中有一句话像一颗钉子一样，扎进了我的心里——"老师不能浪费学生的生命"。我知道郑校长是因为新教师没有贯彻学校的理念而感到着急，可是当听到郑校长这样的评价时，我简直无地自容，恨不得钻进地缝里，心想那个笑容可掬的"笑"长去哪儿了呢？事后我仔细回忆了郑校长评课时的每一句话，说得都是那么的语重心长，一个教师如果不能很好地教书育人，不能有效地利用课堂上的四十分钟的话，那不就是在耽误学生成长的时间，浪费学生的生命吗？

从此之后，每当我自己在备课的时候，耳畔总会回响起郑校长那严厉的声音，我也在时刻告诉自己不能再让郑校长那么着急了，要用心备好每一节课，从学生实际出发，把数学的学术形态转化为教育形态，让每个学生都参与到自然的课堂当中，让每个学生都有所发展。后来我又重新修改了教案，诚挚地去邀请郑校长再来听我一次课，可是让我没想到的是郑校长却笑着跟我说："校长那天语言太严厉了，可我是恨铁不成钢啊！"看着"久违"的郑"笑"长，我的眼眶湿润了……

郑校长的笑容"来之不易"，但有时也来之容易。那是 2011 年 10 月，我因为患上"传染性单核细胞增多症"住进了医院，当时身体状况很差，医院还下达了"病重通知书"。在治疗几天仍不见好转的情况下，大夫还劝说让我转院治疗，就在这个一家人茫然失措的时候，郑校长亲自来医院看望我了！我当时真是又激动又愧疚，激动的是郑校长居然亲自来看望我，这份对一名青年教师的关怀和爱护真的让我受宠若惊；愧疚的是郑校长工作那么繁忙，因为我个人的这点小事儿惊动了郑校长，要是耽误了校长的工作那可不得了。但是一看到郑校长那温暖的笑容，头脑中的这些想法就都抛在一边了。郑校长仔细询问了我的病情，当得知家里遇到了难处时，果断地安排连主任第二天开车送我转院。当时感动得我真的不知说什么好了，只能默默的目送郑校长到医院走廊的尽头……

校长是一个学校的灵魂，就像将领是一个军队的灵魂一样。这个魂需要通过校长的人格魅力来体现，这个魂就是校长的办学理念，这个魂就是学校的思想文化。郑校长从来没有说过：老师们要好好工作，老师们要加班等等这样的话，但是郑校长为老师们的办公室提供了茶歇，郑校长为老师们回家开设了班车，郑校长为老师们的生日策划了创意活动，郑校长为老师的孩子们创办了幼儿园……这些都是在满足老师们的不同需求，从而激发老师们的积极性和创造性，让老师们发自内心地想用努力的工作去报答校长，想竭尽自己的所能去回报附小。而在这样的工作中，老师们始终是幸福的，是快乐的。我们的学生也是幸福的，快乐的。我相信，郑校长也是幸福的，是快乐的。校长就是"笑"长。

想到这，我不由得笑出声来，一晃四年，曾经稚嫩的刘老师，已然成长为一个成熟的青年教师，就如看着自己的子女长大成人一样，胸中有道不尽的欣喜。行，证婚词有了。

婚礼现场到了。吉时到了，在我校金牌司仪宋超老师郑重而又饱含磁性的嗓音中，一段包含浪漫的视频让我们看到了一对相亲相爱的情侣。当视频的最后一个镜头结束时，一道亮光打在了中间的帷帐上，人们看到的是一个求婚的"剪影"。

这时，现场掌声一片，呼声一片，面对着生命中的女主角，新郎单膝跪地诚挚求婚："嫁给我吧，我会一生一世爱你！"幕布拉开了，一脸幸福的美丽新娘与新郎成为了全场的焦点，手挽手走在鲜花飘洒的T台上，直通幸福的殿堂。

在赠送新娘礼物的环节，新郎的浪漫与用心感动了所有人。原来，两人相识之初，新郎就颇用心地记录着彼此浪漫与幸福的点滴：第一张电影票、第一张公交票……心思细腻的新郎将它们默默地收集起来，然后用所有票组成一个"I love you"的缩写，奉献给了自己的新娘，如此浪漫的新郎我还是第一次见到。我默默地说："这小子真是长大了。"

"呵呵，这不成账单了吗？"学校工会主席黎老师笑道。

轮到我这个证婚人证婚了："今天是我们刘老师大喜的日子，虽然今天我是第16次为我校青年人证婚，但却是我校婚庆公司成立后的第一次。"说到这，我们学校来的老师都笑了。学校哪来的婚庆公司啊？事情是这样的：

从我做校长后，年轻人都邀请我做证婚人，就有一次因特殊情况没去。我发现婚礼的费用支出越来越令人咋舌，年轻人刚工作不久，个人的积蓄在婚礼费用上肯定是入不敷出，一定会造成家庭的经济负担。同时我也发现在婚礼上，互为同事的老师们不是负责策划，就是负责司仪或者是照相、摄像，于是我产生了将这些"身怀绝技"的老师们网罗在一起成立一个婚庆公司的想法。主要是让年轻人及他们的父母省时、省心、省力、省钱。和工会主席及领导们一商量，大家一致赞成。就这样，2013年9月的教师节庆祝活动上，人大附小七彩婚庆公司正式揭牌。

这个婚庆公司阵容十分强大，工会主席黎老师任总经理，金牌策划人李老师，金牌司仪宋老师，金牌摄影师李老师，金牌摄像董老师，金牌音乐制作人吴老师，学校食堂金牌大厨刘师傅，再加上我这个金牌证婚人，保证着一条龙的婚庆金牌品质服务。我们的服务对象是学校所有的未婚老师，更贴心的是全程服务全部免费。老师们可兴奋了，连儿子的婚礼都预约上了。

早在2009年12月30日元旦前夕，七彩婚庆公司就初具雏形。元旦晚会的压轴戏就是学校为聘用的外地于老师筹划了一场神秘的婚礼，当婚礼进行曲响起时，老师们还以为是一个节目呢。至今，于老师一家感动而又幸福的画面仍浮现在我的眼前。

看着曾经稚嫩的大男孩即将为人夫、为人父,我的内心充满了感动。

我喜爱这种幸福的氛围,因为对老师的了解与热爱,每一次我在婚礼现场所说的证婚词也俨然成为了婚礼的亮点。在校长工作之外,我也渐渐被老师们戏称为"金牌证婚人",我一次次分享着老师们给我带来的快乐与幸福。

附小是一个温馨的大家庭,而我又被老师们视为他们所信任的大家长,为老师们谋求幸福我责无旁贷,愿七彩婚庆公司成为一个制造浪漫、创造惊喜的起点,我衷心地祝福我的每一位老师都成为生活与工作中的幸福达人!

脸上的唇印

周老师不只一次激动地说:"每当提起您,儿子总是骄傲地指着自己的小脸,讲述着被您亲吻的故事。孩子不会忘记在他人生的重要时刻,是郑妈妈给了他勇气和自信,鼓励他从此走上了音乐之路。"

提起这件事还要从一年前说起,当时周老师的孩子正徘徊在是否走专业道路上,面对孩子对单簧管演奏的热爱与执著,周老师迟疑了。如果违背孩子的意愿,顺其自然上一所普通中学,只管大人省事、踏实,孩子将来一定会后悔;如果走专业道路,全国一共才招收三人,又将是一条千军万马齐过的独木桥,风险太大。怎么办?此时,周老师想起了我曾经跟她说过的一句话:"要走适合自己孩子发展的路,因为每个孩子都是不同的,一定要让孩子做自己喜欢的事……"

由于儿子是班里年龄最小的,周老师决定让孩子休学一年,储备音乐专业知识和技能,"小升初"时报考中央音乐学院附中。可是万一考不上,学校还会让孩子重新上一次六年级吗?这可是史无前例啊!

周老师拿着写好的休学申请书走进了我的办公室,怀着忐忑的心情跟我说了她想让孩子休学一年的决定以及她的顾虑。听了周老师的诉说,我毫不犹豫地对她说:"你孩子的情况我了解,我尊重你们的决定,休学不是问题,保留原学籍,好好利用一年时间磨炼专业,积极准备,努力考吧,如果没考上,学校接着,放心吧!"周老师听到这里,眼眶红了……

回家后周老师将这份爱原封不动地传达给了儿子,儿子兴奋地高呼:"郑妈妈万岁!我一定不辜负您的期望,努力考上!"

2012年的6月,孩子接到了中央音乐学院附中的录取通知书,周老师全家欢腾了,孩子激动地说要亲口把这一喜讯告诉亲爱的郑妈妈。赶巧当天我参加学校晏老师的婚礼,孩子无比兴奋地拿着自己的曲谱夹子,挤向人群,想留下我的亲笔签名,可惜人太多,没挤进去。后来,机会又来了,在"六一"亲子大连游返京的时候,我来校迎接孩子们的归来,当孩子将这一喜讯告诉我后,我兴奋地搂着孩子,重重地亲了亲孩子的小脸……

回家的路上,孩子不停地摸着被我亲过的小脸,兴奋地让周老师看他

"脸上的唇印"。此时此刻，周老师深深地感觉到，希望的种子从此播种在了孩子的心里。

每一个学生都是一个鲜活独特的生命个体，每一个学生都怀揣着各不相同的美好梦想。

我愿做一个快乐的制造者，让人大附小成为每一个学生的生命乐园。

我愿做一个幸福的圆梦人，让人大附小的每一个学生都能找到自己的梦想乐园，乘着歌声和梦想的翅膀在蓝天下最美丽的校园里自由自在地尽情飞翔。孩子的快乐是我最大的幸福。

让一票不再难求

白老师晃着手中的火车票喜滋滋地走进我的办公室，一进门，便迫不及待地说："校长，您看，17次下铺票，我妈老高兴了，说比自己买的还理想，特意嘱咐我要过来谢谢您！"我笑吟吟地站起身，"赶紧收好你的宝贝票吧，小心被风刮走了，可就真难买了。"看到白老师像个孩子似的绽放笑容，我感到很是满足，我所做的一切，不正是为了看到教师们这样灿烂的笑容吗？

白老师平时忙于工作，无暇照顾孩子，就把妈妈接到北京来帮忙照看孩子。可是春节回家成了个问题，俗话说，"千金易得，一票难求啊！"这也是一直困扰着我校教职工的问题。

为了解决我校教职工春节买票难的问题，让他们能够及时回家团聚，享受假期的惬意和亲情的温暖，我和领导班子决定，春运期间，由学校负责买票。教职工只需要把自己的身份证号报上来，就可以等着拿票了。这样一来，解决了老师们的后顾之忧，就能更加全身心地投入工作了。

学生们都是我的"小宝贝儿"，老师们就是我的"大孩子"，既然我成为了他们的校长，我的责任和义务就是为老师们做好方方面面的服务，倾心尽力为他们创造更加舒适的环境。

举手之劳的小事，创造了教师的幸福，家庭的幸福。

爸爸、妈妈、爱人，甚至公公、婆婆们都叮嘱：在这么好的学校，一定要努力工作，回报校长的关爱。转告校长，加多少班我们家属都支持。

我听了，心里这个美呀。这真是价值连城的幸福。

因欣赏而共同精彩

2009年2月，在布置学期工作的会上，我提出了"附小教师潜能自我开发五级"论：

能做—愿意做—多做—创新做—做好

能做—愿意做—多做—做好

能做—多做—做好

能做—做好

能做

我们说"能做"为教师工作的最基本的潜能，"能做—愿意做—多做—创新做—做好"作为教师潜能的最高境界。如何让教师潜能自我开发出来？我认为应该是"欣赏"。

记得美国一位著名的教育家说过，欣赏犹如阳光，获得别人的欣赏是人们共同的心理需要。在学校生活中，教师总是自觉不自觉地从校长那里寻找自身的存在价值，其内心深处都有被重视、被肯定、被尊敬、被欣赏的渴望，当这种渴望实现时，教师的许多潜能和真善美的情感便会被奇迹般地激发出来。正如威廉·詹姆斯所说："人性中最深切的心理动机，是被人赏识的渴望。"每个人都渴望得到别人的欣赏，如果校长用一颗阳光的心去欣赏老师和孩子们，我们的老师，一定会成为爱岗敬业的阳光教师；我们的孩子，一定会成长为健康快乐的阳光少年。

"善之本在教，教之本在师"。在我心中，附小的老师都是积极进取的，每个人都有成长的愿望。从教师专业成长需求出发：学校创立七彩名师讲堂，成立教育教学研究会，名师工作室，创设条件到国内外交流，发放教育书籍，出版个人教学专著等等。从教师的心理需求出发：开展凝聚团队的校本教研合作发表课的研究，同伴相助，让每位老师都有展示自我，提升自信，享受成功的机会。最重要的是我要在附小营造精神放松、心情愉悦的工作氛围，实践人人自觉学习，努力提升成长的行动，打造"让常态成为习惯"的教师文化，享受做附小教师的幸福。

在我心中，附小的老师都是阳光快乐的。在附小大家庭中，家人不单有成长心理需求，更需要生活的温馨和幸福。一系列的人文关怀举措，创造了家的文化。一点一滴的关爱，令老师们非常感动，他们都感慨地说，"学校像家一样温暖、幸福，我们一定要更加努力工作来回报学校，'誓为知己者干'"。2010年7月下学期工作意向调查表中，在"做附小教师的幸福指数"一栏，140位老师选择了100%，96.2%老师选择了幸福指数90%以上。

我深知，所有教育要素中最活跃、最能动的是"人"，作为校长——老师们的亲人，我们工作的核心就是焕发家人的生命活力，唯有把工作做到他们心里，诚心诚意欣赏他们，心贴心地陪伴他们，充分地尊重与信任他们，才能使教师心理获得满足，才能使教师真正享受教育生活，成就成功和幸福的教育。

老师幸福地教，学生才能幸福地学。在我眼里，孩子们是幸福的，每当孩子们欢呼雀跃着喊"校长好"时，那一张张灿烂笑脸背后，是孩子那份阳光快乐的心情，是孩子对我的认同和喜爱。对于一位校长而言，再多的荣誉和奖励也抵不过孩子们的爱戴。

在我眼里，孩子们都是那么稚嫩，那么单纯，他们的快乐和忧愁都丝毫不加掩饰。他们的心里话，他们的表情，都是一面面真实的镜子，如实地映照出我们教育的得失。我喜爱孩子，无论走到哪里，我都称呼他们为宝贝儿，一下子拉近了孩子与我的心理距离，让我能够与孩子们平等亲切地交流。关注每一个儿童，摸摸孩子的头，向孩子伸出大拇指，和孩子迎面击掌，一个飞吻……都能使孩子们兴奋不已，满足其心理成长的需求。

老师们也常把欣赏送给我，当我布置新学期工作计划后，老师们发来这样的短信："校长，又一次被您的思想与激情所感动！您的报告非常精彩，有高度、有新意、有自己独到的观点。看得出您假期一定看了很多书，思考了很多问题……"

"校长，您用了整整四个小时的时间宣讲的哪儿仅仅是工作计划呀，那是您为大家描绘的学校宏伟愿景和美好蓝图，真的，您是位特别了不起的校长！"

"校长，您总是夸老师们的成长，我觉得这些年您成长得最快（有点没大没小了）。特别感动，特别激动，也特别心疼您！保重身体！"

老师们说得没错，审视 2004 年 2 月的工作计划，再对比如今的工作计划，真是能看出自己一步步的成长。

总之，我眼中的老师是可敬的、伟大的；我眼中的孩子是可爱的、了不起的；欣赏老师和孩子们的成长，给我带来太多的惊喜和感动。老师们给予我的欣赏，让我更加不敢懈怠，不断创新前行。同时，我也更真切地感受到：欣赏使我与师生间心贴心，也使我们的教育因欣赏而成功，因欣赏而充满阳光，因欣赏而充满智慧，因欣赏而共同精彩绽放……

☐ "校长来我们班听课吧！""校长是我的。"

校长宠着我

我相信,每个人都是有潜能的。谁都不比谁聪明多少,只是见识有高低,你听得多、看得多、想得多,你的视野开阔,你就比别人聪明。我希望人大附小的老师见多识广,所以,从 2007 年至今,每年的教师培训活动,我都努力邀请各个专业、各个领域的大家、名家,包括中央党校、人民大学等高校的教授来做讲座。

同时,向身边的榜样、同伴学习也非常重要。所以,从 2012 年 9 月开始,我倡导开设了每周五时长二十分钟的"人大附小七彩教师讲堂",希望通过这个活动,给予更多的老师面对全体老师们交流思想的机会,有在全校 300 多名老师面前讲话的机会,成为了年轻老师历练、展示自我的舞台。随着学校日益发展的需要,这也成为了学校发现人才、培养人才的平台。

最初的教师讲堂由学校统一安排主讲人,后来随着"七彩教师讲堂"掀起的热潮,很多老师都主动报名。在周老师的讲堂上,她以一个温馨的讲题《春暖花开》,将她在附小这片沃土上的动人故事娓娓道来:

"清晨刚从美梦中醒来,就怀揣着喜悦的心情迫不及待地想来到学校。最喜欢做的事儿就是与校长'谈恋爱',因为跟校长接触久了,这成了我内心最大的幸福。今天是我四十二岁的最后一天,明天将是一个新的开始,此时的心情与一首歌不谋而合——《春暖花开》。回顾在附小的生活,每一次活动过后都会在记忆中留下灿烂的笑容,因为这源于校长对每一位教师相信的力量,相信每一位老师都如同彩虹般美丽,我们每一位附小人也因校长给予的相信的力量而每天生活在幸福之中,工作能力也因此得以淋漓尽致的发挥。"

懂得感恩的周老师,从情感的角度体会到校长对老师们的爱,在一次学校召开的德育工作会上,周老师的一句话险些掀起"轩然大波":

"在工作上、生活中,校长对我无微不至的关怀,让我觉得校长特别宠着我……"一句话,引来不少老师"吃醋","唉,你怎么说校长宠着你啊，我还觉得校长惯着我呢"，"我觉得校长对我最好……"

人事主任石老师感慨道："我们人人都觉得校长宠着自己，其实就是校长对谁都好，都把我们当成家里人一样。"

虽说爱是无声的语言，但是自学校的七彩教师讲堂开讲后，先后有九位走上七彩讲堂的老师，在这个提倡敢言敢讲、碰撞观点、抒发情感的"第二讲台"，道出了对教学智慧的感悟，也说出了对爱的感怀。

在"梦想"的主旋律下，年轻的沙海和刘佳两位老师，将来到附小后在追求梦想过程中的甘苦同所有老师一起分享，博得了老师们的掌声与欢笑。也让我看到了年轻人在成长路上的坚忍不拔。

如今彩虹门里，呈现出的是一幅其乐融融的"大家庭"的景象，随着家庭成员的相继到来，为了促进"新人"与大家庭中的所有人相识相知，也为了将话语权还给我的老师们，如今的七彩教师讲堂更成为了附小大家庭成员期盼的一个聚会。

教育之路任重而道远，因为有了附小这么多怀揣梦想、志同道合的老师像家人般的亲情陪伴，我工作的每一天都是那样的充实快乐。

十年来，我和老师们已不单单是工作之情，更多了许多亲情。天冷了提醒老师添衣服；春天干燥了提醒老师多喝水；知道什么健身小窍门了，赶快告诉老师去尝试；孩子高考了，赶快让老师休息，踏踏实实管孩子；老师家亲人去世了，第一时间赶去问候……我总是努力把每一位老师装在心里，让老师幸福地工作，因为老师们的幸福也是我的幸福。

一所令人迷恋的学校

孙金鑫博士在考察海淀区"办学理念最为深厚学校"、作为评委走进了人大附小后,以此为题写了一篇文章刊登在 2013 年 1 月《中小学管理》杂志上,令人大附小人读后非常感动。

文中字字句句描绘出了附小爱的真谛。附小每一位老师都如这春雨中的泥土一般质朴、芳馨,他们热爱这所学校,他们以饱满的热情尽心尽力地工作,为附小增光添彩。我的心时刻和这个团队在一起。我们一起度过每一个浪漫的节日,我和他们有很多动人的故事,感人的场景。发表课后我用火红的"糖葫芦"表达"礼轻情意重"的赞赏和感谢,很多老师至今依旧珍藏;期末总结会后,伴随着《我不想说再见》的歌声,把寓意着新年甜蜜的棒棒糖第一个送给下学期迎接监测的五年级老师,并和老师们拥抱,互祝幸福,老师们感动得热泪盈眶。2006 年新年的晚会上,五位男老师深情演唱改编过歌词的《最浪漫的事》,"我能想到最浪漫的事就是和校长一起慢慢变老,当我们老得哪儿也去不了,您还把我们当做附小手中的宝儿……"让我平生第一次和男老师紧紧拥抱在一起。这份浓浓的团队深情,让我无数次忘却了重重阻碍,无数次微笑着坚持下去,无数次无畏地披荆斩棘,无数次勇敢地开辟新路,只为这份沉沉的信任和深深的挚爱!

在我眼中,没有不好的孩子,没有不进取的老师。让每一个附小人都能幸福地工作、生活、学习,在附小实现自己的人生价值,不就是我此生为师、为校长的最大愿望吗?

附小的音乐才子

吴刚老师 2009 年来到人大附小,一次同他推心置腹的交谈,使我看到了这个小伙子的志向与抱负。

"校长,同其他老师比较起来,我真正的长处是作曲。"吴刚老师这样评价自己。

"哦,是这样啊,那么从现在起,校长决定将你培养成附小的音乐人,你觉得怎么样?"从这个年轻人的眼里,我看到了他对音乐的一片赤诚。

"校长,我当然渴望能这样,但是制作音乐需要 MIDI 录音室,而且造价不菲……"一个有作为的年轻小伙子能这样为学校着想,作为校长我又怎能忍心让他失望呢。

2012年1月，人大附小的MIDI录音室正式投入使用。吴刚老师果然没有辜负我对他的期望，鼓舞人心的《附小精神之歌》就是诞生于这间MIDI录音室的佳作。这间MIDI录音室还能为师生们录制音乐作品。

MIDI录音室不仅提升了吴刚老师在音乐上的才华，也成就了全体师生的音乐梦想。现在我校毕业典礼上用的音乐，都是孩子们在吴老师的带领下创作出来的，我真为我的老师和孩子们骄傲。

附小的国际裁判

魏積老师的一句誓言："不拿世界冠军不谈恋爱！"一直到现在都让我铭记于心。那是2009年8月，在美国赛场上勇夺头脑奥林匹克亚军的小伙子、错失冠军的他对我这样承诺。

不谈恋爱怎么能行？那不是耽误人家小伙子嘛！可是魏積老师执意而为，将自己的满腔热血都扑在了头脑奥林匹克的事业上，果然在之后的比赛中屡创佳绩，举起冠军奖杯也只是时间的问题了。看着魏積在这个事业上越走越远，我这个校长也应该为这个小伙子做些什么了。

要想拿头脑奥林匹克的世界冠军就要了解美国文化。2012年8月，在各位领导的支持下，经过我多方的尝试与努力，魏積老师得以出国深造。看到自己钟爱的科学事业能得到如此的支持，年轻的魏老师亲切地称呼我："校长妈妈！"

"魏積，学校送你出国，不光是要培养一个具有国际视野的人大附小科学老师，还希望你到了美国后要拓宽视野，深入了解美国头脑奥林匹克的文化背景，做一个专业的DI人才，努力成为一个国际级的裁判，为中国人在这个项目上争气。"这是我送别小伙子时的临行赠言。

在美期间，为了能成为一名DI裁判，魏老师四处奔波，在网上发了四五十封邮件。这一切的辛劳并未付之流水，如今，魏積成为了一个国际DI裁判，率先实现了我预定的目标。我在心里感慨道："魏積，校长以你为骄傲，你真的可以谈恋爱了！"

2013年6月，在美国学习了十个月的魏老师回到了附小……

为骨干教师开研讨会；为年级组教学研究搭设展示交流的平台；为教师个人出专著……总之，*只要你想做，我就给你创设空间*……

人大附小的发展永远离不开人才，在我有限的校长生涯里一定要让更多的年轻人脱颖而出，让学校持续发展下去。

有爱就要大声说

经过半个多世纪的风霜洗礼以及一代代附小人的辛勤努力，人大附小终于在一步一个台阶中走到了今天的辉煌。在国内，总能听到人们对人大附小的赞誉和向往。名誉对我来说固然重要，但更重要的是，我的老师和孩子们都为能成为附小的一分子而感到骄傲和自豪。

成就每一位附小人的幸福，是我努力追求的目标。附小人的快乐、阳光、睿智、博爱、活泼，就像一朵朵盛开的花儿，花香四溢，吸引着众多有志之士前来加入。

这是一位老师的来信。

敬爱的郑校长：

您好！我是门头沟某小学的 × 老师，又打扰您。

这封信的腹稿在我心底已经打了一回又一回，从认识您那一刻起。

记得在首师大初等学院听完您的讲座后，我真羡慕那些即将毕业的学生，他们可以把简历投向一片幸福的教育天地；在人大附小学习了将近两个月，眼眶被打湿过多少回，有太多令人感动的瞬间；和人大附小挥手告别的那一刻，我泪如泉涌，太多的喜爱、向往都化为依依不舍。

在教育岗位20多年，不知道还有这样的教育之所，叫幸福！这种温暖和幸福是我一直追寻却以为只在世外桃源才有的。当它近在咫尺，我垂涎。

郑校长，我知道我年龄大，没有什么优势，或者说可能性很小，但我来过不愿错过。今天给您写这封信，想问问您，人大附小在门头沟的分校，是如何招聘老师的？如果我的条件还符合，我愿意去人大附小分校做一名普普通通的老师，在您的教育理念下，做一名幸福的老师。如果条件不符合，也没关系。现代人不是经常说："有爱就要大声说"嘛，借这封信我表达对您的爱，对人大附小的向往，今生无悔！

想到一所有好的办学理念的学校，跟随一位像郑校长您这样的教育大家，回到课堂，做一名老师。

您肯定还是那么忙，当然还是那么快乐。最后依然祝福您身体健康，事事顺意。

×××
2013 年 5 月 14 日

2011 年我曾收到这样一封来信。

"我最敬佩和爱戴的郑校长：当我在 FM103.9 交通广播电台中听到您精彩的发言，在人大附小网站中看到您的'写给我所深爱着的、人大附小的每一位孩子'这篇文章，以及您独具特色的人性化管理理念，您的魅力深深地吸引着我。于是我下定决心，一定要努力！到人大附小来！所以，鼓起勇气给您投了一封简历，让我没有想到的是，您作为名校的校长能够阅读我的简历并亲自回复，让我分外感动与惊喜！当我被录取后，我还时常在问自己，这是真的吗？我是不是在做梦啊！您是我最应该感谢的人！感谢您带我走进附小这个大家庭，成为一个幸福的附小人……"

每年，我都会接到实习生的短信或邮件。

"实习一结束，看着别的同学开始参加各种招聘会，广投简历，而我对附小情有独钟，因为我觉得找工作也像找对象一样……虽然六周实习时间已过，可我的心已留在附小……"

这些年我们接待了无数个团队几千位老师来校长期或短期学习，他们都被在彩虹门里老师和学生的状态所感动、所折服。结束在附小的学习后，常常会对这所七彩的学校心生向往之情。

所以，我相信幸福是可以传递的。

让幸福传递

从 2005 年起，陆续有西城、石景山、朝阳、丰台、昌平、房山等区，先后邀请人大附小开办分校，我都拒绝了，我心里想的是一生努力办好一所学校。

2012 年门头沟教委李主任找到我，希望人大附小能在门头沟办分校。李主任比三顾茅庐的刘备还执著。我跟领导班子商量，大家都觉得人大附小办到今天，先进的理念应惠及更多的孩子，老师们也有这样的呼声。

经中国人民大学及海淀区教委领导批准，2013 年 9 月 1 日，人大附小走进了山清水秀的门头沟区，彩虹校门矗立在京西校区。在这一刻，彩虹门又被赋予了新的含义：让这里的孩子享受到人大附小的七彩教育。这份牵挂已实实在在地扎根在我的心里。

我不愿做办分校只挂个校名再派一个校长那种挂羊头卖狗肉的事，这种承办不是真正意义上的均衡发展，要办就实实在在地办，像承办银燕小学那样，彻底融合。为了保持稳定，也便于了解情况，京西校区不仅派驻了执行校长、副校长，还有五个学科的市区骨干教师任教。在教材使用、课程设置、作息时间上全部一样，便于两校教师随时进行教学交流。每周五下午都是三校区老师集体学习、共同研讨的时间。

我给自己提要求，每星期最少去一次京西校区。在开学后连续三次的升旗仪式上，我发现总有孩子晕倒，天气也不热，站的时间也不长，这是怎么回事呢？一了解，原来京西校区的绝大部分学生都是来自改造后棚户区，家长们也大多从事自主职业。有些家长一早要进货、去工地，顾不上做早饭，孩子们拿个馒头、路边买个油条、揣俩熟土豆上学都是很正常的事，有的孩子还常常早上不吃早餐就来上学了，这样饥肠辘辘地开始一天的学习，效果肯定不好。

孩子们正是长身体的时候，不吃早餐怎么行！回到本校后，我立刻召开了领导班子会，把这种情况告诉了各位领导，我说："要提高孩子的学习质量，先要提高孩子的身体素质。我们不妨先行动起来，天气越来越冷，天亮得越来越晚，孩子肚里无食无法学习。我们能不能本学期为全校学生提供免费早餐，让家长亲身体会孩子吃早餐的重要性！"领导们听了一致赞成。

之后，状况大有改观，再也没有学生上操或升旗时晕倒的现象了。

一个星期后，当我再次走进京西校区的餐厅时，孩子们纷纷跑过来围住我、抱着我。我笑着问道：

"早餐吃得怎么样呀，宝贝儿！"

"校长，味道好极啦！"

"校长，您吃早饭了吗？"

呵呵，想想刚开始时，孩子们见到我就是一个90度的鞠躬，现在才短短几周时间，孩子们就能跟我这样亲密熟识了。从棚户区的简陋平房走进彩虹门里的美丽校园，再到每天清晨一份温暖的早餐，这里的孩子们被大大小小的幸福包围着。

家长们被感动了！纷纷主动申请到学校当义工，为孩子们分饭、打扫餐厅，心地质朴的他们认为只有这样做，才能报答学校的善意。

大爱无言，其实就是这样一个简单的行为，不仅解决了孩子们吃早餐的问题，还使我从这样的一餐中看到了孩子们满足的、暖洋洋的幸福。其实，我们所传递的爱不仅是附小的爱，更代表着教育的爱、国家的爱，希望孩子们长大以后能够用他们的行动回报祖国。

在我的心里，都是中国的孩子，都有享受优质教育的权利。我希望承办一所学校就能幸福一所学校的师生，使他们都能享受人大附小人的幸福。

□ 在京西校区听体育课

我爱你一生一世

2011年5月，爱人意外受伤，伤势一度十分危急。女儿远在英国，即将大学毕业，为了让女儿安心写论文准备考试，我一直瞒着她爸爸的病情。然而两周后是女儿的生日，每年生日我们都会跟女儿通电话或视频。但是爱人身体恢复得依旧不太理想，根本没法跟女儿正常通话。怎样才能让女儿不起疑心？怎样能给女儿一个特别的惊喜来转移她的注意力？我冥思苦想，绞尽脑汁。突然，我想起了女儿初三时我答应女儿的承诺——退休后给女儿写书，现在就履行诺言吧，女儿一定想不到。于是，我开启电脑，记忆的闸门一下打开，我一气呵成——《我的女儿》这本书的前言及第一章就这样提前诞生了。从怀孕到女儿出生，每个细节我都如数家珍地写在书里。并且，就在女儿生日当天，在女儿出生的时间——早晨7:16分发给了女儿。

《我的女儿》

开头的话

21年前的今天，一个爱情的结晶、一个在爱情期望中的小生灵降临在北京市海淀医院，这就是我们聪慧、可爱，未来带给我们无限欢乐的宝贝女儿——天天相尚。时光流逝，岁月消融，女儿已经陪伴我们走过了21个春夏秋冬，这其中的快乐、幸福、美好不由得让我们由衷地发出感叹——"有个女儿真好！"

由于平日工作很忙，无暇对女儿有更多的关爱，心中不免有愧对女儿的感触。那年女儿中考，可是正赶上附小搬迁，每天我都忙得不亦乐乎，根本顾不上照顾女儿。我问女儿："宝贝儿，别人的妈妈可以为孩子端牛奶、削苹果，妈妈只能问一句：作业写完了吗？你是不是觉得有你这个妈特倒霉？"出乎意料的是女儿这样回答："没有啊，我觉得有我这个妈特自豪！我对你只有一个要求，等你退休了，你也像刘墉那样给我写一本书吧。"那一刻，我心里特别感谢女儿的理解，我感动地连连点头：没问题。

这个承诺虽然已经过去六年，但我每时每刻都没有忘记。时值女儿人生新的开始，用什么祝贺远在英国的女儿的生日呢？给女儿发张照片？给女儿做个视频？给女儿整理一个电子版的成长册？忽然想起，何不从现在开始给女儿写书，每年写一章，这应该是给女儿最好的生日礼物。于是，开始起草此书《我的女儿》。仅以此献给远在异国他乡的宝贝女儿，作为21周岁生日的祝福。

第一章　爱的结晶——可爱的小生灵

1988年我和相恋18个月的他结为夫妻，开始了人生爱的旅程。我们曾幻想，我们未来的孩子会是什么样？哪个天使会来到我们的家庭？1988年夏，在没有任何思想准备的情况下，怀上了第一个孩子。但由于爱人暑期加班时，左手指甲盖砸坏，我照顾他有点累，心里上火，晚上睡觉靠窗根被风吹着，着了凉，发烧到39度。

□ 结婚登记当天，在圆明园福海跳冰上探戈，我们共祝新生活像"福海"一样福气多多。

经咨询校医院、海淀医院、北京市妇产医院专家门诊，最后决定做人工流产，第一个小生命就这样未曾谋面就逝去了。

1989年，我们准备要孩子，前期查阅了很多资料，觉得春天出生的孩子好，于是准备当年七八月份怀，次年四五月份生。爱人开始注意不喝酒，我清楚地记得，在学校组织老师及家属去北戴河旅游时，爱人的脖子落枕了。刘老师要给他贴一剂麝香虎皮膏药，他一听，坚决不贴，弄得刘老师很纳闷。他悄悄跟我说："咱不是打算要孩子吗？麝香容易造成流产。"我听了很感动。在我们的精心准备下，在爱的徜徉中，我怀上了精心策划的宝宝。我们认真阅读书籍，向同事朋友了解经验，在物质生活还不算丰富的孕期里，爱人每天给我砸五个核桃，据说吃了孩子的头发能长得黑密；每周最少吃一次鱼，据说对孩子大脑有好处；每天坚持吃水果，据说对孩子皮肤好。总之，一切对宝宝有利的都努力做到。宝宝四个月有胎动了，我们开始胎教，抚摸着肚子和她聊天说话，爱人给她讲故事，我给她唱歌，看美好的画面。《北京晚报》上刊登的一位姓蒋的夫妻说，给孩子起个名字，出生后她就能知道。我们也想试试。于是我们翻了好几本字典，冥思苦想、煞费苦心、绞尽脑汁地写了很多，都不满意。比较倾向于"相恩来"，我说要是女孩呢？有一天，我对爱人说："你这个姓太不好起名字！相花？相草？"他说还向上向下向左向右呢？哎——我一下就抓住了"向上"这个词，我说"向上好啊，用高尚的尚，相尚好，意义也好，男孩女孩都能用。"爱人说："那多秃啊？何不把小名加上。"我说："小名叫啥？"

□ 宝贝女儿

"天天呗。""天天向上（天天相尚），太好了！就这么定了。"于是，"天天相尚"这个名字就诞生了。

之后的日子里，每天清晨起床时，我都会摸着肚子轻声呼唤：天天，起床了，不要做个懒孩子。感受到宝宝的小手或小脚踢了一下肚子，啊，醒了，于是我开始起床。有一次，我呼唤了半天，也没有动静，呦，是不是赖床了？一定要叫醒，我不厌其烦地呼唤着，叫着叫着，只听"嗵"一下，我的肚子两侧被打出两个鼓包，我猜想应该是宝宝的两只小手交叉在胸前，宝宝一定是烦了，心说："好吵啊，我抗议！"还有一件趣事：有一天，爱人做饭，我坐在门口，把砖头大小的录音机放在肚子上听克莱德曼的钢琴曲（我不喜欢市场上买的胎教音乐，旋律不经典，哭声多，所以我和爱人选择了经典的钢琴曲），我觉得声音有点小，就把音量调大了，没想到，立马感觉肚子被宝宝的双腿还是双拳重重一击，录音机仰面向地下翻去，幸亏我反应快，急忙双手接住，我大叫："老公，不好了，宝宝生气了！""怎么了？"听了情况后，爱人笑着说："这小家伙儿，还没出来就想破坏咱们家财产。"这件事告诉我，胎儿是有听觉的，从此，我都用轻柔的声音请宝宝听音乐……

十月怀胎，预产期是 1990 年 5 月 24 日。5 月 19 日（周六）下午党员活动后，回到家里，吃完爱人做的饭，我们去人大校医院看望杨老师的妈妈。回家后（当时住在人大院内平房），喝了口水，决定去看一下人大正门花园里的喷泉（一周才开一次），下周可能就看不到了。看过喷泉后，我们准备回家，走台阶的时候，踩空了一阶，觉得抻了一下，没当回事儿。回到家里，爱人帮忙洗脚擦脚（肚子大看不到脚面，够不到脚面）后就上床了。一会儿就觉得肚子疼，觉得被子没盖严又掩了一下，还疼。一看表，上来就五分钟一疼，去厕所发现见红。爱人拿好事先准备好的包裹，里面有煮好的鸡蛋。当时手里只有100元现金，准备周日去取钱，妈妈来再陪着到洗澡堂洗个澡的。于是到前排运校长家借了400元，夜里12：00坐着爱人的自行车到了海淀医院。经过七个多小时的阵痛，随着一声先哑后亮的啼哭声，一个五斤八两、毛茸茸的小生命诞生了！58（我发），这是一个多么吉利的数字，预示女儿一生才气发散，财运发达，事业发展……5·20是世界母乳日，正好吃上妈妈的初乳；5·20是星期日，从小就心疼爸妈，怕我们耽误工作。爱人在婴儿室窗外看望女儿，刚刚出生一个多小时的女儿，一目了然（只睁开了一只眼睛）地看着爸爸，非常有意思。

女儿的降临，成为了我们家庭的核心，给我们的家庭带来了欢乐，我们相互许诺：一定要让降临到我们家的小天使一生快乐幸福。

爸爸妈妈永远爱你！！！

（此文只是初稿，一气呵成未加工，未经爸爸审核。）

女儿生日5月20日那天，还有一个特别有意思的小插曲。北京时间当天晚上，在爱人神志稍清醒的时刻，我赶紧拨通电话祝女儿生日快乐。越洋电话那边，只听女儿惊奇地说道："妈咪，我爱你们一生一世！你怎么想到这个时间打电话？你也知道啊？"我不解地问："什么时间啊？""现在是英国时间13：14。网上说5月20日13：14（5201314）是我爱你一生一世，感谢你把我生在这么有爱的日子。"我听后喜出望外、感慨万分，因为我完全是瞎猫碰上死耗子，无意识地打了这通电话，却一分不多一分不少，世上真有这么神奇的事！这就是心灵感应吧。从此这件事经常被我和女儿津津乐道，简直可以称得上是奇迹了。

女儿说那一年是最特别的一个生日，她看了我写的内容特别感动，哭得稀里哗啦。我也因此成功地瞒住了爱人的病情，直到女儿顺利毕业，爱人也基本康复，才将事情原委告诉女儿。从此，每一年女儿的生日，我都会写一个章节送给女儿当做生日礼物。

亲情理解是我们激流勇进的帆船，亲情相伴是我们成就事业的港湾。谢谢女儿的理解和支持，我爱你一生一世！

早点儿回来!

2012年10月22日，是新的一周的开始，早上出门时，和卧室的女儿打招呼，女儿说："妈，下班早点儿回来啊！"我随口答应。走到房门口，爱人过来送我，电梯到了，爱人边递给我电脑包边说："路上慢点儿，晚上早点回来啊！"我心里一动，边答应着边上了电梯。走在路上，不知为什么，脑子里总是在想着他们父女俩出门嘱咐的话语。

一天里，总在忙不迭地处理学校的工作，很快就到了下班时间，一看表已经过了半小时了，我悄悄跟校办主任及副校长说了今天一早出门时的情景，两个人都催我快走吧，我说今天我一定要早点儿回去。

匆匆忙忙回到家，走得早，路上比较顺畅，下了电梯刚想伸手按门铃，门突然开了，看到女儿瞪起大眼，怔了片刻，"啊，是你啊，我来给我爸开门的，怎么是你呢？妈妈！"接着高兴地接过我手中的包。看得出女儿的兴奋和喜悦，作为母亲和妻子，我对这个家亏欠太多。我赶快换了鞋和衣服，"妈给你们做饭"，边说边走进厨房。女儿兴奋地围着我转，片刻，女儿听到开门声，跑到门口，爷俩寒暄着。忽然听爱人说："谁在厨房呢？你妈回来了？"女儿自豪地说："你看看去啊！"爱人走到厨房，看到做饭的我，高兴地说："老婆，你真好啊！"这一天我们全家晚上七点前吃完了饭，他们俩感慨地说："这才是生活，太难得了。"

我不由得在想，当了校长后，身不由己，大部分时间给了学校，平日的工作日里，难得跟家人一起吃饭，今天早回来一会儿，与家人共进一次晚餐，他们就那么高兴，那么满足。我感谢我的家人，感谢他们对我多年的理解及默默的支持！感谢他们对我的爱！

在爱人和女儿观看了人民大会堂附小55周年校庆"在灿烂阳光下"主题音乐会后，女儿下午发来短信："妈妈：演出很成功，很有质量，很棒！妈咪很漂漂……太辛苦了，早点儿回来哦……"

俗话说：忠孝不能两全，我想，我对学校与家人的爱真的不能平分，在"大爱"与"小爱"之间，我只能更偏向于前者。我庆幸我遇到了这样的女儿和爱人，让我能够安心投入到教育事业中，做我喜欢的事情，做这件幸福的事情。

第九章 在序言撰写中享受幸福

为学生出书写序

在人大附小的七彩教育下成长起来的孩子，他们爱好广泛、个性鲜明。"负担不重质量高"，让孩子们有更多的时间做自己喜欢做的事，让他们成为了可爱的、了不起的、有特质的阳光少年。当我看到孩子们那虽然稚嫩但充满志向的作品后，我的内心有一种冲动：何不把他们成长的过程记录下来，让这样的记录成为他们攀登的动力，成就他们心中的梦？当他们长大后回首童年，那闪光的足迹，定会成为生命中美好的回忆。于是，在我的提议下，学校相继出版了《李炎泽诗文集》、吕浅浅摄影集《浅浅看世界》以及钟子湫、吴亦然、徐曼丽联袂创作的《三个乖乖女历险记》，我为他们的书写下了序言。

《李炎泽诗文集》收录了李炎泽的 100 首诗，由中国人民大学出版社出版。学校在 2011 年毕业典礼上送给了所有毕业生每人一本，还给了李炎泽本人 100 本。他的爸爸非常感动，特意加印了 1 000 本，赠送给所有的朋友，分享孩子的成长。

"给孩子一个支点，他就能撬动整个地球。"这就是我给李炎泽同学出版诗集的出发点。

《李炎泽诗文集》序

为你喝彩

五一小长假的一天，手机短信铃声响起，我看到了一条特别的短信——人大附小六年级学生李炎泽的诗歌《洛水礼赞》。一字一句细细读来，我感慨万千，脑海中不由浮现出一个憨厚、内秀的小男子汉形象。很早就听老师说他特别喜欢语文，听家长说他常爱写文章，到班里听课时，我常常会特别留意这个儒雅的男生。为孩子出本诗集吧，记录下他的成长足迹，同时也是对小伙伴的激励，我对他许下承诺。

从小到大，我读过从古至今诗人笔下无数独具匠心的诗赋，也曾被诗歌的魅力所感染，被诗歌的美妙所吸引，为诗歌的意境所陶醉。今天，当我读到附小一个年仅 12 岁的小学生在课余时间里用诗歌、诗经、古文、文言文的形式，以传统美德为标准，从自然规律的角度谈人生感悟，揭示真谛、礼赞美景、抒发情怀的近百首作品时，我很震撼！优雅的诗句，渊博的知识，睿智的思考，真挚的童心……完美地结合为一体。诗歌洋洋洒洒的文字，雍容大气的诗体，虽说不上惊世之作，但不难看出小诗人从这爱好中收获了知识的积累、独立的思考及创作的快乐。真是了不起！我为他高兴！我更为在附小彩虹门里成长的有特质的阳光少年而自豪与骄傲！

让孩子们在接受学校教育的同时快乐起来，启发他们拥有自己的情趣爱好，让他们学会自我创造、自我欣赏、自我发展，是学校"正常儿童超常发展、特长儿童特色发展"育人目标的体现。学校拓展教育层面、深化教育内涵、丰富教育形式，为孩子的人生筑基。丰富多彩的活动，其目的就在于培养孩子们的情趣，使他们敢于发现自己、塑造自己、发展自己。在参与活动的过程中找到自己生活的乐趣。

祝贺李炎泽同学，祝你永远快乐！

2011 年 6 月

《三个乖乖女历险记》序

亲爱的孩子们，当我从你们手中接过《三个乖乖女历险记》这本书稿时，我很惊讶！真没想到，继我们六年级学生出版了诗集、摄影集、漫画集后，三个只有九岁的小姑娘，竟如此喜欢写作，凭借着对写作的热爱和勤奋，在短短两个月的时间里就完成了三万多字的创作，真是太了不起了！

细致的描写，丰富的想象，把我带进了趣味横生的胡萝卜王国。一望无际的大沙漠，浩瀚的太空……你们笔下的世界真是神奇有趣啊！你们把"乖乖女"的阳光自信、坚韧勇敢，以及她们之间纯洁的友谊在历险的过程中讲述得淋漓尽致。我在想：这不就是你们吗？我可爱的孩子们！

亲爱的孩子们，你们这个历险故事虽然已经结束，但你们的创作才刚刚开始。我相信，你们一定会创造出更多更精彩的故事！你们坚定了学校七彩课程的创设决心，下学期学校将在三年级开设"魔幻彩虹门"校本课程，我期待七彩校园中有更多的孩子喜爱文学创作，成为像你们一样的"小莫言"。

谢谢你们，祝福你们！我的宝贝儿——我爱你们！

2013 年 6 月

《浅浅看世界》序

浅浅的足迹，深深的印记

我们把"六一"儿童节当做是孩子们的春节。我校从去年开始在"六一"儿童节举办"六一小妙会"活动，变"庙会"为"妙会"，顾名思义就是一场成就孩子们奇思妙想的盛会。一经举办，就受到了孩子、家长们的热捧！

今年的"六一小妙会"，我们除延续去年的特色美食区、爱心义卖区、才艺展示区、娱乐游艺区的活动外，新增设了电影展映厅，播放六年级学生自编自导自演的 21 部微型电影，新增设的摄影作品拍卖区主要是展示孩子们摄影选修课的成果。当我来到摄影作品拍卖区时，我被孩子们一幅幅生动的作品所吸引，仔细欣赏了每一张照片，我心中充满了感动！我准备从桌面上一大排的作品中挑选两张竞买下来作为珍藏，但每一张都让我爱不释手。摄影指导教师李会然告诉我，这里面几十张照片都是吕浅浅同学一人的作品，与浅浅妈妈一聊才知道，浅浅同学至今先后到过近 40 个国家和地区，记录下当地风土人情的照片有上百张。我听了很震撼，这可能就是未来的摄影师，这不就是七彩教育下正常儿童的超常发展吗？为鼓励她爱好摄影的天赋与潜质，为孩子六年的小学生活画上圆满的句号，为孩子留下童年深深的印记，于是我当即提出为孩子出本摄影集……

这绝不是心血来潮，这已不是我第一次为学生出书。去年的这个时候，学校为从小爱好写诗、小学毕业时写了 100 多首诗的李炎泽同学出版了一本诗集。今天，看到孩子们在七彩校园里的快乐成长，看到他们所呈现出的多彩的特质，我萌生了为我的孩子们出版《七彩教育故事——学生成长系列丛书》的计划。希望通过这样的方式，给予他们成长的助力，鼓励人大附小孩子在个性发展的道路上走得更远，飞得更高。让七彩的校园植入孩子童年的梦想，实现自己未来多彩的人生理想！作为孩子们喜爱的大朋友，我热切地期待着你们的成长……

祝贺吕浅浅同学！感谢你——我的骄傲！祝福你——我的自豪！

2012 年 6 月

出版本书时我们还不知道乔布斯的苹果，取《苹果树下》为名，希望给孩子带来牛顿的联想。如今，苹果已成为附小创新奖的标志。

《苹果树下》序

学校科技成果展示

多年来，我们始终致力于创造适合于儿童发展的教育环境，开发一个平等、和谐、自主的素质教育新大陆；营造一个探索发现、实践创新的学习乐园。把学习的权利还给孩子——解放他们的脑，杜绝灌输，让他们自己动脑去研究和发现；解放他们的口，杜绝说教，让他们充分表达自己的见解，交流自己的想法；解放他们的手，杜绝束缚，让他们用手去触摸、去感受、去创造——变传统的说教为"引导"、"启发"、"鼓励"、"培养"，让学生成为学习的主人，亲身感悟，实践创新。在心灵深处萌发出求知的种子、创新的种子，在人大附小素质教育的沃土上生根发芽，茁壮成长，最终枝繁叶茂、硕果满园。

《苹果树下》这本画册向我们展示了学校近两年来取得的科技成果，《苹果树下》这个名字也是我对孩子们未来的期盼与祝福……

2009年10月

《童趣童话》序

学校美育成果作品集

多年来，我始终在艺术教育方面不懈地努力着。创造适合儿童发展的艺术环境是我们永远的追求。我们坚持为孩子们创造充满艺术气息的美术课堂，关注艺术的传承与发展，给予孩子们艺术的熏陶，赋予孩子们创作的灵感；我们坚持富有特色的美术课外活动，开展儿童画、彩泥装饰画、水粉画、剪纸、国画、儿童画创作、砂纸画、线描画、纸艺等丰富的俱乐部活动，寻找艺术与文化的足迹。孩子们创作出的未经雕琢的童趣作品，给老师们带来无数惊喜和震撼。

当我欣赏着孩子们这一幅幅、一张张既精美又稚嫩的作品时，不由得发出赞叹：孩子们太了不起了！感谢你们带给我的感悟：生活是美好的，犹如你们笔下描绘的作品绚烂多彩；我们是幸福的，成长在创造美、感受美的校园。我相信，未来的艺术家将从这里诞生……

2009 年 10 月

《游学心迹》序

陶行知先生说:"要解放孩子的头脑、双手、脚、空间、时间,使他们充分得到自由的生活,从自由的生活中得到真正的教育。"只有置身精彩的大千世界,亲历其间,才能感知时代的脉搏,才能开阔眼界、启迪心灵。

从 2005 年 4 月份开始,学校组织了一系列丰富多彩的修学旅行活动。六次上海毕业旅行、两次日本之旅、两次美国头脑奥林匹克比赛、一次韩国夏令营和一次英国夏令营。五年来,彩虹门里大约有 2 700 名学生走出北京,走出国门,从小小的课本世界走向了无限广阔的生活空间。

上海毕业旅行,是孩子们第一次离开父母到千里之外的地方过集体生活。东方绿洲拓展训练既锻炼了他们的野外生存能力,又磨砺了他们的毅力,增添了他们战胜困难的信心与勇气。在城隍庙里欢畅购物的时候,孩子们没有忘记为父母捎回一份小小的礼物,他们的心中开始多了一份惦念。新加坡花园式的环境令孩子们身心愉悦,而最令他们感兴趣的还是在新加坡的课堂上与那里的同学们一起学习。孩子们用英语交流,彼此之间建立起真挚的友谊。韩国夏令营丰富了孩子们的暑期生活。穿韩服、做泡菜,这些特殊的体验,使他们感受到韩国特殊的文化。日本的安静、干净给孩子们留下了深刻的印象。仿真少儿职业体验馆的亲身体验,使他们对各种职业有了初步的印象。日本垃圾处理厂整洁的环境和先进的技术令孩子们惊叹不已,更增强了他们的环保意识。驻足英国剑桥牛津这两所高等学府,孩子们的心中充满了神圣和期盼,每个人的心中都萌发了一份梦想。

美国的头脑风暴比赛，引领着孩子们走向国际舞台，点燃了创新的火种，他们精彩的表现得到现场观众和评委的热烈掌声，强烈的民族自豪感在每一个参赛的孩子心中陡然升起。

每当谈起修学旅行的林林总总，孩子们的兴奋之情总是溢于言表。他们在旅行当中得到的，远比在书本上得到的要丰富而有价值。孩子们不禁感叹：做人大附小的孩子是多么的幸运与幸福！

本书把孩子们修学旅行中的感受、感慨、感动、感恩……集结成册。一篇篇小文虽然言辞稚嫩，但收获之丰、情感之真、感悟之深，令人为之欢喜。

人大附小一系列丰富多彩的修学活动具有深远的意义。我们着眼于学生的未来发展，使孩子们有更广阔的视野。我坚信："读万卷书，行万里路"，会成为孩子们一生永远的财富。

2010 年 11 月

2012年3月学校深化课程改革，四个模块的"毕业课程"给孩子们留下了终生难忘的印象和刻骨铭心的成长历程。对毕业考试也进行了改革，作文考题"给校长的一封信"让孩子们文如泉涌，老师们对我说："校长，我们把800多份作文给您，有时间您看看，不过我们要提醒您一句，准备手纸，我们太感动了！相信您的眼泪也会哗哗的……"我记得白天工作忙，晚上临睡前，靠在床头上我拿出学生的作文，泪水模糊了眼睛，每一个画面浮现在眼前。编一本书吧，留住永久的感动。于是，我把毕业典礼的讲话作为了此书的序言。

《给校长的一封信》序

感谢我的骄傲！祝福我的自豪！

我最最亲爱的孩子们：你们好！

每个人都会流难过的泪、委屈的泪、伤心的泪，但当我阅读了你们一封封写给校长的信时，我流下了感动的泪、喜悦的泪，更多的是幸福的泪……

感谢我的教学干部，出了这么好的作文考题。谢谢孩子们，你们的真情流露、真挚表达、真爱流淌，让我感动不已；你们的感悟体验、感恩成长、感激之情，让我幸福洋溢。忘不了六年来你们为附小赢得的荣誉，忘不了在体验中学生活的北京十一学校，你们所展现出的附小学生的优秀特质；忘不了上海毕业旅行的项目策划，你们所表现出的卓越的未来领导力；忘不了附小七彩小菜地的收获时节，你们所表达出的令我终生难忘的感恩之情……你们的快乐是"笑"长最大的快乐！金杯银杯我更珍惜孩子们的口碑，此生能做你们人生的第一任校长，有这么多可爱的儿女，是我终生的幸福。

暂别今天的你们，我的内心充满着一种别样的感情。真舍不得你们啊！你们是建校五十八年来人数最多的一届毕业生！六年来，你们在蓝天下最美丽的校园中沐浴着七彩教育，你们身上的特质是附小六年来七彩教育成果的真实体现。孩子们，在未来的人生路上：

当你缺乏勇气的时候，你一定要想"上课发言说错了都要理直气壮"，因为动脑筋就是好样的；当你不小心犯错误的时候，你一定要想"好孩子不是不犯错误，而是尽量避免犯重复性错误"，因为改正错误就是好样的；当你每次步入考场的时候，你一定要想"没有人比我更强"，因为自信是成功的前提；当你没有受到表扬的时候，你一定要想"每个孩子都是独特的个体，都有不同的优势"，因为欣赏自己是成功的开始；当你受到挫折甚至绝望的时候，你一定要想"阳光总在风雨后"，牢记彩虹校门的意义，酸甜苦辣是生命的富有，赤橙黄绿是人生的斑斓。未来的人生中低头靠勇气，抬头看实力。因为附小的彩虹校门告诉我们人生永不言弃。这些都是附小孩子的特质。

人大附小是共和国建立的第一所大学——中国人民大学的骄傲，反过来这个名字的意义更加深远，小赋大人——人大附小从小开始，从小处着手，在六年的小学生活中赋予孩子们一个大写的人字，一个善良正直的人，一个对社会有用的感恩的人，一个勇于创新与挑战的人，一个敢于承担家庭和社会责任的人，一个走向世界的现代中国人。

当然一切成功都是源于坚持。坚持自己心中的理想和信念，努力实现你们心愿卡上的承诺。我期待在附小百年校庆时，你们中间会有造福百姓的政治家，叱咤风云的军事家，探索奥秘的科学家，搏击商海的实业家，自食其力的劳动者，孝顺父母的感恩者……你们是最懂得感恩的可爱附小人，你们是最理解学校办学理念的了不起的附小人，你们是肩负着爱与责任的有特质的附小人，你们永远是母校的最爱！

孩子们，人大附小的彩虹门陪伴着你们走完了难忘的小学生活。毕业这个词英文的词根没有"完成"、"结束"的意思，而是蕴涵着开始、进步的意义。我觉得今天我们不是庆祝"结束"，而是欢呼开始。我们选择在人民大学这个高等学府的讲堂里举行2012届隆重的毕业典礼，意义重大，光荣而庄严！我热烈地祝贺孩子们顺利地完成了小学六年的学业，开始人生新的征程！让今天这顶博士帽成为人生道路上真正的学识帽！相约百年校庆，期待杰出校友。我要感谢所有教过你们的老师，他们是践行校长办学理念的执行者，他们是传递校长爱与责任的奉献者，他们是校长实现教育理想的创造者。同时也很羡慕你们的爸爸妈妈，能够陪伴你们并见证你们永远的成长，好好爱父母！让我们把热烈的掌声送给老师和爸爸妈妈！

希望全体毕业生永远牢记在求学的道路上，"没有最好只有更好"。看到你们多彩的班旗就像看到你们二十个可爱的集体，蓝天下最美丽的校园永远是你们的家！让校长灿烂的笑容与深情的相拥伴随彩虹门下走出的阳光少年，带着人大附小学生的特质，走向成功的明天！

感谢我的骄傲！祝福我的自豪！孩子们——我爱你们！

2012 年 7 月 1 日

为老师出书写序

读书，是我从学生时代就钟爱着的，在手不释卷中它成为了我重要的学习习惯。初中的时候，为了尽快读完一部小说，家里人关灯睡觉了，我就打着手电偷偷在被窝里看，结果把自己看成了个近视眼。

上师范学校时和同学一起打磨剧本，到附小后参加征文比赛还获过奖，家里的书柜里现在还摆着我的奖品——四卷大部头的书法帖，还是当时我的男朋友、现在的丈夫背回来的。担任校长后，虽然每天要处理大量的学校工作，但是读书却从未被搁浅，并且养成了每天晚上睡觉前必须看半小时书的习惯。我看书和听报告还有一个习惯，就是爱联想，把一闪念的火花及时批注下来。

这些年，老师们经常会这样问我："校长，您怎么那么聪明啊，怎么总是有那么多点子啊？"我的答案就是："书中自有黄金屋，没有谁天生就聪明。"

我曾对年轻老师说过："工作以后的两个人，他们之间的差距会在十年后显现，那就是八小时之外读书与否带来的差距。"让我的老师们从书籍中捕捉到教育教学的灵感与思想，我想这才是职业生涯里进步最显著的途径。

当校长后，每个寒暑假我都给老师们推荐书、买书，十年来假期都要给老师留一个可爱作业——那就是读书。为营造家庭读书氛围，一张读书卡使老师们在假期里为父母、公婆、孩子分别添置了各种图书，使一家老小都沉浸在读书的乐趣当中。

为了分享读书的成果，学校开展不同形式的读书汇报会，比如老师们阅读了《第56号教室的奇迹》这本书，我们就以"创造人大附小第57号教室的奇迹"为主题，改编、续编、创编，通过演绎理解教育的真谛，培养丰富的教育情感。有时我们还通过抓阄来决定每组汇报形式：所有学科统统反串。老师们别出心裁，纷纷以各种形式将书中的精髓彰显出来。

营造书香的校园，成就的是幸福的师生。借2011年学校建筑加固的契机，学校各层走廊都被充分利用起来，古今中外名人名家的故事、名言被教师、学生自己创作的堪称经典的格言所替代，图文精美易懂而内涵深邃，学生可以随时面壁赏读，如同在书籍的河流里漫游，感受着祖国语言的魅力，熏陶着箴言的精髓，身心俱得书香浸染。

附小500平方米的园林式阅览室，让师生仿佛置身于江南庭院，沐浴于墨香四溢的书林之中。图书室外墙上有新书推荐卡、阅读之星照片、学生的阅读成果展示……每年的学科周都要举行"亲子阅读"比赛。东校区大树下开放式书架中，整齐地摆放着学生自愿捐赠的各类书籍，早晨到校后，孩子们或席地而坐，或三五共读，可以随时随地阅读自己喜爱的书籍，成了所有附小孩子心中的一大乐事。

"读书破万卷，下笔如有神"，当我集结了老师们的读书随笔成册后，在序言中写出了我对读书的真切感悟。

《窗外》序

教师读书随笔

俄罗斯有句民间谚语是这样说的：读了一本书，就像为生活打开了一扇窗户。

打开一扇窗，可以尽览宜人的美景，和煦的阳光，艳丽的花朵，飞舞的蝴蝶，潺潺的流水……

翻开一本书，可以感悟满卷的真知，美丽的辞藻，优雅的诗篇，渊博的知识，睿智的思考……

可以想见，这"窗外"的风景会荡起我们心灵深处的涟漪，那些感性的、理性的、文本的、思想的"风景"，令人豁然开朗，仿佛窗外的阳光射进黑暗的小屋，刹那间照彻屋宇，而面壁沉思的我们，是怎样的惊讶和感动！当我们沉浸于美的感动之中，才知道原来打开一扇窗是举手之劳，而得到的嘉奖却是如此丰厚。同样的，打开一本书轻而易举，而书籍给予我们的回报竟然这般慷慨！这般绚丽！！这般深厚！！！

无心的人只是一路徜徉，打开不同的窗，所见都是同一番景象。有心的人则是细心观察，打开每扇窗都拥有不同角度、不同层次的收获。同样，

无心的人读书只是阅览，走马观花；有心的人则是用心去领会，用情感去共鸣，用文字去记录，终能学以致用。

亲爱的老师，今天，你是否为自己的生活开了一扇窗，是否为自己的生命开了一扇窗，是否为自己的眼界开了一扇窗？你可曾用心去感受这窗外的风景，你可曾用情去记录这点滴的感悟？

今天，你可以打开这本读书随笔集，看一看自己的"窗外"，看一看别人的"窗外"，品味那窗外的美好，咀嚼书中的真味，领悟人生的真谛，完善自己的心智和品格，收获那一刹那的感动和感悟，收获会心的微笑……

教师手不释卷，学生在校园里才能享受到美丽的书香人生！让我们把读书作为人生的第一爱好，让书籍拓展我们的生命时空，充盈我们的教学生涯。创造读书条件，感受读书氛围，培养读书习惯，享受读书乐趣，分享读书收获，营造书香校园，构筑书香家园，让学校成为师生共同成长的精神乐园。

2007 年 11 月

《心灵感悟》序

生命源于安全，安全源于付出

事迹摘要

"5·12"劫难过后，桑枣中学因巍然挺立的校舍、毫发无损的师生而被世人所知。地震前，该校校长叶志平曾力排众议加固危楼，"没事找事"进行演习疏散，从而使2 200多名学生、90多位教师躲过此劫，幸存于世。叶志平因此被称为"史上最牛的校长"。

感动与感慨

汶川大地震造成众多学校房屋坍塌和大量孩子死伤的景象，着实让人心痛。然而桑枣中学的师生全部生还，也让人们感受到了一种力量的存在。这一"奇迹"的诞生，要归功于该校校长叶志平力排众议、想方设法加固危楼；归功于他不厌其烦、长年坚持组织学生紧急疏散演习；归功于学校拥有一支与他同心协力，同样富有强烈的责任感和安全意识的教师群体。作为校长，我在感动之余，更多的是感慨叶校长的责任意识和避险意识。叶校长曾说："关爱学生的前提是关爱学生的生命。"他的话使我更加清醒地意识到对学生开展生命教育的必要性。

记得13年前我到日本留学，刚到日本的第三天就被带到安全教育中心，体验地震、高空逃生、灭火、人工呼吸等极近真实的情境。在体验中我深切地感受到日本政府对培养学生的忧患意识、生存意识和生存本领的重视程度，从幼儿园的孩子到大学生，甚至留学生，无一例外。

"生命教育"不是危机教育，它在很大程度上是让学生认识到生命的重要性，认识到生命的脆弱性、不可逆性，认识到人生的社会意义，使学生掌握在危难时刻求生的基本方法。汶川地震为我们敲响了警钟："生命教育"应纳入素质教育的重要组成部分，因为对于学生而言，对生命价值的体会和获得危难中生命存续的方法，不论是从思想层面还是从科学实用层面看，都是非常必要的。

感谢与感激

*教育的最高境界是尊重生命。*叶志平校长在他们学校办公楼正面墙壁

上写着这样一句话："责任高于一切，成就源于付出。"而我要说，学生的生命高于一切，"生命源于安全，安全源于付出。"

作为校长，我深知自己肩上那份沉甸甸的责任。也正因为如此，自我当校长之日起，无论是在人民大学院内的旧校舍，还是在世纪城的新校舍，五年如一日，再没有休息过一个完整、踏实的寒暑假和节日长假。

2005年9月学校搬入世纪城新校舍后，我时刻牢记纪校长说的话："独门独院，安全第一位"。从那时起，除了极特殊情况之外，我的手机每天24小时开机，唯恐学校出现什么特殊情况自己不能第一时间得到消息；从那时起，每天回到家里我还时常在想：食堂的煤气关好没有，电源关好没有，寄宿的孩子是否都安心地进入甜蜜的梦乡……

五年来，尽管我的精神总是高度紧张，尽管我的身心有时也感到疲惫，但我心甘情愿，无怨无悔，因为"安全源于付出"。我深深地知道：每一个孩子，每一位教师，对每个家庭来说都是百分之百的重要，丝毫马虎不得。因此，作为一校之长，要居安思危，要树立起强烈的避险意识，要坚持严谨的工作作风，要追求执着的求实精神。为了保护学生和教师的生命，为了保护学校安全，我们安装了远红外线监控系统，安排了24小时保安巡视，建立健全了安全制度，对师生进行安全教育，坚持每学期进行安全疏散演习，力争从硬件到软件都要为学校安全开绿灯。

俗话说："一个篱笆三个桩，一个好汉三个帮。"如果说叶志平校长和他的教师团队所创造的桑枣中学的奇迹给我的心中留下的是一份感动，我的学生和教师集体给我带来的则是更多的感谢和感激。

忘不了2007年"六一"庆祝活动因突降大雨全校3 600名学生迅速撤离操场，安全、有序地到达教室的激动人心的场面；忘不了老师们对学校有关安全措施讨论的热烈场面；忘不了国务院领导到我校检查安全工作时对我们的啧啧称赞；忘不了总务后勤领导干部几年如一日为学校安全工作默默无闻的付出；忘不了老师们为学校安全出谋划策的感人情景……

每当我想起发生在学校里的这一幅幅感人的画面时，我的心里就涌动着一股暖流。这股暖流激励着我以更澎湃的激情，更强烈的责任感，更丰富的创造力投入到今后的工作中去……

汶川地震告诉我们：生命是一切素质的载体，安全是工作的重中之重，关爱生命从身边做起。汶川地震引起我们深思：这种灾难如果发生在我们身上，我们应该怎么办？我想：灾难过后，这样的反思应该成为我们的一种生活态度。

2008年教师节

《我的阅读生活》序

阅读点亮人生

一个人一生可以没走进课堂，也可以没有老师，但他要成长、成才，有一样是不可或缺的——那就是书。

读书对人的成长实在是太重要了。因此，出于对孩子一生负责，我们一直致力于打造书香校园，我希望走出彩虹门的孩子成为终生爱书人。

我相信热爱阅读的老师必定会带动一群热爱阅读的孩子。近几年，学校已经为教师购发几十本各类图书；每学年学校都召开多种形式的教师读书汇报活动；请专家为教师做《红楼梦与中国文化》等读书报告；为教师编辑《窗外》等读书随笔集……

我相信良好的班级阅读氛围必定会唤起学生浓厚的阅读兴趣。学校开展了"我阅读，我成长，我快乐"的系列读书活动。自编了《我的阅读手册》，为孩子们留下童年时代阅读的足迹；"天天晨读十分钟"使整个校园弥漫着浓浓的书香；定期的"小书虫图书馆开放日"，孩子们将自己喜欢的图书带到学校与同伴互换，共同分享阅读的资源。我们不仅让孩子们走进作品，还让他们走近作家。为此，我们邀请著名作家给学生做讲座，激发学生更强烈的阅读热情，提高孩子们阅读鉴赏的能力……

我相信亲子阅读会让孩子们拥有不一样的人生。家长会上，我向家长们推荐美国教育经典畅销百万的《朗读手册》这本书，希望家长每天能拿出十五分钟，

每周末全家人拿出半天时间，与孩子一起分享阅读的乐趣，你会有意想不到的收获。每学年的"亲子阅读，家校共育"活动，家长们积极参与，爸爸妈妈甚至爷爷奶奶齐上阵，那场面让人着实感动……

翻阅了这本书的一篇篇文章，它带给我深深的震撼，我感受到阅读带给附小人的魅力，阅读已经成为我们老师、学生和家长的一种习惯，从字里行间我欣喜地看到教师在成长，孩子在成长，家庭也在成长。

我要感谢我的老师们，是你们言传身教，激励孩子们在阅读之路上不断前行！

我要感谢我的家长们，是你们亲情陪伴，充实了孩子们比天空更广阔的心灵！

我要感谢我的孩子们，你们对阅读的热爱，让我看到了人类充满希望的未来！

2009 年 6 月

为了让每一位老师实现自己的自身价值,我希望老师们把自己教育教学中的成长与收获记录下来,由学校出资印制成书,一个人一个组的成果都可以。2008年,体育组率先送来了他们出书的材料,并邀请我给此书写个序,我爽快地答应了。一看书名《岁岁芳草绿》,我问:"为什么起这个书名?"老师们说:"岁岁"是年年的意思,"芳"是您的名字,"草绿"是我们每天战斗的操场,总的意思是在您的领导下,我们战斗在绿阴的操场上,一年年地成长。我听了心里很感动,于是欣然答应写下了书序,这篇序的题目叫"特别的爱给特别的你"。

《岁岁芳草绿》序

特别的爱给特别的你

初听体育组要出一本书,我很惊喜,认真阅读这本书后,我很感动,感动之余,我欣然为书写序,以此表达我的感悟感言……

一直以来,许多人认为体育教师所付出的是体力劳动,与研究和创造无缘,这实在是一种误解。

我校体育组的教师是可爱的:日复一日,年复一年,他们没有职业的倦怠,而是不断总结教学经验,摸索适应儿童成长需要的教学方法,广泛学习和应用儿童心理学、生理学、运动学知识,在自己的专业领域进行大胆的创新和探究。他们的体育课堂生动活泼,学生积极参与,教学效率高,受到专家和学者的一致好评。他们通过科学研究所撰写的大量论文、教案,年年在评比中获奖,为体育科研工作做出了突出贡献。如今,他们在教育事业和体育科研工作上取得了双丰收,更不忘将这些珍贵的论文资料加以整理、编辑,出版成书,让更多的人分享他们的研究成果,其意义是深远的,贡献是巨大的。

我校体育组的教师是可贵的:这支老中青的团队拥有学习和探究的科研精神,这使得他们拥有别样优异的教育成绩,为学校做出了突出贡献,令人大附小不仅仅是教育教学上的品牌校,更是体育项目上的强校。在他

们的悉心培育下，学生体育成绩斐然，多次在市、区级体育项目比赛中夺冠，为附小创造了一个又一个奇迹。这一切成绩都离不开每一位体育教师的努力。学校体育工作的成功，是他们每个人教育事业上的成功，更是他们体育组这个温馨"家庭"、和谐团队的成功。他们是成功的个人，硕果累累的团队；更是研究的个体，实践探索的团队。

我校体育组的教师是可敬的：看着他们那一张张喜悦而质朴的脸，我仿佛看到他们春夏秋冬、不畏严寒酷暑在操场上摸爬滚打的矫健身影，看到他们与学生竞赛和游戏时的纯真笑容，看到他们撰写论文时刻苦凝思的神情，看到他们荣誉和成绩背后那汗水浸透的衣衫，看到他们在假期里加班集训时的疲惫身躯，看到他们对学生的关爱、对学校的忠诚、对事业的义无反顾、对理想的无悔追求……一瞬间，感动的泪水不禁夺眶而出，身为他们的校长，我了解他们，了解他们的付出，更了解他们为谁付出！

这本书，不仅仅是他们的教育思想和理念的展现，更是他们团队心血的凝聚，智慧的结晶，为追求理想与信念而拼搏奋斗的见证。真心祝愿他们今后取得更多的成功，形成一支科研的队伍，感染更多的教研组，鼓舞更多的教研组，把我们的学校建设得更加美好。如这本书的名字一样，"岁岁芳草绿"，年年春意浓，让人大附小各个教研组在教改春风的沐浴下争芳斗艳，绽放出姹紫嫣红的花朵，结出丰硕甜美的果实……

亲爱的老师，感谢你们……

2007 年 5 月

有一句教育名言是这样说的:"兴趣是最好的老师!"一天,我看到李老师的摄影作品,很吃惊,拍摄得真好啊!什么时候学的?当我知道了他学习的故事后,我很感动!为激励更多的年轻人向他学习,努力提升自己,我萌生了为他出版摄影集的想法。当我把这个想法告诉他时,他显得很激动,不敢相信,一个劲儿问我:"是真的吗?"我为这本书撰写了序言。我的指导思想是:在附小,只要你想做,我就给你平台。让每一位教师实现自己的梦想,就是我的梦想。

《瞬间》序

岁月的过往如白驹过隙,人生中的得到与失去更是那样匆匆。春去秋来、花开花谢,生命中的去与来全不由我们做主。既然如此,不如用一颗从容淡定的心去面对,笑看花开,亦笑看花落,不再执著于得与失,不再叹惜于去与来。何况,在美丽绽放的某个瞬间,我们可以挽留住内心的那一份愉悦和感动,铭记那一瞬间的美好,用双眼,用文字,用心灵,用镜头……

李会然老师是一个热爱生活的人,一个懂得珍惜的有心人。他用自己的双眼去发现,用自己手中的相机去抓取,以瞬间的灵感锁定瞬间的美丽,呈现出一个个充满艺术张力和勃勃生机的摄影作品。作为学校一名年轻的信息课教师,他除了教学及与学校网络管理等相关工作外,还主动承担起学校拍摄工作。他不满足于自己仅有的摄影知识,深信学无止境,利用周末和晚上的时间自费进修摄影技术。半年来,无论严寒酷暑、无论刮风下雨,从不间断。对摄影艺术的不懈努力与追求,使他取得了"高级摄影师"资格证书,把握住了自己人生的又一个瞬间,这是非常难能可贵的。他的作品成就了他追逐美、表现美的心愿,他的作品记录了人生中许多美妙的瞬间。

这本摄影集,记录了他的足迹,见证了他的成长,更永远铭刻着他眼中那些值得记忆的美好瞬间……

2008 年 12 月

2008年教师节，在组织退休老师外出活动的汽车上，老师们传看着一本相册，接过来一看，才知道是叶绍芳老师绘画作品的照片，叶老师精湛的绘画技艺让我折服。叶老师退休后，60岁开始到老龄大学上绘画班，这不得不让我慨叹："谁说退休教师不能有精彩的生活？"为了让在职和退休老师都能学习叶老师活到老、学到老的精神，我决定为叶老师印刷画册。能为叶老师的画册写序，我内心洋溢着别样的幸福。因为在叶老师的一幅幅作品中，传递着人到黄昏仍然能够闪耀出年轻的色彩，仍然能够继续追求人生崭新的梦想……

《绍芳习作画选》序

烛光里的老教师

一个故事：

师旷是我国古代著名的音乐家。一天，他正为晋平公演奏，忽然听到晋平公叹气说："世间有很多东西我还不知道，可我现在已70多岁，再想学也太迟了吧！"师旷笑着答道："那您就为自己点一支蜡烛吧。"晋平公听了有些不高兴："你这话什么意思？求知与点蜡烛有什么关系？你不是故意在戏弄我吧？"师旷赶忙解释说："我怎敢戏弄大王您啊！只是我听人说，年少时学习，就像早晨的太阳，温暖明亮；壮年时学习，犹如是正午的阳光，光芒耀眼；老年时学习，便如同在夜间点起一支蜡烛。烛光虽然微弱，比不上阳光，但总比摸黑走路强吧？"晋平公听了，恍然大悟，点头称是。

一些感想：

见到头发花白的叶老师和她手中的画册时，我忽然想到了上面的故事，她不正是这样一位秉烛而行的学者吗？作为一位优秀的数学教师（退休前担任我校教学副校长），她从未接触过绘画，一切都是退休后慢慢学起。这样平凡的老教师，在求知的烛火中一路求索，想必付出了比年轻人更多的艰辛和努力。然而无论有多少困难在等待她，她都克服了；无论前面的道路多么崎岖，她都跨越了……她的画，每每令观者赞叹不已。她通过学习创造了自己人生中的辉煌。这一切，都是我们这些年轻人没有做到的。

透过这些惟妙惟肖的作品，我仿佛能看到，求学的烛光照耀下，叶老师伏案辛劳的背影。这里的每一笔每一画都是她汗水的结晶，刻苦学习的见证。这本画册存在的意义已经超越了它本身的艺术价值，它展现给我们的不仅仅是一幅幅精美的画卷，更是一本绚烂的人生，一股火焰般跃动的求知欲，它饱含着一位烛光里的老教师所带给我们的，那份活到老学到老的榜样精神。

威尔逊说："学习是终生的事业。"叶老师用她自己的成功诠释了这个道理。我由衷地感叹：人生的过程就是学习的过程，就是自我提高、自我完善的过程。完善一个健康的身体，完善一个聪慧的心灵。无论何时何地，无论你年幼或年老，无论你身处怎样的时代和环境……

我相信，所有看过这本画册的人，都会发出同样的感叹。

一点愿望：

临渊羡鱼，不如退而结网。一位老教师尚能如此，何况我们这些年轻教师呢？学不厌，所以治己；教不厌，所以治人。

我们是教育者，更应当是学者。只有持之以恒，拥有学习上的丰收，才能拥有教育上的丰收。要永远怀着一颗求知的心，热爱学习，终身学习，日易其能、岁增其智，才能令自己的人生有所成就，有所收获……

我希望，我们每一位教育者都能永葆求知的青春，一路走过学习的"朝阳"和"烛光"。 叶老师尽管已经退休，可以安度晚年了，但是这支蜡烛的光焰更加耀眼，在一个新的天地里，塑造了一个新的自我，创造了一番新的作为。叶老师的成功，给予了我们许多启示、许多鼓舞，这也是学校为一位退休教师印制这本画册的初衷吧。

2008 年 12 月

名校要有名师，为给骨干教师铺就成长之路，2012年11月，在我的提议下，学校特别为秦治军老师举办了个人成长之路现场会，邀请了体育教育名家，梳理及见证秦老师在人大附小的成长之路。并隆重推出了学校请中国人民大学出版社出版的秦老师个人专著《跑道，永无止境》，我为此书写了序言。我愿为学校的发展培养出有思想、有抱负、有才华的附小名师。

《跑道，永无止境》序

2000年时，我担任人大附小副校长兼党支部书记，主管学校人事工作。记得2001年1月临近期末的一天上午，我第一次见到秦治军老师，他是来学校应聘体育教师的。三十来岁，中等身材，黝黑的面孔，眉宇间流露着朴实与坚韧。我看到他的简历上写的是海淀区体育学科带头人，海淀区兼职体育教研员，北京市体育评优课一等奖，体育论文海淀区一等奖。通过交谈我对他有了进一步的了解，他对体育教学的想法，让我感到这是一位有思想的、不可多得的人才，我校的体育教师正需要这样的骨干教师来引领，同时我坚信他在附小这块沃土上会有更大的发展。于是，他破例成为第一个没经过试讲就进入附小的教师。

小秦到学校工作后，很快融入附小的大家庭中，他果然不负众望，踏实工作，不断努力创新。2002年3月，学校派他参加"体育新课程标准国家级骨干教师培训者培训"。回来后，他组织了在人大附小召开的"海淀区实行新课程标准体育教学现场会"，并代表学校做了大会发言。之后，他带领体育组老师为满足学生的不同学习需求大胆尝试了六年级体育课选修课的实验；为贯彻学校"全员参与、团队竞争"的教育理念，开展了学生全员参与的集体跳长绳比赛及趣味运动会；为激发学生锻炼热情，让学生与体育老师一起创编了"校园双人舞"，并尝试了"一曲多舞"的韵律操模式等。学校先后获得了"百所课间操优秀校"、"体育工作条例先进校"及"北京市体育项目传统校先进集体"等荣誉。

同时，他潜心钻研体育教学，不拘泥于形式，不迷信专家，坚持"实践是检验真理的唯一标准"。他第一个在海淀区创造了不同的教学模式授课。低年级采用情境教学模式；中年级采用以游戏形式贴近教材内容，调动激发学生学习兴趣；高年级用挑战、比赛的方法培养学生体育道德，掌握体育技能，增强学生的心理和社会适应能力。并且开展学生体育课评价方式的改革和实验，取得了良好的成效，得到同行及专家的首肯。这些年他先后六次参加体育课堂教学比赛，均获得最佳成绩；同时他积极培养青年教师，先后指导过本校和其他学校二十多名青年教师获评优课奖。由于他在市区体育教学上的影响力，常常被邀请担任市区体育教学评优课的评委。2006年，他带领体育组老师编辑的《岁岁芳草绿》这本书，整理了体育老师们的教案、随笔、论文等，更记录了体育教研室每位教师的成长。秦治军本人也获得海淀区首届"创新奖"优秀教师、北京市优秀教师称号，2004年成为北京市体育骨干教师，2011年成为北京市体育学科带头人，北京体育学会理事，海淀区名师工作站导师组成员，他的知名度与日俱增。看着他坚实的脚步，不断向前，作为他的校长，我真为他高兴。

附小人提到"三个代表"，不仅会想到江泽民同志提出的"三个代表"，更会联想到秦治军老师。他勤奋好学，很爱读书，善于理论联系实际，不断探索，常常把繁杂的理论总结归纳为易于别人理解的"三个代表"，所以"三个代表"成为老师们对他的爱称。他努力践行学校的教育理念，实现"创造适合每个学生的体育课教学"，探索学校"七彩教育"下的"七彩体育"。他是体育教师的楷模，他是青年教师眼中的名师。2007年在大学副教授职称评定的时候，作为评委的我含泪为他争取名额，我的理由是他在小学体育教学领域中独到的思想及理论水平，丰富的课堂教学实践已达到了炉火纯青的境界，需要给予他更大的发展平台，他是我心中的骄傲，人大附小的自豪！我的发言感动了大学评委，最终破格通过了一名小学体育教师的副教授职称审定。

《跑道,永无止境》这本小书是他多年工作的写实,虽然还有许多不足,甚至有些观点还有瑕疵,但这是一种勇气,这是一个非常好的开端。作为体育老师能拿起笔记录自己的教学轨迹实属不易,小秦给我校老师带了一个好头,出版这本书希冀激励更多的附小教师像他那样拿起手中的笔,记录自己的教学成长,写下自己幸福的七彩教育之路,给自己、给学校留下宝贵的财富与纪念。所有这一切都是为附小培养名师的用心所在。我愿尽全力为附小培养名师,做每位教师的坚强后盾,成为他们走向星光大道的铺路石子。

感谢在小秦成长道路上给予帮助、关爱的所有领导、专家!感谢小秦自己不懈追求及奋斗的成长!祝福你未来的路越走越宽。

2012 年 7 月

在 2008 年到 2012 年的四年期间，我校教师团队先后从作业分层——尊重学生个体差异，优化整合——激发学生梳理发展拓展的思维，探究作业——培养学生自主探究能力，个性作业——启发并培养学生多元发展等方面进行研究，对学生作业进行大刀阔斧的改革，在《让作业可爱起来》一书出版四年后，诞生了《贾老师的可爱作业》一书，也是学校打造个性化教师的举措，我为此书撰写了序言。

《贾老师的可爱作业》序

"可爱作业"成就可爱教师

我很喜欢听贾海林老师的数学课。2006 年，风华正茂的小伙子走进了人大附小，数学教学潜质日益发挥。从在课堂上有点拘谨到驾轻就熟，甚至可以说是潇洒，时常还有些小幽默。从没见过他和学生发火，他是孩子们的良师益友，是大朋友，是孩子们喜欢的好老师。

2013 年 1 月 4 日，我参加了北京市农村工作站研修学员与我校导师们的总结会，贾海林老师作为数学导师，谈到对 2008 年开始跟随学校探索可爱作业至今的认识过程，眉宇间流露的兴奋让我感动，我感受到了小贾老师的成长。学期末总结会上，我请八位老师介绍自己教学上的精彩一招，贾老师介绍了他的可爱作业。

我很欣赏他给每个孩子不同的评语，他说这是他看完孩子们的作业后，从心底里流淌出的话语。我相信，这一切源于他对教学的爱，对孩子们的爱。他从四年级开始教这个班，留了三年的

可爱作业。上学期他所教的班在海淀区教学质量监测中，全班同学的数学都取得了 A 的成绩。他的可爱作业带给孩子的是对数学学习浓厚的兴趣，对数学问题的多角度思考，更渗透着数学这门学科的思想及方法。您说，这样的学生还怕监测吗？

2013 年 3 月 11 日我在参加教育部刘利民副部长主持的减负增效座谈会上，听到了任小艾主任提起的孙维刚、马芯兰老师我心里颇为震撼。是啊，名校应该有名师。本学期我校开展的七彩教师绽放活动，就是为有思想、有梦想的老师搭建个性化成长与展示的平台。我期盼着人大附小能培养出有自己教学风格、教学思想的老师。

看到贾老师这三年在作业方面的探索，我决定这本书定名为《贾老师的可爱作业》。希望贾老师对作业的研究，以及他的数学思想能给更多的教师带来启发。

对"可爱作业"探索的四年多来，附小教师团队在不断创新、不断研究，成就了师生双赢、共同成长之路。谢谢可爱的小贾老师，也感谢附小这支可爱的教师团队！你们是减负的践行者，你们让附小孩子在学习知识的同时，更享受着学习带来的快乐！

2013 年 5 月

为学校出书写序

2004年是人大附小建校50周年，也是我做校长的新起点。我和领导、老师们一起，找遍学校每一个角落，访问建校时期的老教师，找寻建校时期已故校长的家属，编辑了学校50周年纪念册，以此来回顾和总结学校50周年发展的历史，走过的足迹。我为这本画册写了序。

《中国人民大学附属小学（1954—2004）》序

中国人民大学附属小学是北京市重点小学，坐落在中关村高科技产业核心区，环抱在人文气息浓郁的中国人民大学校园内，现有43个教学班，师生近两千名。多年来，学校以"创造适合于儿童发展的教育环境"为办学理念，以争创国际化品牌校为办学目标，以兴基础教育事业之变革为己任，一贯坚持以科研为先导，以课堂教育教学为中心的办学思路，在教育、教学等诸项工作中取得了显著成绩。多次受到国家、市、区教委的表彰，被评为"北京市百所先进校之一"、"北京市校园文化建设示范校"、"北京市小学生营养餐先进单位"、"北京市足球项目传统校"、"海淀区德育管理先进校"、"海淀区德育先进校"、"海淀区体育工作先进校"、"海淀区卫生工作先进校"……学校与美国、日本、澳大利亚、新西兰、德国等十几个国家进行了教育交流往来。时值我校50华诞来临之际，我们期待以此为契机，缅怀过去，把握今天，创造未来。

我校前辈们当年的艰苦创业，迎来了今日的灿烂！岁月如织，征程如铁，蓦然回首，半个世纪的高歌猛进依然振奋在我们心中。1954年，人大

附小在新中国的春天迈出了自己生命的第一步。这 50 年对于一个教育集体来说，是一首进行曲，是一部交响诗，是一本宝贵的史册。这是大胆探索、激流勇进的 50 年；是一腔热血、拼搏创业的 50 年；是团结进取、开拓创新的 50 年；是艰难中求发展、奋进中创辉煌的 50 年。

50 年后的今天，我们以庄严的庆典来纪念往昔，以睿智的目光审视自己半个世纪所走过的路程。回忆几代人倾情付出的历史，深感肩上责任之重，更须以前人的锐意进取、励精图治而互相勉励。我们坚信，人大附小的明天将更加充满希望，更加充满挑战，更加美好灿烂！

2004 年 6 月

2004 年 50 周年校庆，我们设计了系列庆祝活动。9 月 26 日，我校在人民大学世纪馆召开了"春光这边独好"庆祝会及文艺演出，我校校友曾子墨主持了演出，并给两位这天过生日的教师送上五层大蛋糕。最后由我指挥，全校教师演唱《今夜无眠》。入校仅 26 天的一年级新生在林英老师的带领下，为老师们伴舞。晚会的最后一首歌《祝福祖国祝福附小》，我现在还清晰地记得，当歌声唱到：附小——我的骄傲，祝福你——我的附小……全场学生自动起立跟着吼唱，震天动地，感人肺腑，我不由得在最后一个手势时激情转身，让我终生难忘！27 日、28 日我们分别召开了北京市级课题《国际理解教育》及国家级课题《个性化作文》研讨会。我们把这次系列活动编印成画册，留作永久纪念。在校庆 50 周年庆祝大会上我的讲话，作为了画册的序言。

《中国人民大学附属小学 50 周年校庆》序

与时俱进　开拓进取　再创新的辉煌

尊敬的各位来宾、各位领导、各位家长、校友、老师、同学们：

大家好！

今天，人大附小全体师生怀着激动的心情，迎来了建校 50 周年的大喜日子，迎来了莅临我校庆祝大会的各位领导、来宾，迎来了北京市及外省市兄弟校的朋友们，更迎来了新的关怀、新的期盼、新的机遇和新的挑战。

人大附小是一所拥有优良传统的市级重点小学。多年来，学校以"创造适合于儿童发展的教育环境"为办

学思想，以争创国内领先、国际知名的品牌校为办学目标，以科研为先导，以德育为首位，以教学为中心，以体育为基础，以后勤为保障，并以自己独特的人文环境、学生自主发展氛围，确立了人大附小素质教育的办学特色。五十年来学校培养了一批批优秀人才，他们的足迹遍布五湖四海，他们的才干和荣耀在各自工作岗位上闪烁着动人的光彩。为使我校的教育环境和办学特色为学生发展服务、为社会认可、为专家瞩目、为国内外的同行称道，学校在教育、教学、科研、国际教育交流等各项工作中取得了显著成绩。多次受到国家、市、区教委的表彰，与世界十几个国家建立了教育交流往来。

1986年，我校在市教科所指导下，开始实施"小学生质量综合评价"的实验工作。1991年，在我校召开了市级"小学生质量综合评价"专题研讨会。1992年，荣获北京市"七五"教育科学研究成果一等奖。我校的"小学生质量综合评价"经验及手册，开始向北京市小学推广。随着新时期教育改革的不断深入，我校深入挖掘自己的办学潜力和师资力量，不断提高办学质量，先后承接了学生"主体教育"的科研实验，心理健康教育的科研实验，实施了创新教育的研究，国际理解教育、作文个性化发展研究，以及新课程改革等国家及北京市科研课题。其中，与联合国教科文组织、北京教育学院合作开展的国际理解教育研究，力求培养附小学生适应未来国际竞争的需求与挑战。与中央教科所中小学作文个性化课题组合作，进行了小学生个性化作文的研究，我们的目标是使人大附小学生人人爱写作文，人人会写作文，为语文教学的改革探究新的突破。

学校与人大附中"三高"俱乐部合作的附小足球队更是异军突起，建队10年来，两次在全国比赛中获第二名，13次荣获北京市冠军，国家队、国家青少年队及各省市球队都有我校球员的身影，人大附小成为北京市足球项目传统先进学校。学生俱乐部的诞生，给予学生充分的自主发展空间，锻炼了孩子各方面的能力，深受学生的喜爱，并得到社会的一致肯定。全员参与、团队竞争的德育特色，为孩子们创设了实践感悟、体验成功的发展天地。

教学工作是学校工作的主旋律，沐浴着新课改的春风，学校领导及老师们锐意变革、开拓进取，在区教研室的指导帮助下，开展了一系列特色教学活动。以学生发展为本，激发学生的求知欲望，使我校成为语文、数学、英语、体育、音乐等学科的"基础教育改革实验校"，先后出版了本校教

师的论文集、教案集，并出版了学生个性化作文专集，编写了《国际理解

教育》校本课程。此外，我校教师积极参与教育单位组织、编辑、撰写教育教学书籍的工作，先后累计创编一百余万字内容。教师们在国家级、市级、区级评优课中更是业绩突出，频频获奖，一批骨干教师在市、区教学改革中发挥着积极的作用。全校85%的教师已完成本科学业，1995年至今，10年里我校已有70%的教师先后出国留学、进修和考察。学校教师正实现着由学习型教师向研究型、专家型教师的转变，一所学习型学校的体制建设正在逐步形成。还有一系列教育教学改革：音乐铃声进课堂，自编的校报出刊发行，英语日的创立，学生聊天小屋心理咨询的开设，教师、学生、家长接待日的创新举措，无数事例印证着人大附小新时期的办学理念："创新、求实、发展、超越！"

从1954年建校，到2004年校庆的经验累积；从吴玉章等老一辈无产阶级革命家的关怀帮助，到荣获"校园文化建设示范校"的人文积淀；从"创造适合于儿童发展的教育环境"的办学思想，到"创新、求实、发展、超越"的办学理念；从"小学生质量综合评价"、北京市"七五"教育科研成果，到新时期"国际理解教育"的远见卓识；从首批北京市重点校，到国内领先、国际知名品牌校的创业征程；从昨日到今天，从理想到现实，从平凡到辉煌，人大附小走过了令人难忘的50年。

50年，创业的风雨洗礼出一个崭新的时代和历史。几代附小人为此奉献出自己的青春年华，在这方教育沃土上默默耕耘了半个世纪。更可喜的是，人大附小的创业征程中，拥有来自社会各方面的支持和认可，拥有教育界领导的真诚指引和谆谆嘱托，拥有教育界同仁的学术交流与相互勉励，

拥有中国人民大学的领导关怀和文化滋养，拥有无数优秀的附小毕业生努力拼搏、以校为荣、为校争光。在此，请允许我代表人大附小全体师生，向多年来关注附小成长，给予附小关心、支持与帮助的教育部，中国人民大学，北京市、海淀区各级领导及北京市、外省市各友邻学校领导，共建单位领导，人大附小历届校友，人大附小全体学生家长，致以最诚挚的感谢！

今天，我们以庄严的庆典来纪念昔日的过往，以睿智的目光审视自己半个世纪所走过的路程……最终将附小人50年的光辉历程，50年的精神传统，50年的宏伟志向，淬炼为一份执著的信念，一种无私奉献的精神，一腔与时俱进、开拓进取的激情与热血。

恰逢人大附小建校50周年之际，我校迎来了新的机遇、新的发展。在海淀区政府、教委及中国人民大学领导的关心、支持与帮助下，不久的将来，我校将迁往世纪城新校舍。一座展望50年后辉煌与美好前景的里程碑拔地而起；一座拥有现代化游泳馆、一座以学生发展为本，注重人文建设和环境氛围的现代化、科学化、儿童情趣化新校舍将展现在我们面前。人大附小的历史将翻开崭新的一页。

今天的庆祝大会拉开了校庆活动的序幕，27日将在我校召开市级科研课题"国际理解教育"研讨会。28日将在我校召开国家级科研课题"中小学作文个性化"阶段性成果汇报研讨会。欢迎各位领导、老师届时莅临。

回首往事，我们感慨万千；展望未来，我们豪情满怀。附小人将以自己的青春与汗水谱写新时代的篇章；以自身的进步和教育的创新来回报社会的关怀。附小人的精神就是求索与奉献，附小人的职责和使命就是对教育理想的倾情付出。

50年的信念，不会改变。

50年的情怀，是奉献！

50年的岁月，是奋进的诗篇。

50年的明天，是美丽的画卷！

我们将与时代同步、与教育界同仁合作，与家长携手，共同缔造人大附小更加灿烂辉煌的明天。

2004年9月26日

2006年海淀区三年一次的督导课堂教学检查结束后，老师们都非常兴奋，每个人都在抒发着这次督导中的爱校情结及课堂教学的提升。我也特别地激动，因为我被老师们为了附小的荣誉说课、磨课的状态而感动，每个人的誓言都是不能给学校丢脸！每个组的表态都是请校长放心！为此，我请老师们把这种感悟与精神凝聚下来，把老师们对督导的感悟编辑成书，留作永久的纪念，并饱含深情地撰写了《感悟督导》这本书的序。

《感悟督导》序

为老师们喝彩

许久以来，我一直沉浸在感动、震撼与幸福之中。这感动源于老师们爱校的情怀，这震撼源于老师们出色的表现，这幸福来源于和老师们共享成功后的欢颜。

历经了史无前例的搬迁风雨，进入新校舍的附小人以"雄关漫道真如铁，而今迈步从头越"的豪情，开始了新的探索。此次督导是对附小三年来实施素质教育的全面评估，此次督导是对三年来新领导集体工作的全面检验，此次督导更是我们搬入新校舍后的又一次考验。人大附小的办学思想是否得以传承？办学质量能否得到社会的认可？能否向人民交出满意的答卷？这些问题萦绕在我的脑海间，督导工作将给我们一个答案。同时我们把迎接督导看做是加强教师队伍建设，提高全体教师素质，推进新校舍建设的良好契机。

忘不了——动员会后，老师们摩拳擦掌，斗志昂扬，组长们汇报时铿锵有力的誓言；忘不了——集体备课时，老师们说课争论热火朝天的场面；忘不了——老师们充满自信与期待的语言："校长，放心吧，我们组的课准得A"，"这可是学校的荣誉"，"我没给学校丢脸"，"校长，咱们怎么样，没问题吧"，这些话像一股股暖流淌入我的心田。我发自内心地赞叹："这是一个怎样的教师群体啊！"这是一个视学校荣誉为自己生命的教

师群体，这是一个视自己的发展与学校荣辱相连的教师群体，这是一个了不起的教师群体！督导再一次激发了老师们为校争光的责任感，再一次唤起了老师们渴望成长的使命感。我再一次感受到了老师们爱校如家的荣誉感，体验到了身为人大附小校长的幸福。

多么可爱的教师啊，多么可敬的教师群体。当我听到陶校长说："听到这么多领导夸你们的课，我特别高兴。"曹校长说："听你们学校老师的课是一种享受。"当听到63节课全部是好课和较好课时，我的内心，已无法用言语来表白，我真的很感动，我为老师们骄傲，我为老师们喝彩！这个成绩的取得是老师们勤奋钻研的写照，这个成绩的取得是附小教师团队精神的再现，这个成绩的取得验证了附小搬迁前对社会的承诺。

感谢老师们为附小带来的荣誉，感谢教学领导们忘我的奉献，感谢名师们的引领指点，是大家托起了我们附小的这片天。感悟督导，感悟教师们的成长。如果问，什么是校长的幸福，我认为：看到每一个孩子健康快乐地成长，看到每一位教师自我提升的步伐，这就是校长莫大的幸福。我愿用自己的双手托起每一位老师成功的梦想，架起每一位教师成长的桥梁。我由衷地说：老师们，辛苦了，我深深地爱着你们。

《感悟督导》给了我们自我反思、自我提升的平台，它让我们敞开心扉，迸发情感，把我们在督导过程中的所思、所感深刻地记录下来，成为了我们教师生涯中的宝贵财富，成为了我们人大附小的宝贵资源……

2006年6月

火车跑得快，需要车头带。为提升教师队伍的研究水平，2006年教师节，我校成立了由骨干教师组成的教育教学研究会，每月定期开展教育教学研究活动。为了把研究成果固化下来，让更多的老师学习借鉴，我们创设了《教育教学研究会专刊》，我为此刊物撰写了创刊词。

《教育教学研究会专刊》创刊词

我相信，在我身边的人大附小的每一位教师，都是拥有梦想的人，都是执著于信念的教育者。他们忠诚敬业，无私奉献，都是社会群体中的精英；他们多才多艺，诲人不倦，都是学生们眼中的专家；他们爱校如家，爱生如子，都是为人师者中的楷模……由他们所组成的，是一个拥有梦想的教师群体，是一支为实践梦想而前行的教育团队。

如果说梦想是动力，那么实践和研究就是手段，是实现梦想的现实保障。人大附小"教育教学研究会"自成立以来，始终秉承着这一信念，针

对日常教学展开了一系列深入的研究，不断更新教学理念，总结出科学有效的教学方法，为学校教育教学工作作出了积极的贡献。这本专刊，承载着人大附小教育团队的创新发展之梦；这本专刊，将更好地发挥教育教学研究会的引领作用，成为我们"家"的财富。做到"一人善射，百夫决拾"，使全校教师都参与到研究和探讨的过程中来，分享研究成果。这本专刊，将面向全体教师，创设一个信息发布的平台，一个交流探讨的平台，一个不断发现与创新的平台。促进团队内部的交流与协作，让所有人都在团队中成长、进步，让我们的梦想得以实现……圆每个个体的成功之梦，圆人大附小教育团队的辉煌之梦！

因此，我们创刊的目的，不在于彰显而在于积淀，不重于说教而重于交流，不争于形式而争于实效。我期望这本专刊的风格是这样的；我期望我们教学的风格是这样的；我更期望，我们学校的办学风格也是这样的。让我们"汇中外学术有容乃大，凝古今正气无欲则刚"，创设和谐进取的学术环境、学术氛围、学术眼界、学术胸怀，倡导百家争鸣、求真务实、敢为天下先的大气与豪气。

我想，每一个拥有梦想，为实现梦想而努力的教育者和教育团队，始终都会坚定自己的信念，怀揣着宁谧而甜美的梦，默默无闻地朝着心中的目标一路前行……

2007 年 9 月

20世纪90年代,人大附小在上级督导时就被评价为"负担不重质量高"的学校,如何将这一办学特色发扬光大? 2005年迁入新校舍后,学校不断探索如何让孩子负担不重。我向老师们提出的第一个问题是:"什么是孩子的学习负担?"为什么孩子写半小时作业就觉得累,而孩子到操场上踢两个小时球不觉得累?不难看出孩子喜欢做的事就不是负担!能不能让作业变得可爱起来,让作业成为孩子们喜欢做的事,这是减轻学生学习负担的关键。

为此,2008年开始我带领老师们进行了一系列作业改革,我想把老师们的智慧及孩子们喜欢的作业编辑成书,老师们人手一册,无形中起到学习培训作用,于是就诞生了《让作业可爱起来》一书。

《让作业可爱起来》序

传统意义上,作业作为一个教学环节,为教师提供了教学效果的反馈,为孩子们提供了巩固所学知识的机会。更进一步讲,甚至是弥补课堂教学,发现问题、解决问题的重要环节。但是,如何才能更好地调动学生做作业的积极性,如何才能以兴趣为引导,让孩子们爱上作业,爱写作业,从而最大限度地激发潜能、培养能力呢?我们在作业上动了许多脑筋。

首先,我们让作业从形式上可爱起来。把传统的作业内容加以归类,以游戏的形式加以呈现。立意新颖,形式多样,有许多的创意蕴涵其中。孩子们一下子便被这些活泼有趣的作业吸引住了,像做游戏一样盼望着老师留作业。

其次,我校老师还开展"我的作业我设计"的尝试,发挥学生的潜能,自行设计作业,让学生成为作业的主人。

更重要的是，我们让作业从内容上可爱起来。变传统的"千篇一律"为"各有千秋"：以注重差异的教学理念为指导，为学生准备了不同知识层次、技能水平的"营养套餐"，把选择的权利交给孩子，让他们自主选择感兴趣的作业。在自己的基础上有所进步，有所提高，让每个孩子都享受成功的喜悦。

如此，既充分调动了学生的积极性，又体现了教学的差异性，并且形成了自主创新的氛围，从多角度培养了学生的各种能力，让老师和孩子在作业上形成互动，真正搭建起教师与学生沟通的桥梁，增进师生情感交流，提高作业的效果和质量，更好地完成教学反馈、知识巩固、能力培养的教育目标。于是就有了这本《让作业可爱起来》。这仅仅是一个开始……

2009 年 4 月

我们学校有一段百米围墙，墙上是学生、家长、老师共同绘制的图画，充满了艺术的想象和童趣。我把这面墙上的画，编辑成册，既记录下孩子们成长的足迹，也为孩子们留下了美好的回忆，还成为了低年级学生学习看图说话的校本教材。

这本画册的封面是2009年9月10日，承担建国60周年天安门国庆焰火晚会的著名导演蔡国强，由李博成先生陪同亲临我校，挑选出来的学生绘画作品。国庆当晚的三幅烟幕画之一——《美丽家园》就是根据我校学生作品中的元素绘制而成的。这是人大附小师生的荣耀。

《美丽家园》序

把校园还给孩子

校园新落成的足球场周边有了百米围墙，这段墙该怎么装饰呢？"做一面校史墙吧，因为今年是附小建校55周年。""做一面知识墙吧……"无论做什么，都是我们成年人想让孩子们知道的。校园应该是孩子们发明和创造的天地，让孩子们做自己想做的事，让我们走进孩子的世界。这样，就有了206名学生以及家长、老师利用八天春假，在百米水泥墙上共同创作艺术画卷的动人一幕。

作为校园文化建设示范校，我们把校园文化建设当做一种宝贵的教育资源来看待，用心去挖掘它，寻求教育契机，实现教育的功用。这面完全由学生装饰布置的墙壁，为学生提供了一个发挥想象、动手制作的空间。这些绘画作品中，有信手涂

鸦式的画面渲染，也有童趣盎然的画面情节，更不乏精雕细琢的景物勾勒……灵动飘逸的想象力在这面墙壁上翩然起舞，勃勃生机的创造力在画面中表现得淋漓尽致。那些热烈奔放的色彩，生动活泼的线条，仿佛在述说着孩子们创作时的喜悦和浓厚的兴趣。

这面墙上的每一幅画都是一个美妙的故事。它让我如同走进了世界著名的艺术殿堂——法国卢浮宫的绘画馆，让你永远看不完、看不够，永远带给你无尽的想象……

每当我驻足在这美丽的画卷旁，我都会为孩子们的创作能力和艺术天赋所折服，心中总会涌起无限的感动，无比的自豪。我常常回忆起孩子们头顶着烈日，手拿着画笔，在墙边快乐涂抹的情景，仿佛还能看见阳光下那一张张热情洋溢的笑脸。于是，耳边又响起那来自心底的召唤——把校园还给孩子！

2009 年 10 月

孩子的成长离不开社会、学校及家庭三者的结合，学校的发展离不开家长朋友的支持，因为我们是一家人。为总结及梳理家长委员会工作中的经验，学校编写了此书。这本书的名字我们斟酌再三，衷心希望让《心语心桥》成为学校与家长、家长与家长的心语之桥。我为此书写了序。

《心语心桥》序

大教育家苏霍姆林斯基说过："若只有学校而没有家庭，或只有家庭而没有学校，都不能单独承担起塑造人的细致、复杂的任务。"家庭是素质教育的第一场所，父母是孩子的第一任教师，家庭教育是促进孩子获得全面发展的基础，起着学校教育和社会教育不可替代的作用。

多年来，学校在"创造适合于儿童发展的教育环境"的办学思想引领下，创造了适合于孩子们发展的德育环境、教学环境和校园文化环境，使人大附小成为了师生共同成长的生命乐园。但是学校教育的功能是有限的，家庭教育同样起着举足轻重的作用，只有家校携手，和谐共育，才能使我们的孩子健康茁壮地成长。

人大附小家长委员会的成立，充分开发并利用了家庭教育资源，填补了家校沟通协作的空白，搭建起家庭与学校心与心沟通的桥梁，连接起家长和教师心与心互助的纽带，形成了家校教育的共同体。在教师和家长的相互理解、彼此信任、共同培育下，我们的孩子在成长的过程中取得了可喜的进步。

这本人大附小优秀家长委员会工作经验选，汇集了众多真实的教育案例，再现了家校合作的发展历程，介绍了许多家校合作的成功经验，以小见大，以富有代表性的实例向我们展示了家校合作的教育魅力和优势，值得我们在日后的工作中加以研究、借鉴和参考，有许多经验值得我们去感悟，去学习。

　　阅读这本书，感悟家长的心，我充满了感激。值此之际，我想对每一位家长说声谢谢！感谢你们一直以来对附小工作的理解和支持，你们是学校的强大后盾。附小的成绩，离不开全体教师的努力，更离不开每一位家长用心的配合。期望在今后的育人过程中，我们走得更紧密，心与心更贴近，为了我们共同的教育目标——培养我们的孩子，让我们并肩前行！

2009 年 12 月

2005年我校师生参加了中日韩童话夏令营活动，赴日前，各地学生集中到温州实验小学集中培训，白莉莉校长对人大附小学生的表现称赞有加，与我们商量希望与人大附小联谊，成为姐妹学校。2007年在白校长的倡导下，在温州召开了首届"京浙闽三地三校教学研讨会"活动，2008年在厦门实验小学召开了第二届，两次活动我都亲自带队。2009年建校55周年之际，我校成功承办了第三届教学活动，三届课堂教学展示历练了20多位教师。会后，我们把会议讲话的全部内容，也包括课堂教学实录整理成册，成为大家学习的财富。我把在第三届"京浙闽三地三校教学研讨会"上的发言作为了此书的序。

《分享教改经验　促进师生成长》序

尊敬的各位领导、各位嘉宾、各位老师：

大家上午好！

首先，我代表中国人民大学附属小学全体师生，感谢各位领导、嘉宾百忙中放弃休息时间来参加我们的研讨会。欢迎远道而来的温州实验小学、厦门实验小学的领导和老师。欢迎我们的姐妹校彩和坊小学、唐家岭小学、树仁小学及周边友邻学校的领导、老师们的光临。还记得前两届研讨会的成功召开，为我们的交流与合作打下了坚实的基础，同时让我们三所学校结下了深厚的友谊，让我们心连着心在教育改革的道路上一路同行。在温州、厦门举办的前两届研讨会上，生动的课堂展示和富有特色的教学活动令我校老师深受启发、获益良多；热情的招待和无微不至的关照，更是令我们感动至今。今天，我们怀着这份感动，承办第三届"京浙闽三地三校教学研讨会"，我们要不辜负大家对人大附小的希望，以最优质的教学展示，以最真挚的友谊和热情回报各位朋友，让我们的友谊在交流研讨中日益深厚，在课堂教学中不断升华！

今年，恰逢我校建校55周年，我们在领导的关心、支持和帮助下，成功开展了校庆系列活动，收获了教育改革的累累硕果。学校"水艺芳"游泳馆的落成，揭幕仪式的成功举办，学术苑的建设，"蓝天阁"综合楼

的投入使用，展示了55年来人大附小校园的变化和发展；6月28日，校庆音乐会在人民大会堂万众瞩目的舞台上成功奏响，展现了附小学生的综合素质的全面发展；今天，我们将在教学研讨会的讲台上，展示我们老师们的进步与发展！我们的研讨会，作为校庆活动三部曲中最重要的篇章，开启了校庆年绚丽多彩的教学盛典！无论昨天、今天还是明天，我们跨越不同的地区，秉承各自的办学理念和教学特色，进行三地的研讨交流，其意义重大而深远。

意义重大：因为我们三所学校，在各自的领域，都是一支锐意进取的教改生力军，有着各自的发展优势和办学特色，是各自省市教学改革成就的代表。不同的地区和文化环境，造就了我们各自独特的教学风格和育人理念。今天，我们共同携手，分享经验，共同探讨得失，以不同的教学策略，实践共同的教学目标，发扬各自的教学优势，成就共同的教育梦想。加快彼此的教改进程，促进师生和谐发展，提高各校办学水平，意义可谓重大。

意义深远：因为当今世界信息多元化，文化多元化，教育更加多元化，封闭的校园环境和教研团队，将不能适应未来教育变革和社会发展的需要。我们能够走出校门，开放课堂，共享经验，优势互补，共同探究新的教育理念和成果，正是在教改大环境下所实行的教研创举。我们将以多种视角、多元的教育理念为指导，开展教学工作，促进师生的成长；以卓识和远见，共谋发展目标，促进学校的成长。不久的将来，我们将以更广阔的襟怀和更高一等的教育谋略，吸纳更多的学校，汲取更多的营养，让更多学校走进我们的教改阵营，更多的区域加入我们的教改联盟。所以说，我们的合作意义深远。

意义重大且深远，前途光明而漫长，我坚信，只要我们永葆创业的激情，紧密地团结协作，"共享三地教改经验，促进师生共同成长"，我们的学校将会受益匪浅；我们的合作领域将会不断拓宽；我们的队伍将会逐渐壮大；我们的明天将会更加辉煌！

2010年11月

《回眸新校舍五年》序

今年,我校迁入世纪城新校舍整整五年了。回首搬迁后五年的历程,我总是百感交集,心底涌起千言万语,但当我驻足校园,仰望着高高的彩虹门时,我心中跃动的仍是两个普通而又深刻的词语——"难忘"和"感谢"。

难忘为创附小品牌,为夺取海淀区教学管理先进校、素质教育督导、优质校三大战役的胜利,与老师们并肩作战的日日夜夜;

难忘为打造教师团队,促进内涵发展,与老师们共同聆听知名专家、学者培训讲座的朝朝暮暮;

难忘建校55周年新操场、水艺芳落成,人民大会堂音乐会及"京浙闽三地三校教学研讨会"那激动人心的场面;

难忘蓝天阁、学术苑落成,老师们搬进新家,享受着全新办公环境与教学环境而流露出的幸福笑容……

感谢纪宝成校长及大学各位领导对附小一如既往的关怀与支持;

感谢海淀区政府及教工委、教委对附小的信任与长期以来的帮助;

感谢世纪金源集团为附小的发展所作出的倾情奉献;

感谢各位家长、社会各界对附小的关心与爱护。

特别感谢我的教师团队与我可爱的孩子们,我们在蓝天下最美丽的校园里一起走过了附小搬迁后五年的历程,这是携手奋进的五年,这是充满温馨的五年,这是孕育希望的五年,这是铸就品牌的五年。五年中,附小就像校园的彩虹门一样,虽然经历了风吹雨打,却更加鲜艳夺目。

2010年12月

支教不仅是锻炼教师的机会，也成为了附小文化的一部分。在暑期义务支教工作自愿报名时，人大附小有近百位老师积极报名。为把老师们支教中的宝贵经验留存下来，学校编辑出版了《让爱传出去》一书，我为此书写序。

《让爱传出去》序

爱你没商量

2011年4月，我参加了教育部首批校长赴美培训活动，其间结识了中国教育国际交流协会的官员孙晓庆。孙老师谈到了他们有一个专门面向薄弱地区学校的"牵手计划——基层教师培训项目"，希望我们能参加。一是人大附小发展现状及我们具有的大教育观，应该让优质资源辐射为社会尽责；二是通过支教活动，一定会历练教师，加速教师成长，这是一件双赢的好事。于是，我们一拍即合。

原来执行这项培训计划的英语老师都是"中美教师交换项目"的回国志愿者，多为个体行为。我们这次是团队作战。放假前我站在教育均衡发展、优质资源辐射的高度在全校进行了意义宣讲，全校各学科一百来位教师积极踊跃报名，教学干部及骨干教师们带头先行，把这次支教当做一份崇高的责任和应尽的义务。

7月10日至8月10日，学校先后派出三批共12名教师远赴湖北天门、赤壁，安徽青阳支教。并使这个项目从原来只有英语学科的培训，增加到语文、数学、英语三科培训。在烈日炎炎的暑期，教师们放弃了休息及陪伴家人的时间，远离北京，远离亲人，奔赴气候恶劣、条件艰苦的支教一线。伏在床头夜以继日地备课熬红了双眼，顶着湿热求真务实的培训湿透了衣衫。没有豪言壮语，只有默默付出。这支优秀的团队以自己的真才实学和人格魅力，践行着附小教师高度的责任感和甘于奉献的高尚品德。

经过大家的共同努力，12名教师圆满完成了暑假支教工作，受到了三地教育局、教师进修学校的称赞。中国教育国际交流协会还特别写来了感谢信，湖北天门教育局黄局长及天门市领导先后两次来校感谢，高度赞扬了培训教师的敬业精神和教学水平。

支教教师向全校教师汇报了他们的支教经历、感悟与成长，感动了附小每一位教师。作为校长，我发自内心地感慨：附小人在爱的传递中，成就了他人也成就了自己，我为有这样的教师团队而自豪！感谢你们——了不起的附小人！今后，我们将继续支持和参与这项"牵手计划"，将人大附小先进的办学理念，将骨干教师丰富的课改经验和优秀课例送到基层，为推动教育均衡发展、促进优质资源辐射，做些力所能及的实事。

此书既是对首批支教教师的一种感念，同时是对未来支教教师的一种激励，更是人大附小教师成长的宝贵财富。

2011年9月

> 为了减轻老师们春节发短信的负担，这年我故意给老师出了个难题：如果你非要发短信不可，只能用诗的形式，还要把自己的名字编进去。没想到，从大年三十开始，老师们纷纷发来了藏头诗、藏尾诗等，让我很震惊，也很感慨：都能当语文老师啊！学校校长有这样的待遇，真是幸福啊！这无形中也创造了附小教师文学素养的一种"隐性"培训。

《我们的学校文化（三）——拜年集》序

虎年春节本想让老师们休息一下，过年不发短信了，就提出如果要发就把自己的名字嵌进去。没想到却激发了老师们创作拜年诗的热情，有的老师甚至全家齐动员，营造了其乐融融的家庭景象。

阅读了这些拜年诗，我感动——感动于老师这份纯真的用心；我感慨——感慨于老师们太有才了！于是，大年初一整整一天，我坐在书桌前，把手机里老师们发的短信，全部敲进了电脑。每打一个字，都能感受到附小人爱意的传递、享受到附小人幸福的洋溢，同时心里默念：谢谢您，俺老爱您了。

因爱国诗人屈原属虎，所以今年又被称之为"诗人之年"。在这个特别的春节，我校教师首创了一个别样的拜年文化，不经意间创造了人大附小独有的校园文化，真是太了不起了！于是我想到了把这份"心"编辑成册，让大家共同分享这份幸福、这份感动、这份快乐……

笔墨有限、情意无限，让附小的文化流淌在每位可爱教师的心间……

2010 年 3 月

2012年12月我校承办了海淀区教委召开的减负工作现场会，从课堂教学入手，研究如何减轻学生学习负担，展示了以"单元整体推进"、"相关联的教学内容进行重组的整合课"等教学方式提高课堂实效，从课堂、作业、课程三方面汇报了学校这些年在减负工作上的研究成果。2013年11月，我校承办了北京市教委召开的以"整合课程、科学减负、促进发展"为主题的减负研讨会。借此机会，我们把学校几年来减负工作的阶段性研究成果进行了梳理，编辑成册。

我把2013年刊登在《人民教育》上的文章作为了此书的序言。

《减负成就美丽教育》序

减负成就美丽教育 乐学绽放七彩教育

刚刚结束的两会为我们带来了令人憧憬的中国梦，不知您是否关注到这样一个镜头：在李总理召开中外记者见面会后，电视画面里不同地区不同职业的人们诠释了各自的中国梦，其中有个小男孩，他的梦想就是永远不用写作业。童言无忌啊，作为教育工作者的我心中为之震动，减轻学生的课业负担任重道远但又势在必行！

党的十八大报告首次提出"努力建设美丽中国"，这句话给我们带来无尽的思考。"美丽中国"中最美的应该是生命。美丽中国需要美丽教育，美丽教育成就美丽人生，这是每一个教育工作者的责任和使命。办什么样的小学教育，培养什么样的孩子？

身为小学校长，我常常问自己：小学教育最主要的任务是什么？我觉得就是培养孩子广泛的学习兴趣、求知的欲望、创造的火花。对于孩子来说，过程和体验是一种生活积累，是一种人生积淀，是一种最昂贵的教育矿藏。想学乐学比学会更重要，变"要我学"为"我要学"，为培养学生终身学习的愿望和能力奠基，让孩子终身学习有后劲儿。我们要让小学办得不"小"，创新人才的培养应从小抓起。让走出人大附小彩虹门的孩子成为视野开阔、见多识广的阳光少年。

二十多年来，我校坚持"创造适合于儿童发展的教育环境"的办学思想；90年代初，北京市教育督导给予我校"负担不重质量高"的评价；2005年我校迁入世纪城新校舍后，我们挖掘彩虹校门的深刻内涵——每个孩子都是独特的个体，都有不同的色彩，创造出适合师生幸福成长的七彩教育即美丽教育，减轻学生的学业负担就是在成就美丽教育。

近年来我校在减轻学生过重课业负担方面，做了许多新的探索与尝试：让课堂有效起来——整合融合创造出多种方式的课堂；让课程丰富起来——三级课程有机结合，创设特色课程，校园文化中的隐性课程，丰富多彩的学科周，满足学生多元需求；让作业可爱起来——常态作业分层自主，假期作业开展小课题研究；让评价多样起来——改革考试评价方法，建立免考制度等。我们坚持减负并使之成为人大附小的办学特色。

2010年，我校在海淀区小学教学会上做了题为《以开放的视角，探索学生自主乐学的途径》的发言。"让课堂高效起来"、"让课程丰富起来"、"让作业可爱起来"、"让考试轻松起来"成为我校在减轻学生课业负担方面极具前瞻性的探索与实践。

2011年,我校成为北京市"减轻学生过重课业负担，促进学生健康成长"项目实验校。我们借助项目平台，开展有效课堂研究，坚持可爱作业探索，研发特色校本课程。

2012年年底，海淀区在我校召开减负研讨会，我校立足课堂，展示了探索中的"单元整体推进、整合课、融合课、阅读教学1+1"等六节不同课型不同学习方式的研究课，呈现有效课堂研究的研究成果。

下面，我想从四个方面谈谈我校在减轻学生过重课业负担，促进学生多元成长、快乐成长方面的思考与探索。

一、课堂有效是减负的首要

课堂教学是减轻学生课业负担，促进学生健康成长的主阵地。

1. 以"单元整体推进"的教学方式提高课堂实效

例：最初我们选取了语文典型单元——北师大版小学语文四年级上册第十一单元"快与慢"主题单元，进行整合教材研究。本单元按照传统的逐课教授的方法，共需八课时，单元教材整合后只需五课时。老师们是如何提高课堂实效的呢？

老师在引导学生进行课前一课一梳理、课后一单元一梳理的基础上，进行课前单元整体梳理，从宏观上整体感知单元内容，加强了学生的整体意识和综合能力。教学方式的改革势必引起学习方式的变革。教师对单元教材重组，开展单元整体教学，带领学生进行整合式学习。节省出的三课时教学时间，我们增加了与单元主体课文相关的课外阅读资料，开展语文综合实践活动，让学生阅读喜欢的书籍，并加入学生改编、创编、表演等环节，以"读、悟、赏、创"的方式实现"小课堂、大世界、勤积累、多运用"的设计意图，在实践性与活动性学习中激发学习兴趣，培养自主学习能力。

从课堂反馈及单元测试情况来看，学生在缩短课时而又增加阅读篇目的情况下，没有感到负担重压力大，测试成绩也保持稳定。说明单元教材重组，开展单元整体教学，使学生在浓厚的读书、交流氛围中完成本单元的学习任务，在一定程度上达到提高课堂实效的目的，比起逐课讲授，老师研究兴趣浓厚，学生学得有趣味，更具挑战性。

2. 以"相关联的教学内容进行重组的整合课"的教学方式，提高课堂实效

语文教师尝试把北师大版小学语文四年级上册第十二单元中的散文《瑞雪图》和散文诗《下雪的早晨》整合在一起教学，避免了教师的烦琐串讲；在北师大版小学语文六年级上册第六单元拓展阅读《螳螂捕蝉》教学中，通过前测的学情分析，有针对性地解决不同层次学生存在的问题，学生会的不讲，学生不会的精讲，剩余时间还增加了课外读物中与之相近的寓言《鹬蚌相争》，进行了1+1的阅读教学，加大容量又不增加负担，提高了课堂实效。

我们说学生的负担有外显的和内隐的。数学中方程单元的教学，多数学生的负担是内隐的，即思维与心理的负担。数学整合课《用字母表示数》这节课向我们展示的是如何减轻这个负担。老师首先了解学生的困难是什么？前四年的数学学习偏重的是算术思维，而字母表示数与方程的学习需要的是代数思维，按目前教材的编排体系造成了学生思维与心理必须有一个飞跃。那么飞跃的途径是什么？其一，从头到尾想问题；其二，整合现有教材。在方程单元的开篇先上一节预备课，旨在初步感知字母表示数的意义，着重培养学生从数量关系入手想问题，而不是一味地直接列方程。这样给学生培养的是等量关系及从头到尾想问题的意识，将来学生列方程解题就是水到渠成的事情，真正学会代数思维，而不是用算术思维来套方程。这单元的第二节课再来揭示方程的意义。

根据学生在课堂教学中的表现和教学效果，我们得出一个结论：整合教材要从学情出发，不是一味做减法，要有减法，也需要有加法。

以课堂教学为突破口的减负，使我们认识到：一节课师生首先要明确教学目标，才能一起朝着共同的目标努力；二是要重视学情研究，教学前测，有针对性地教学，省时省力；三是解放教师，允许教师创造性教学，如我校自主选择教学方式下诞生的多学科融合教师，改变班级授课方式等。

另外，我校近年来创造的多学科融合的发表课，改变学生学习方式，教学中不仅是学会知识，还着重培养了学生整体认识及多角度思考问题的能力，发展了思维的逻辑性和缜密性，这样的课堂让学生们恋恋不舍、不愿离开课堂。改变教师的教学方式，培养了教师自主研究意识及多角度研究问题的能力，成就了研究型教师团队。附小师生在课堂上共同多元地幸福成长。

二、作业可爱是减负的必要

家庭作业是课堂教学的延伸，也是减轻过重课业负担、促进学生健康成长的重中之重。我认为，有效的作业不在于学生完成的时间，关键在于学生是否喜欢。我们坚持一个理念：喜欢就不是负担。坚持一个做法：分层需求，自主实践。坚持一个关注：做作业不仅是巩固复习，也是关注学生持续的学习兴趣。坚持一项制度：作业监控反馈。坚持一种奖励：学生给予老师的评价。

1. 平日作业可爱起来

2008年，我们开展了日常"可爱作业"的探索，为了引导教师科学合理地布置作业，我校还专门编印了《让作业可爱起来》的书籍，那时老师们更多注重的是作业分层，提高学习兴趣，让作业从形式到内容变得可爱起来。

老师们根据不同年龄学生的特点，设计童趣性作业，把作业分为"基本套餐"和"营养套餐"；根据学生的个别差异，设计分层作业，有必做题、自选题、挑战题；根据学生的能力水平，鼓励学生"我的作业我设计"。我校要求老师们不留机械性、重复性的作业，比如字词，学完后可以当场听写。听写全对免写；哪个字出错就写哪个字，遍数自定，记住为止。我们减少了练习册、作文等学生认为是负担的练习，如语文学科——低年级取消课练；中年级进行选择性课练；高年级实行自主性课练。数学学科加强实践性作业及分层作业的探索等。

"让作业可爱起来"的探索，激发了学生的学习兴趣，最大限度地发挥了学生潜能。分层作业让不同层次的学生通过作业这个平台都得到了提高，减轻了学生的课业负担，培养学生做自主乐学的主人。

我校自行设计的作业本上有评价标准、知识导航、作家故事、学生作品照、温馨提示等，让作业本也变得可爱起来。

2010年，老师们对作业的探究，又有了新的突破，从以老师为主体的留不同层次学生选择的分层作业，到转变为关注孩子的个性发展、多元成长，把作业的自主权交给了孩子们。

例如：语文学科为培养学生的写作兴趣，开辟了"日记自留地"，整合作业的种类，取消生字本、抄词本、预习本，将生字、抄词、预习与梳理合并，统一用一个梳理本，从三年级开始以课文或单元内容为单位，进行个性化的梳理，而且根据学生的差异，变"统一梳理"为"分层梳理"，既减轻了学生书包的分量，又降低了梳理难度，减轻了学生的课业负担，激发了学生的学习兴趣，充分发挥了学生的积极性和自主性；小组学生合作写循环日记，或创编小说或诉说心声，成为孩子们童年生活中珍贵的记忆。

数学学科把传统的作业内容加以合并归类，并让学生根据同伴提出的问题结合已有的生活经验及知识背景，进行实践活动和同伴交流、合作，并把思考、探讨、交流、合作的结果用自己喜欢的形式，如表格、图形、幽默故事等，记录在学校自己设计的"可爱作业本"上。同时改变留作业的方式，鼓励学生走到社区、走进社会生活进行数学实践活动。"生活小达人"、"小区住户大调查"等实践活动既用到了数学知识，又锻炼了统计能力、分析能力、社交能力、合作能力及解决问题能力。

英语学科让学生参与作业设计，作业难度分层，让学生合作完成作业，促进学生之间的多向交流。通过思维导图的方式由学生自己梳理每个单元的内容，自己设计、自己取名并配上插图。

"可爱作业"让学生在富有创造性、主动性、合作性的实践性学习中，真正成为学习的主人。

2. 寒暑假作业自主起来

钱学森之问引发了我的思考："我们的教育为什么培养不出杰出创新人才？"反思我们的孩子，每天照课表上课，节假日按父母要求去上兴趣班，没有独立思考和创造的时间。寒暑假是孩子们的，要把时间与空间还给孩子们。

2010年寒假，我校率先在全市取消传统的寒暑假作业，充分满足孩子们自主学习的多样化需求，让孩子们根据自己的兴趣开展小课题研究。记得当我在新年的讲话中通过广播告诉孩子们时，教室内响起了孩子们热烈的欢呼声。

开学后，每个人在全班同学面前进行小课题汇报。孩子对课题研究的热情空前高涨。记得第一次小课题汇报中，一年级学生研究了"市场上为什么只卖绿豆芽、黄豆芽，不卖红豆芽？"二年级学生写了一本"世界上到底有没有美人鱼"的"研究报告"，三年级学生为研究"鸡蛋为什么能孵出小鸡"，通过测量温度认识了小数……孩子们在研究中运用了各学科知识，他们的研究成果让我不禁感叹：要培养创新人才，就要留给孩子们更多自主学习的时空，他们所展现出的能力真的超出我们想象！现在孩子们的研究课题越来越丰富了。

现在已是六年级的王同学，2010年他还是三年级学生，学校寒假开始小课题研究后，他发现家里有蚂蚁，于是萌生了研究如何消灭家中的蚂蚁的想法。七个寒暑假里他一直在专注地研究蚂蚁这个课题。如今他的研究成果受到专家的赞赏，并获得北京市金鹏科技奖。每年寒暑假后，学校还要颁发"小小诺贝尔"奖。

进行小课题研究，我们关注的不是孩子的研究成果，更多的是关注学生发现问题的意识、培养探究问题的能力，促进学生个性发展。在知识层面上不仅涉及语数英学科，而且运用了各学科的知识，带给孩子们的收获远比传统作业多得多。

取消了学生传统的寒暑假作业，实际上也减轻了老师们开学后的负担。在学生的小课题汇报中，老师们感到震撼，同时也丰富了自己。向孩子学习，老师们也收获了成长。这项作业我们会永远坚持下去。

三、校本特色是减负的需要

课程整合承载着三大目标：落实减负，全面实施素质教育，建设有校本特色的课程体系。

2007年，我校教学研究中心研发出具有人大附小特色的《走进××校本世界》的校本教材，成为学生校本必修课教材。这些教材从课程内容上弥补了学生课上所学知识的不足，开阔了学生的视野，全面提升了学生的综合素质。

2009年学校开设了七国外语小语种校本选修课、13门艺术选修课、15门体育实验及选修课。必修课程出版了《校本读本》，选修课程编写了《课程纲要》，建立健全了课程开发的相关管理制度。由学生自主选择，研发出 146 门校本选修课。

2012 年 1 月，我校相继加入了市、区"课程整合、自主排课"项目组，成为了项目实验校，研发学校特色课程。课程方案的制订、实施、评价，既关注学生学业知识的掌握，又注重学生创新精神的培养、综合素质的提高，给予了学生综合素质成长的沃土。

1. 让学生不想毕业的"毕业系列特色课程"

由于在六年级第二学期时部分学生已经明确了中学方向，呈现出课堂纪律涣散、缺乏学习动力的状态。面对这一现象，我在想：小学的最后一个学期里，我们还能留给孩子什么？如何在有限的时间，最大化地提升孩子们的综合素质与能力？于是我们关注学生的多元需求，为促进学生的多元发展，提升学生的多元领导力，我们决定改革毕业课程，研发出了包含四个部分的"毕业特色系列课程"。

"中学生活体验课程"涵盖课堂体验、选修课、社团活动、专题讲座、自我管理五个领域，侧重学生的自主学习、自主管理及适应与调整能力的提高，消除了学生对中学生活的畏惧心理，对未来的中学生活充满向往。

我们难忘在"中学生活体验课程"中，孩子们看到中学生自己拍摄的短片，激发了创作欲望，回校就主动要求拍自己的电影。为满足孩子的需求，学校创办了首届"霓之星"电影节；在我校"六一小妙会"上，孩子们把电影票钱款全部捐献给希望工程；学校请来了冯小宁、石钟山、许亚军、何晴等电影艺术家为获得人大附小奥斯卡各奖项的学生颁奖。

"毕业旅行课程"打破了以往教师统筹安排整个行程的局面，此次研发为一门课程，转变了学生传统的思维模式，侧重学生未来领导力、自我规划管理能力方面的培养，增强学生意志品质，给予学生生命的体验。这一课程提高了学生的未来领导力、统筹能力、团结协作能力、交流表达能力、自我研究能力、自我反思能力等综合能力。

我们难忘项目主席组织撰写了 27 页的项目策划书；孩子们创造了 19 种方式，呈现出毕业旅行课程成果；项目主席发出了"主席就是公仆"的宣言。

"关注社会问题课程"中，学生从 74 个小问题着手，侧重发现、调查、分析、解决问题的研究性学习意识的提升，通过毕业展演的形式，向家长展示学生小学六年的综合素质。在课题研究过程中，孩子们联系到北京理工大学校长，走进北理工国家级实验室做实验。走进行政机关、农民工工地、医院、街道等做调查访问，为养护流浪猫的阿姨捐款……

我们难忘孩子们把关注的问题创编成剧本，运用了语文学科知识；制作统计图表海报，运用了数学学科知识；废物利用创作道具，运用了科学学科知识；布置背景、制作幻灯片，运用了美术、信息学科知识；配乐演唱运用了音乐学科知识；向社会呼吁增强社会责任感，这是品德与社会学科所要完成的学习目标。演出中孩子们表现出合作分工、团结协作的精神……独特的社会感悟表现得淋漓尽致，不仅提升了孩子们的综合素养，更增强了学生走出小学校门后的一份社会责任感。

"学业水平课程"将传统的 16 周完成的内容用 12 周完成。首先我们整合语文、数学、英语学科教学内容，八个单元共 24 篇课文的教学任务由师生共同承担。学生分成 16 个学习小组。教师精讲每单元中的一篇课文，共讲八篇，余下的 16 篇课文每个小组自愿申请讲一篇。学生非常感兴趣，积极性特别高。他们自己查阅资料、备课、制作 PPT，来当小老师。学生采取互动式学习方式，在生生交流的过程中，锻炼了思考能力、分析能力、表达能力、组织能力等综合能力。教师在学生自主学习的基础上适当点拨，师生的互动交流促进了教学任务的有效完成。

我们也大胆改革了毕业考核方式，孩子们自主探索七彩小菜地蕴涵的数学问题，他们在发现、论证、答辩的过程中，提升了生活即数学、数学即生活的认识。这一举措一改多年来一张试卷定乾坤的局面，满足了孩子们学习的需求，极大地激发了学生自主学习、自我展示的强烈欲望。

我们难忘孩子们提出问题时独特的视角，答辩过程中的敏锐思维，彬彬有礼的仪态充分展现了附小毕业生的特质。看到孩子们了不起的表现，老师们在欣慰的同时，不禁感叹后生可畏。

我们更难忘，在毕业典礼上孩子们流下难舍的泪水，和我紧紧的拥抱以及发自肺腑的话语："太留恋附小了，多想再留一年。"甚至感慨道："离开附小，美好的生活就结束了。"母校太多的美好让他们无法忘怀，太多的记忆在生命中定格……

在毕业课程的整体实施过程中，我们深感学生的学习兴趣被强烈地激发出来，学生的潜质被深入地挖掘出来，学生的课业负担被明显地减轻下来，学生的成长远远大于四个半月的课本学习。未来社会需要具有综合素质的创新人才，毕业特色课程探索出一条为未来创新人才奠基的有效途径。学生多元的发展像盛开的七色花一样、色彩斑斓、幸福绽放。

在《给校长的一封信》中，学生们这样写道："校长，是您让我们卸下了沉重的包袱，去大自然学习。""妈妈老是说六年级会特别累。我听了之后真的很害怕，害怕上六年级。转眼间，五年过去了，我的害怕竟变成了一种期待，期待我们的七彩毕业课程。"

今年的元旦，我收到了毕业生的短信："郑校长，2012年过去了，感谢您对我们小学六年的培养，让我们有这么美好的六年小学生活。真的，您的七彩教育带给我们好多美好和快乐，也对我们未来的成长有很大的帮助。现在回想起来，这六年，太短！不够……我们现在聚在一起总会说，要是能再有几个六年在附小多好……甚至还有人说小学应该改成20年……不管别人怎么说，那些没有经历过这七彩校园生活的人一定会羡慕我们。我们，是附小人，永远的附小人！您，永远是我们最好的大朋友，最好的校长！祝您元旦快乐！身体健康！我们爱您！"孩子的喜爱是对我们最大的奖励。这条短信我转发给老师们，与大家一起分享孩子们带来的喜悦与幸福。

2. 让孩子不愿放假的"小豆包课程"

继毕业课程后，我们又思考如何让孩子一进校门就喜欢上学。我们一是根据学生的生理、心理发育特点，安排上课的时间；二是幼小衔接，保证学生有充足的睡眠，错峰上学，学生8:30到校。上午全部为国家课程、校本课程，下午为国家课程校本化的活动课程，如国家课程是体育，校本体育课程是游戏，我们每天下午都有一节体育游戏课，其他四个下午分别为两节连排形式授课的律动音乐、涂鸦美术、动手动脑、阅读绘本活动课程，深受孩子的喜爱。

去年国庆节我校放秋假十天，后三天家长上班，学校的办法是将没有家长照看的孩子送去学校，由学校负责照管。历年这种时候全校4 300多名学生仅有一百多人报名，没想到去年仅一年级700多名学生中报名来校的就有352人，经老师了解，家长说，不是家中没人照看，是孩子一定要去学校上学。我听了很感动，孩子们喜欢上学，这就是我们课改的目的。

3. 学生自主创设课程

"创造适合于儿童发展的教育环境"，创造适合于儿童的校本课程，让孩子走进丰富多彩、生动有趣的校本世界，做自己想做的事，使校园成为培养孩子综合能力，增强责任感，进行探究、发明和创造的天地。

二年级小崔同学在老师的支持下，创办了"小崔讲堂"，每周四晨读十分钟，他为全班同学宣讲中华传统文化，古诗文在他的讲读中浸染着孩子们的心灵，"小崔讲堂"成为了孩子们的期待。

本学期六年级学生的选修课由孩子们自主组建社团，孩子们异常兴奋，招募海报贴满校园，不仅本年级学生参与，还引来了五年级学生加入。六年级学生还主动申请为低年级学生上校本选修课，孩子们真是潜能无限。学校成为了好玩的地方，学习成为了好玩的事情。

4. 课时调整是校本课程实施的保障

我校不仅在一年级错峰上学，为使三级课程有机融合，2010年9月开始进行了大小课时改革，大课时40分钟，小课时30分钟。上午四节课时为三大一小（一年级为三小一大），周一到周四下午上三节小课，周五下午学生在家自主学习。大小课时改革总课程时间，不超过国家课程设置的课时时间。

四、评价多样是减负的要点

1. 学生为教师颁奖

为及时了解学生的作业量、对可爱作业及学校内开展的活动与开设课程的喜爱程度，学校建立了"日作业反馈"和"周作业反馈"制度。

我们印制了《日作业反馈记录本》，请学生记录当天完成作业、睡眠及锻炼时间，家长一周参与一次；建立"周作业监控"制度，在"我们最喜欢的作业"学生自主管理评价中，学生适时地对语数英三科教师所留作业的数量及内容进行评价，不但请学生评出每周在留作业方面最受欢迎的老师，而且评出最喜欢的课程和活动。学科主任根据评价结果及时反馈给有关教师，对受到学生表扬的老师进行鼓励，对学生提出需在留作业方面加以改正的教师及时提醒整改，有效地监控了学生的家庭作业量，将减负增效落到实处。

我们不但关注学生课业量，而且关注学生的学习兴趣、身心健康，使作业监控制度更具有民主性、人文性、多元性。

每学期末，学校根据平时的评价情况评选出在留作业方面"最受学生欢迎的老师"，由学生设计奖状发给教师，并在教师节表彰会上进行表彰。评价机制具有实效性、趣味性、民主性、激励性。

2. 什么时候还考试？

对于刚步入学校几个月的小学生来讲，什么最重要？我认为不是写在试卷上的等级，而是孩子的学习兴趣。

2007年1月期末考试前，我遇见一位一年级家长，他说孩子最近很紧张，有点睡不好觉，我问，为什么？他回答：这不是要期末考试了吗？这可是孩子人生第一次考试。家长的话引起了我的深思，孩子一生要经过无数次大考小考，怎样让孩子人生第一次不惧怕考试呢？

为了减轻六岁孩子的心理负担，我和教学领导一起研究并打破了以往一张试卷定等级的做法，在一年级第一学期期末，将教材中需要掌握的知识，以生动活泼的"智力闯关"的形式进行考查。语文设立"智闯五关"，数学采取"智闯三关"，测试全过程可以由家长陪同。

寒假过后，孩子们见到老师的第一句话是："什么时候还考试？"家长们认为这种考核形式培养了孩子的学习兴趣，可以全方位了解自己孩子的学习情况，便于今后有针对性地对孩子进行辅导。多角度评价学生的形式，让每个学生在自尊、自信中快乐地成长，在幼小的心灵里消除了对考试的恐惧感。

我校在二至六年级实行免考、奖学金制度。免考条件之一：平时成绩占60%，单元测试占40%。平时作业累计评价，做错了及时改错仍然算全对。这样就出现了学生追着老师改错的现象，促使学生更加重视平时的学习，由被动学习变为主动学习。

这些制度不但使孩子们不害怕考试，反而多了份期待，使学生更爱上学，学习效率也大大增加。在课堂上，我们鼓励孩子们犯错误，让孩子们释放天性，我校有一句名言："上课发言出错了都要理直气壮"，让孩子真正成为课堂中的小主人，保护学生的好奇心，帮助师生共同创造充满欢乐的课堂。

3. 七彩的评价模式

减负的根本是评价制度的跟进，多年来，我校探索出一套比较完善的七彩评价制度。坚持实施了20多年小学生素质综合评价——七彩评价手册。为了对学生小课题研究的过程及结果进行及时评价，《学生成长手册》上专门设计了这一板块，记录学生的学习历程。融进七彩德育内容——七彩荣誉证章；172位学生参与设计的——"七彩附小币"；自行研发的"七彩成长之路"——《七彩课程小护照》，使校本选修课更加落到实处。学校鼓励学生多项选择，我们有146门课的小印章，每学完一门课程，就在小护照上盖本课的小印章，《七彩的小护照》呈现出每一个附小学生校本选修课的学习成果，调动了学生的学习积极性，发挥了学生的创造性和主人翁精神，起到了激励学生、激发兴趣的作用。

我们本着"把校园还给孩子，创中国的'巴学园'"的七彩教育理念，把学校建设成为蓝天下师生最喜爱的校园。让我们的孩子首先喜欢学校，爱上学校，进而喜爱学习。把校园还给孩子，206名学生在校园百米墙上创作出一幅幅想象丰富的艺术画卷；师生共同创作利用废品装饰的、有着开放式科学、美术专业教室的"学术苑"；学生自己种植的七彩小菜地、自己管理的附小小银行——兑兑吧、秀秀吧等，雕塑园里学生"数学与纸雕塑"的创意作品、园林式图书馆等，都成为孩子快乐成长的天地，也是学校隐性课程的场所。

"创造适合于儿童发展的教育环境"，其最终目标是要实现孩子们在人大附小的独特成长，着眼于学生的一生发展。最大限度地满足每个孩子发展的需要，真正为孩子的一生负责，让每个孩子都能获得成功，都能找到自己的生长点。快乐的学习方式，宽松的学习氛围，使学习成为让学生感到有趣的事情，让学生享受学习带来的快乐，享受作为附小学生成长的幸福。

减轻学生的学习负担是全社会关注的问题，也是校长、教师义不容辞的责任。一个校长走不远，这个学校就走不远。创新的教师才能培养创新的学生。

美好的童年需要美丽教育，减负是成长中的美丽教育，我们要敢为人先，要有教育梦想，要有教育激情，要有教育的责任感和使命感。美丽教育一定要让学习成为孩子们的一种享受，一种期待，让每个孩子都有希望！让我们将减负进行到底！

附 录

"笑"长十年大事记

2003年11月28日	中国人民大学宣布任命为中国人民大学附属小学校长
2004年1月14日	附小发展的里程碑——"阳坊会议"
	确立学校发展八字方针:"创新、发展、求实、超越"
2004年3月3日	中国人民大学宣布附小搬迁决定
2004年9月26日	建校50周年——诞生了校徽、校歌
	大学纪校长题写校训:"健康、活泼、乐学、友爱"
	举办"春光这边独好"庆祝大会及文艺演出;
	召开国家级科研课题"个性化作文"研讨会;
	召开市级科研课题"国际理解教育"研讨会
2005年4月7日	人大附小承办世纪城配套小学交接仪式
2005年8月18日	人大附小整体迁入世纪城校舍
2005年9月1日	首座彩虹校门落成;学校有了自己的食堂
2005年10月26日	海淀区"教学管理先进校"检查
2006年4月25日	"蓝天下最美丽的校园"校园文化建设完成
2006年5月26日	在新校舍迎接首次海淀区教育督导检查
2006年10月26日	海淀区"素质教育优质校"检查

2007年1月23日	七彩教育培训——"七彩名家讲堂"
2008年1月11日	海淀区首批"素质教育优质校"颁牌
2008年1月18日	学生首次赴新加坡修学
2008年7月9日	领导班子换届，连任校长
2009年5月5日	"水艺芳"游泳馆落成揭幕
2009年6月28日	庆祝建校55周年；新校歌诞生
	在人民大会堂举办"在灿烂阳光下"主题音乐会
2009年9月20日	"学术苑"及"蓝天阁"落成
2010年2月20日	七彩德育体系构建，提出育人目标：
	做可爱的、了不起的、有特质的附小人
2010年9月1日	依托彩虹校门，彰显七彩教育特色，进一步丰富办学思路：
	创新—教育；发展—内涵；
	求实—细节；超越—自我
2011年12月15日	承办北京市"三级课程研讨会"
2012年5月11日	承办海淀区银燕小学
2012年9月	校区调整风波；诞生《附小精神之歌》
2012年12月11日	承办海淀区"减负工作研讨会"
2012年12月19日	在海淀区办学特色校评选中荣获两项殊荣：
	"办学理念最为深厚的学校"
	"课程设置最适合学生发展的学校"
2013年4月16日	首次赴境外（美国休斯敦）签订友好交流协议
2013年7月2日	承办北京市课程建设"遨游计划现场会"
2013年8月6日	"七彩课程体系"初步建构完成
2013年9月1日	一校三址：世纪城本校区、一年级东校区、门头沟京西校区
2013年11月19日	承办北京市"整合课程、科学减负、促进发展"减负现场会

"笑"长十年首创之举

2004 年 2 月	首次建立《教师随笔》
2005 年 4 月	首次"毕业旅行"
2007 年 1 月	建立"行政领导集体听评课"制度
2008 年 1 月	一年级考试改革：闯关游戏代替试卷
2008 年 2 月	提出"让作业可爱起来"，探讨作业改革
2008 年 9 月	建立"高娃奖学金"，实行学生免考制度
2008 年 9 月	首届附小全员参与的"小小奥运会"
2009 年 1 月	改革教师期末总结会为讲述"令我感动的……"
2009 年 6 月	变被动的教学检查为"组内教师展示性评价"；实行大小课时及创编《可爱作业本》
2009 年 9 月	学校管理机制改革：首次设立"十大工作中心"；首次开设七门"小语种选修课"
2010 年 1 月	取消寒暑假传统作业，开展"小课题研究"
2010 年 2 月	实行每天 7：50 升旗制度
2010 年 9 月	首届师德"烛丹奖"；首套"七彩荣誉证章"颁发；实行选修课"七彩课程小护照"
2010 年 10 月	首届男孩节、女孩节
2010 年 11 月	首届男教师节
2011 年 2 月	研发"目录课、多学科融合（学科间整合）发表课"
2011 年 6 月	首届附小"六一小妙会"
2011 年 10 月	创建"七彩教育同盟"
2012 年 3 月	首套"七彩附小币"发行
2012 年 4 月	首创"毕业课程"

历次大会发言目录集锦

2007 年 4 月　第二届京津沪榆四城区教育研讨会
　　　　　　《创造适合于儿童发展的校园文化环境》

2008 年 12 月　海淀区第三届心理周大会
　　　　　　《丰富学生情感体验　打造学生阳光心灵》

2009 年 10 月　北京市第四届特殊教育大会
　　　　　　《让每一个孩子在灿烂的阳光下微笑》

2010 年 4 月　海淀区第四届心理周大会
　　　　　　《教育因欣赏而精彩》

2010 年 9 月　北京市师德标兵评选会及海淀区师德标兵表彰会
　　　　　　《心系教育终不悔　激情岁月写人生》

2010 年 11 月　海淀区教学工作大会
　　　　　　《以开放的视角探索学生自主乐学的途径》

2010 年 12 月　海淀区寒假工作会
　　　　　　《凝心聚力谋均衡　彰显特色促发展》

2011 年 3 月　北京市随班就读校长论坛
　　　　　　《每个孩子都重要》

2011 年 6 月　北京市基础教育国际研讨会
　　　　　　《多彩的工作中心　成就孩子七彩的梦想》

2011 年 11 月　北京市基础教育课程教材改革实验工作总结大会
　　　　　　《七彩的课程成就学生七彩梦想》

2011 年 11 月　北京市减负工作会分论坛
　　　　　　《立足学生发展减负　促学生多元快乐成长》

2011年11月　海淀区教委和新加坡教育部合作圆桌会议
　　　　　　《创建师生幸福成长的理想校园》
2011年11月　海淀区十一五教师继续教育总结暨十二五教师培训启动大会
　　　　　　《让教师培训成为一件幸福的事》
2011年12月　北京市三级课程建设研讨会
　　　　　　《创造适合师生幸福成长的课程》
2012年5月　　海淀区"课程整合自主排课"阶段成果研讨会——走进人大附小
　　　　　　《七彩课程促师生多元成长》
2012年5月　　中国人民大学"庆祝五一劳动节表彰会"
　　　　　　《拥抱幸福　再创佳绩》
2012年12月　海淀区小学减负工作现场会
　　　　　　《创新学习方式　减负成就美丽教育》
2012年12月　海淀区教育大会校长论坛
　　　　　　《创造师生幸福成长的七彩教育》
2012年12月　北京市"减轻学生过重负担"项目推进会
　　　　　　《创新学习方式　减负促多元成长》
2013年5月　　北京市心理健康交流会暨海淀区第六届心理周启动仪式
　　　　　　《心灵之花在学校七彩文化中幸福绽放》
2013年6月　　北京市融合教育启动仪式大会
　　　　　　《用爱创造七彩教育　用情绽放融合教育》
2013年7月　　北京市遨游计划实施研讨会
　　　　　　《创造师生幸福成长的七彩课程》
2013年10月　2013年中国基础教育发展高端论坛
　　　　　　《国际视野下的七彩教育》
2013年10月　第八届京津沪渝四城区教育研讨会
　　　　　　《七彩课程——孩子的最爱》
2013年11月　北京市"整合课程、科学减负、促进发展"减负研讨会
　　　　　　《整合课程　科学减负　成就孩子的七彩梦》

后 记

我的七彩教育理念，追求共同的幸福梦

中国著名教育家张伯苓说："办学校须有宗旨，亦犹盖房者，心中须先有草图，用何器具，得何成效。"（《张伯苓教育言论选集》，南开大学出版社，1984年）在时代的更迭中人大附小薪火相传，发展至今凝聚了历任校长及老师们的努力和奋斗。在时代的机遇与挑战面前，继往开来的人大附小即将迈着铿锵有力的步伐踏入甲子之年，再次踏上充满希望与辉煌的崭新征程。

回望2003年11月，大学领导与我谈话："下一任校长由你来做……"，那一瞬间，我真的感觉到了什么叫肩上的担子沉了。在11月28日宣布任命的全体教师会上，我表态：权为民所用，利为民所谋，情为民所系……接过学校发展的接力棒，肩负着人大附小未来的办学使命，我开始了新的征程。

光阴荏苒，十年里，从继承到发展，从遵循到创新，我自己也从稚嫩到成熟，从单薄到丰厚。如今一校三址，学生从2 007名增加到4 775名，教师从99位增加到318位，人大附小在社会上的知名度与日俱增，七彩教育理念的特色得以彰显。这一切，我要感谢和我一起并肩奋斗的战友们，更要感谢老校长们留下的宝贵财富。

传承

1987年年底，作为学校小学生质量综合评价工作核心组成员之一，我很幸运地和任慧莹校长一起开展实验研究工作，深深感受到任校长的人格

魅力与智慧。在任校长的带领下，我们忘我地工作着。记得那年寒假，我们一直干到大年三十晚上八点多才回家。如今，用领导班子成员的话说，校长带我们跑得太快，灵魂都跟不上了。这可能就是受任校长的影响吧。

1989年任校长提出："创造适合于儿童发展的教育环境。"这句话刻在了每个附小人的心中，成了学校重要的办学指导思想，引领着附小未来的发展。

2004年1月14日学校召开了由校级领导、学科带头人、年级教研组长、骨干教师、工会、团支部委员、党团员等占全校65%的教师代表参加的学校工作会议，我们称为"阳坊会议"。在这个会上，我带领干部、教师从认识层面、实践层面和精神层面对"创造适合于儿童发展的教育环境"的意义、价值及教育规律的内涵进行了研讨，同时深入解读"创造适合于儿童发展的教育环境"这一办学思想——"创造"，就是把创新精神作为学校发展的灵魂；"适合于儿童"，表明学校要以学生为主体，尊重学生，让我们的教育去适应儿童的发展，而不是让儿童适应我们的教育；"发展"是着眼于未来，着眼于素质教育，着眼于人才培养；"教育环境"，包括硬件环境及软件环境，就是给予学生成长和发展的无限空间。老师们分析学校现状，讨论热点问题，修订管理条例，设计发展规划……会上大家畅所欲言，建言献策，通宵达旦地讨论，热火朝天，凝聚力空前高涨。

大家认识到任校长提出的办学思想，就现在来说依然具有前瞻性，对人大附小的发展依然具有超前的指导意义。我提出要避免创新过程中的一些弊病，如换一个校长就换一个办学思想。学校的历史需要不断传承，那样才厚重。大家同意我的意见，于是，会议决定学校未来发展依然以"创造适合于儿童发展的教育环境"为办学指导思想，同时诊断了教学现状，诞生了"拿不下教学管理先进校就集体辞职"的豪言。这次会议激发了全校教师的工作热情和工作干劲，对学校未来的发展起到了关键性的作用。我的前任运秉志校长被特邀参加了这一会议，并在总结发言中给会议以高度评价，他说："这次会议就像遵义会议一样，是附小新的转折点，新的里程碑！"

我做校长时人大附小已经是北京市首批重点小学（当时北京市的小学中只有七所是重点小学）之一。我要感谢首任校长吕晶和第二任校长程志刚。虽然我只见过她们的照片，但是我能想象吕晶校长创业的艰难，没有1954年只有24名学生的人大附小，就没有今天近5 000名学生的人大附小。据老教师们讲，程志刚校长名字像男性，却是位教学水平很高的女校长,在任时把附小的教学抓得很紧。那时,人大附小的教师队伍业务强,经常给区里做展示课、做教学分析、写教材等。我从任校长、运校长身上学到很多,我的工作中至今还有他们的影子。我由衷地感谢这些老校长——我敬重的前辈。同时也感谢曾经为附小工作过的各位老教师,他们是附小历史上的功臣,我和附小人会永远感恩与铭记。

我深知我的首要任务是守住"阵地",其次是捍卫"阵地"、发展"阵地"。我在思考如何在任校长"创造适合于儿童发展的教育环境"的办学指导思想指引下,把附小做大、做强、做精。于是,我提出了"创新、发展、求实、超越"的办学思路,创新我们的教育,发展我们学校的内涵,求实我们工作的细节,超越我们自己。

2004年,附小建校50周年之际,人大附小有了自己的校歌、校训及首枚校徽,铸就学校之魂,使办学更加规范。从校徽的图案中,我们不难看出学校以学生为本的思想。

从彩虹门到七彩教育

2005年,人民大学决定将附小从大学校园内迁入世纪城新校址,这一决定成为人大附小发展的新契机。今天,在孩子们眼中,学校已成为蓝天下最美丽的校园。在众多的校门选择方案中,我没有选择形状迥异的心形、书形等大理石或是铁质的校门设计方案,对彩虹门的设计却情有独钟。孩子们的童年就应该是色彩斑斓的,走入彩虹门更预示着美好人生的开始。感谢彩虹门,它成了七彩教育理念的着眼点。

从形状上看,彩虹校门的整体形状像数字"6",那是祝愿全校师生在新校舍学习、工作顺利;还像汉语拼音里的"b",预示着在这现代化的校园里,老师为孩子们播种希望,播种快乐;校门的整体形状又像英语best(最好的)的第一个字母"b",象征着人大附小全体师生的奋斗目标:要做就做最好的!整个校门的形状还像简笔画中的小白兔,预示着孩子们将在人大附小宽松和谐的教育氛围中健康活泼地成长!七种色彩象征着学校为孩子们架设了人与人沟通的桥梁与多彩的成才之路,也预示着孩子们在人大附小六年的学习生活是丰富多彩的;彩虹的形状由窄变宽,预示着人大附小宽广的发展空间和美好前景。

□ 2005年建成的彩虹门

　　四年间，我和老师们一起"创造适合于儿童发展的德育环境、创造适合于儿童发展的教学环境、创造适合于儿童发展的校园文化环境"，打造了"全员参与、团队竞争、自我实践、自我感悟"的德育特色，附小成为了"海淀区德育管理先进校"；形成了"负担不重质量高"的教学特色，成为"海淀区教学管理先进校"；建设了蓝天下最美丽的校园，成为了"中国校园文化建设示范校"；2008年1月，人大附小成为"海淀区素质教育优质校"。

　　2009年，随着学校的不断发展，我意识到彩虹门就是我们创造的适合儿童的教育环境，它不仅有外在的美，更有其深刻的教育内涵，我做了这样的解读：一是诠释了人生的深刻含义。彩虹所呈现的赤、橙、黄、绿、青、蓝、紫的色彩，预示着人生的酸甜苦辣咸，我们每个人的一生都会遇到困难、挫折、痛苦甚至绝望，我希望每一个附小人都铭记"阳光总在风雨后"的人生哲理。因为每当听到一些轻生的现象，听到已经博士、硕士毕业的花季人材从楼上跳下来，痛惜之余，我希望我的孩子们通过彩虹门能真正懂得"风雨过后见彩虹"，永远乐观地面对人生；二是诠释了附小教师的育人理念——彩虹所呈现的色彩，告诉我们每一个孩子都是独特的个体，都有不同的色彩。你看有的孩子特别热情，我们说他充满红色；有的孩子天天乐呵呵的，我们说他很阳光充满橙色，有的孩子上知天文，下知地理，知识特别丰富，我们说他充满海阔天空的蓝色；有的孩子做事专注，总为他人着想，特别有责任感，我们说他充满紫色……，用这样的眼光审视孩子，你会觉得每个孩子都有自己的优势，都有可爱的品质，我希望我的老师们要像喜爱彩虹一样去欣赏每一个孩子，培养出一个个与众不同的阳光少年。

我将自己的思考，依托彩虹门的七彩元素，与多元理论融合，逐渐形成了更具有时代精神与多元文化特点的七彩教育理念。

2010年1月10日在学校首届德育工作会上，我提出了培养学生"做可爱的附小人、做了不起的附小人、做有特质的附小人"的育人目标，老师们共同研发，制定了人大附小的《七彩德育纲要》。

2012年9月《附小精神之歌》诞生，为附小的育人目标赋予了具体内容：

红色是爱校，这就是人性，教育需要善良，有爱感恩的附小人才幸福；
橙色是阳光，这就是心态，成长需要自信，乐学向上的附小人才幸福；
黄色是厚德，这就是品格，勇于担当，有责任感的附小人才幸福；
绿色是坚韧，这就是精神，善思敢言，不怕困难的附小人才幸福；
青色是创新，这就是勇气，敢于挑战，超越自我的附小人才幸福；
蓝色是包容，这就是胸怀，宽厚大气，懂得尊重的附小人才幸福；
紫色是凝聚，这就是力量，沟通合作，团结奉献的附小人才幸福。

在十年岁月的砥砺中，在"创造适合于儿童发展的教育环境"办学指导思想的不断深化中，附小形成了独具特色的七彩教育理念，适合于儿童发展的七彩校园中孕育出适合学生成长的七彩德育、七彩课程、七彩社团、七彩评价、七彩节日；打造出适合教师发展的七彩教师培训、七彩工作中心、七彩管理制度、七彩教育同盟。这一切七彩元素丰富并发展了学校的办学理念，逐步形成了七彩教育体系。

七彩教育就是"挖掘师生多元潜质，注重师生多元培养，满足师生多元需求，促进学生多元成长，成就教师多元发展，创造学校多元文化，筑就师生多元梦想"的教育。

七彩教育理念的内涵就是"尊重个性，关注差异，让每一个生命独特绽放"。

七彩德育理念：读万卷书，行万里路。
七彩课程理念：让学习成为好玩的事情。
七彩环境理念：把校园还给孩子，创中国的"巴学园"。
七彩评价理念：每个孩子都是独特的。
七彩教师培训理念：教师走不远，孩子就走不远。
七彩工作中心理念：在附小，只要你有梦想就能实现。
七彩管理理念：把附小当成一个温馨幸福的家来经营。

附小梦

十年来，可以自豪地说，附小的行政班子集体，是一个团结合作、无私奉献、特别能吃苦的班子；是一个和谐进取、勇于创新、特别能战斗的班子；是一个为人正直、廉洁自律、特别能忍辱的班子。我从内心感谢他们。如果说这十年工作还有成绩的话，我首先应该感谢他们每个人的努力，感谢每一位把附小爱在心里的老师。

应该说，是事业发展成就了我，是团队的力量提升了我，是学校的沃土造就了我。让我感恩这个时代，是时代赋予我创业的激情；让我感恩各级领导，是领导的关爱、理解和支持给予我开拓的勇气；让我感恩我的老师们，是大家撑起了学校这片天地；让我感恩我的孩子们，他们的笑脸使我品味到事业的甘甜；让我感恩我的家人，他们是我奋斗的坚强后盾。

如今，习近平主席为我们诠释了中国梦，袁贵仁部长为我们描述了教育梦，在这些时代梦的感召下，在这蓝天下最美丽的校园里，我们大家有了共同的附小梦。

我用心读过老师们所写下的附小梦，在清澈的文字中，我能够体会到老师们对学校未来充满了信心，对学校发展充满了希望。

在2013年的教师节大会上，当全校318位教师的梦汇聚成附小梦时，七彩教育成为了附小人共同追求的幸福梦。怀着"感恩的心"，我和我的老师们、孩子们一起走过了充满感动的十年、充满风雨的十年、充满欢笑的十年、充满泪光的十年、充满硕果的十年。在这十年里，附小人以"红军不怕远征难"的气概，创造了一个又一个"传奇"。

做校长这十年，我体会到了成长的意义：成长是一件最漫长的事情，成长是一件最丰饶的事情，成长是一件最深情的事情。成长，成为我努力进取的一个坚强理由；成长，成为我能够弹跳的一块坚固的基石；成长，让我由衷地热爱头顶上的星空；成长，让我努力地耕耘着脚下的土地。一直能感觉到自己的成长，一直知道自己在成长，这让我感觉非常幸福。

为什么十年的"笑"长生涯里，我始终能充满教育激情？应该说这是源于我对教育的理解，对教育的责任感和使命感，更源于我的教育梦——附小梦。最初的附小梦就是要打造一所师生幸福成长的理想学校；长远的附小梦就是在人大附小百年校庆的时候，现在的孩子到那时都已是五六十岁的人了，期盼他们当中能有享誉全国乃至全世界的杰出人才。

为了这个梦想，我和我的老师们还将继续行走在共同的教育路上，不断地追求，做一件幸福的事……

□ 永远的激情——建校55周年，在人民大会堂举办的"在灿烂阳光下"主题音乐会上指挥全场学生、教师及家长6000多人齐唱《凝聚每份爱》。

图书在版编目（CIP）数据

做一件幸福的事——我的"笑"长生涯 / 郑瑞芳著. —北京：中国人民大学出版社，2013.11
ISBN 978-7-300-18352-7

Ⅰ.①做… Ⅱ.①郑… Ⅲ.①小学教育–研究 Ⅳ.①G63

中国版本图书馆 CIP 数据核字（2013）第 259029 号

做一件幸福的事——我的"笑"长生涯
郑瑞芳　著
Zuo Yijian Xingfu de Shi——Wo de "Xiao"zhang Shengya

出版发行	中国人民大学出版社		
社　　址	北京中关村大街31号	邮政编码	100080
电　　话	010-62511242（总编室）	010-62511398（质管部）	
	010-82501766（邮购部）	010-62514148（门市部）	
	010-62515195（发行公司）	010-62515275（盗版举报）	
网　　址	http://www.crup.com.cn		
	http://www.1kao.com.cn（中国1考网）		
经　　销	新华书店		
印　　刷	涿州市星河印刷有限公司		
规　　格	160 mm×235 mm　16开本	版　次	2013年12月第1版
印　　张	22.5　插页6	印　次	2014年7月第3次印刷
字　　数	342 000	定　价	45.00元

版权所有　　侵权必究　　印装差错　　负责调换